HOW TO TOEFL® *i*BT
120
WRITING

넥서스

The Best Solution for TOEFL iBT

HOW TO TOEFL® iBT 120 WRITING

지은이 권경명
펴낸이 안용백
펴낸곳 (주) 넥서스

초판 1쇄 2008년 6월 30일
초판 2쇄 2009년 1월 10일

2판 1쇄 인쇄 2011년 6월 15일
2판 1쇄 발행 2011년 6월 20일

출판신고 1992년 4월 3일 제311-2002-2호
121-840 서울시 마포구 서교동 394-2
Tel (02)330-5500 Fax (02)330-5555

ISBN 978-89-5797-652-4   18740
       978-89-5797-651-7   (세트)

가격은 뒤표지에 있습니다.
잘못 만들어진 책은 구입처에서 바꾸어 드립니다.
본 책은 〈TOEFL iBT Final 120 writing〉의 개정판입니다.

www.nexusbook.com

The Best Solution for TOEFL iBT

HOW
TO
TOEFL®

iBT

120
WRITING

권경명 지음

넥서스

머리말

iBT TOEFL은 2006년 9월에 한국에서 처음 시작되었습니다. 초기에 시험을 봐야 했던 수험생들에게는 매우 어렵고 두려운 시험이어서 몇 권 되지 않는 iBT 외서를 들고 발을 동동 구르면서 공부하던 모습들이 선합니다. 또한 토플이 PBT, CBT를 거쳐서 iBT로 넘어 오면서 speaking이라는 새로운 섹션과 더불어 writing에는 통합형 문제가 도입되어 기존에 공부해왔던 방식에 익숙했던 유학 준비생들에게는 토플이 커다란 관문으로 여겨졌었습니다. 그러나 시간이 흐르면서 토플 시험을 준비했던 선배들이 그들의 경험담과 시행 착오를 거쳐 만든 준비 전략 등을 조금씩 전해주면서 iBT 시험 방식에 적응하면서 공부해야 할 방향들을 깨닫게 되었으나 막상 시험을 보러 가면 기존의 CBT 때 경험하지 못한 어려움들이 있어서 아직까지도 TOEFL iBT에 대해 막연하게 생각하는 학생들이 많이 있습니다.

이렇게 iBT, 특히 iBT writing에 대해서 막막하고 또한 지금도 토플을 시작하고 싶지만 용기가 생기지 않는 수험생들에게 도움이 되고자 2006년 시험 시작 초기부터 이 순간까지 시험 현장에 뛰어들어 ETS 문제를 직접적으로 분석하여 ETS가 중시하는 채점의 중요 포인트들과 효율적인 writing 방법들을 정리하였습니다. 기존의 어떤 수험서보다 ETS 기출 문제의 경향을 심층 분석하여 최대 반영한 문제들로 고득점을 목표로 하는 수험생들에게 커다란 힘이 될 수 있도록 하였습니다.

교재 자료 준비에 많은 도움을 주신 박정 어학원 민상홍 선생님, 항상 아낌없이 격려해주신 박정 원장님께 감사 드리며, 또한 교정과 함께 교재 집필에 가장 커다란 도움을 주셨던 Amber Choi 선생님께 진심으로 감사 드립니다. 마지막으로 2001년 강사의 꿈을 펼칠 수 있게 해주셨던 지금은 작고하신 이익훈 원장님께도 감사의 마음을 전하고자 합니다.

권경명

교재의 구성

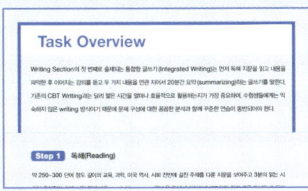

Task Overview
통합형/독립형 글쓰기에 대한 간략한 소개와 해당 Task에 대한 전반적인 개념 파악을 할 수 있습니다.

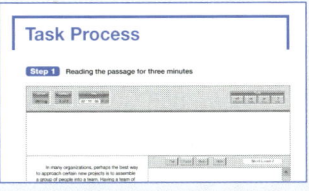

Task Process
통합형은 화면 구성 Sample을 통해, 독립형은 Essay 구성의 예를 통해 각 Task의 진행 순서를 알 수 있습니다.

Task Strategies
각 Task에 대한 핵심적이고 구체적인 전략을 소개하였으며, 고득점을 위해 반드시 집고 넘어가야 할 Tip을 수록했습니다.

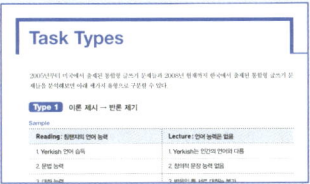

Task Types
통합형 글쓰기에서 가장 빈번하게 등장하는 문제 유형을 파악하고 예를 통해 학습할 수 있습니다.

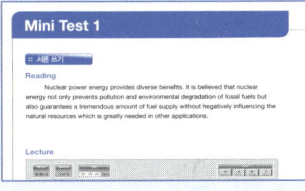

Mini Test
통합형은 제시된 표현을 바탕으로 각 파트별 글쓰기를, 독립형은 제시된 가이드라인을 바탕으로 글쓰기를 연습할 수 있습니다.

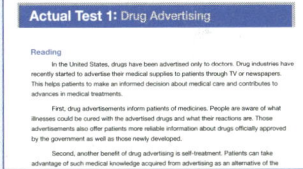

Actual Test
ETS의 기출 문제를 토대로 최신 경향을 반영한 문제들을 풀어봄으로써 Task 별로 실전에 완벽하게 대비할 수 있습니다.

교재의 특징

▌ **ETS 문제를 직접 분석했다**

2006년 iBT TOEFL이 시작된 이래로 저자가 직접 시험을 봐가며 분석, 정리한 문제 유형들을 바탕으로 구성된 교재입니다. 또한 저자가 강의를 하면서 수험생들이 가장 필요로 하는 부분들만을 집중적으로 분석했습니다.

▌ **중요 채점 포인트를 요약했다**

iBT Writing의 경우에는 중요 채점 포인트를 모른다면 혼자서 아무리 많이 연습을 해도 점수가 향상되지 않습니다. 가장 중요시되는 포인트만을 골라서 학습할 수 있습니다.

▌ **효과적인 글쓰기 방법을 제시한다**

무엇보다도 영어 글쓰기 방법의 기본이 제대로 정립되어 있어야 부가적인 테크닉을 적용할 수 있습니다. 교재 전반에서 iBT TOEFL을 위한 효과적인 글쓰기 방법을 학습할 수 있습니다.

▌ **최신 출제 경향을 반영했다**

기존의 어떤 수험서보다 ETS의 출제 경향을 심층 분석하여 최대로 반영한 문제들이 수록되어 있어 실전에서 재빨리 응용할 수 있는 능력을 함양하도록 했습니다.

▌ **기출 문제 분석으로 고득점이 가능하다**

CBT와는 달리 iBT TOEFL은 정해진 문제 리스트가 없기는 하지만 이미 출제된 문제를 분석하고 풀어봄으로써 고득점을 향한 발판을 마련할 수 있습니다.

목차

- 정답 및 해설
- MP3 CD 제공

Part 1

Integrated Writing

Task Overview

Writing Section의 첫 번째로 출제되는 통합형 글쓰기(Integrated Writing)는 먼저 독해 지문을 읽고 내용을 파악한 후 이어지는 강의를 듣고 두 가지 내용을 연관지어서 20분간 요약(summarizing)하는 글쓰기를 말한다. 기존의 CBT Writing과는 달리 짧은 시간을 얼마나 효율적으로 활용하는지가 가장 중요하며, 수험생들에게는 익숙하지 않은 writing 방식이기 때문에 문제 구성에 대한 꼼꼼한 분석과 함께 꾸준한 연습이 동반되어야 한다.

Step 1 독해(Reading)

약 250~300 단어 정도 길이의 교육, 과학, 미국 역사, 사회 전반에 걸친 주제를 다룬 지문을 보여주고 3분의 읽는 시간이 주어진다. 이때 시험 전에 받은 scratching paper(연습용 종이)에 간단하게 메모하되, 답안 글을 작성할 때 독해 지문은 화면 왼쪽에 있어서 참고할 수 있으므로 모든 것을 자세히 적을 필요는 없다.

Step 2 강의(Lecture)

독해 지문과 마찬가지로 약 250~300 단어 분량의 강의를 약 2~3분간 듣게 되는데, 강의는 독해 지문과는 달리 한 번밖에 들을 수 없으므로 핵심 포인트를 잊지 않기 위해 노트 필기(note-taking)하는 것이 매우 중요하다.

Step 3 글쓰기(Writing)

독해 지문과 강의 내용은 대체적으로 상반된 내용이고, main idea를 뒷받침하는 supporting idea가 각각 세 가지씩이라는 것을 기억하여 서론 한 단락과 본론 세 단락으로 구성하되 결론은 생략하도록 한다. 글의 분량은 약 150~225 단어의 분량으로 20분간 작성한다.

> **Tip** 기존의 CBT와는 달리 손으로 쓰는 것이 허용되지 않으므로 컴퓨터 키보드로 문서를 작성하는 것과 영타가 익숙하지 않은 경우에는 매일 꾸준히 연습해야 하며, 일반 컴퓨터와는 달리 단축키를 사용할 수 없고 Cut Paste Undo Hide 의 네 가지 키만을 사용해서 문서를 작성해야 한다.

Task Process

Reading the passage for three minutes

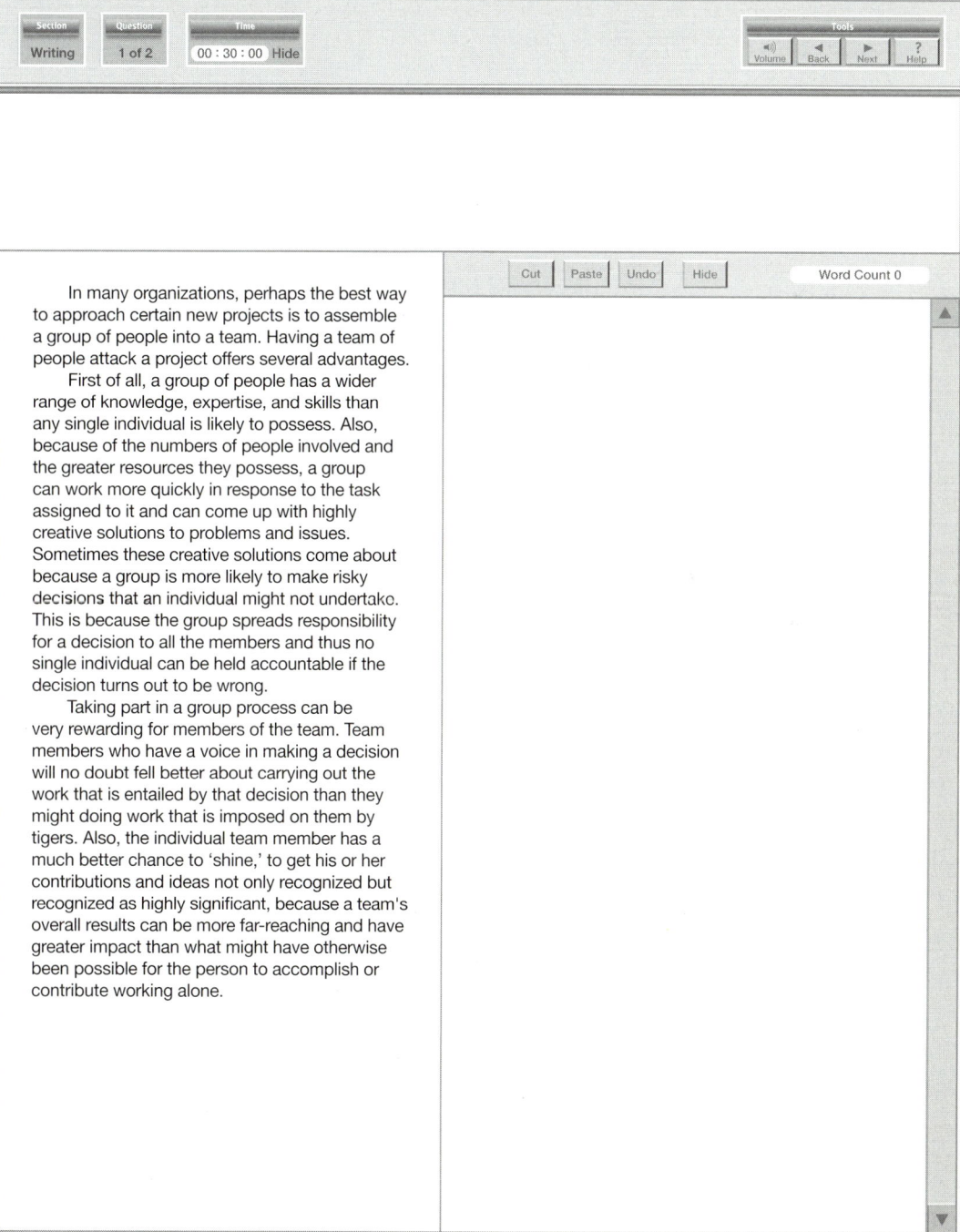

Section	Question	Time		Tools
Writing	1 of 2	00 : 30 : 00 Hide		Volume Back Next Help

Cut   Paste   Undo   Hide   Word Count 0

In many organizations, perhaps the best way to approach certain new projects is to assemble a group of people into a team. Having a team of people attack a project offers several advantages.

First of all, a group of people has a wider range of knowledge, expertise, and skills than any single individual is likely to possess. Also, because of the numbers of people involved and the greater resources they possess, a group can work more quickly in response to the task assigned to it and can come up with highly creative solutions to problems and issues. Sometimes these creative solutions come about because a group is more likely to make risky decisions that an individual might not undertake. This is because the group spreads responsibility for a decision to all the members and thus no single individual can be held accountable if the decision turns out to be wrong.

Taking part in a group process can be very rewarding for members of the team. Team members who have a voice in making a decision will no doubt fell better about carrying out the work that is entailed by that decision than they might doing work that is imposed on them by tigers. Also, the individual team member has a much better chance to 'shine,' to get his or her contributions and ideas not only recognized but recognized as highly significant, because a team's overall results can be more far-reaching and have greater impact than what might have otherwise been possible for the person to accomplish or contribute working alone.

I I I Task Process

Step 2 Listening to the lecture for about two minutes

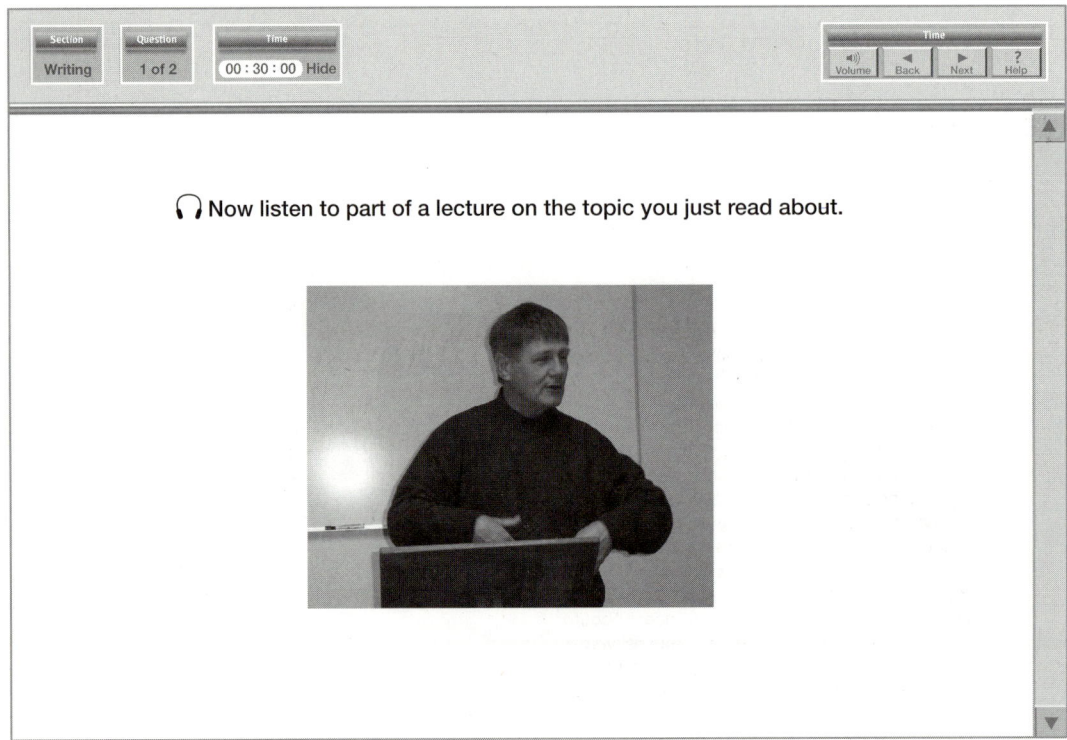

Step 3 — Writing a summary for 20 minutes

Section	Question	Time		Tools			
Writing	1 of 2	00 : 30 : 00 Hide		◀) Volume	◀ Back	▶ Next	? Help

Directions: You have 20 minutes to plan and write your response. Your response will be judged on the basis of the quality of your writing and on how well your response presents the points in the lecture and their relationship to the reading passage. Typically, an effective response will be 150 to 225 words.

Question: Summarize the points made in the lecture you just heard, explaining how they cast doubt on points made in the reading.

In many organizations, perhaps the best way to approach certain new projects is to assemble a group of people into a team. Having a team of people attack a project offers several advantages.

First of all, a group of people has a wider range of knowledge, expertise, and skills than any single individual is likely to possess. Also, because of the numbers of people involved and the greater resources they possess, a group can work more quickly in response to the task assigned to it and can come up with highly creative solutions to problems and issues. Sometimes these creative solutions come about because a group is more likely to make risky decisions that an individual might not undertake. This is because the group spreads responsibility for a decision to all the members and thus no single individual can be held accountable if the decision turns out to be wrong.

Taking part in a group process can be very rewarding for members of the team. Team members who have a voice in making a decision will no doubt fell better about carrying out the work that is entailed by that decision than they might doing work that is imposed on them by tigers. Also, the individual team member has a much better chance to 'shine,' to get his or her contributions and ideas not only recognized but recognized as highly significant, because a team's overall results can be more far-reaching and have greater impact than what might have otherwise been possible for the person to accomplish or contribute working alone.

Cut | Paste | Undo | Hide | Word Count 0

I think that ...

Task Strategies

1. Paraphrasing Strategy

Writing에서는 같은 내용을 반복하는 경우가 많으나 동일한 어휘나 구조를 똑같이 반복한다면 어휘 활용과 문장 구조 활용이라는 면에 있어서 높은 점수를 받을 수 없고, 또한 Integrated Writing의 경우 독해 지문이나 강의의 원문을 그대로 다시 쓰는 것은 표절(plagiarism)로 간주되기 때문에 최하 점수를 받게 된다. 따라서 문맥은 그대로 유지하되 다른 구조와 어휘를 써서 표현하는 것, 즉 paraphrasing 연습을 하는 것이 매우 중요하다.

A 동의어나 동의적 표현 사용

알고 있는 단어의 동의어나 동의적인 표현으로 바꾸는 것이 paraphrasing의 가장 기본이다. 이 방법을 쓸 때는 문맥에 맞게 연결되었는지 어색한 부분이 있는지 또는 최종적으로 전체 문장을 읽어서 반드시 점검하고 한 문장당 두 단어 이상은 바꾸도록 한다.

ex. It is good to work for the same company for one's entire life.
→ It is beneficial to remain at the same company for lifetime.

B 태의 전환

능동태 문장은 수동태로 바꾸고 by 이하 행위자가 명백하면 생략한다. 수동태 문장은 능동태로 바꿀 수 있는데, 이 경우는 by 이하 행위자가 생략된 경우 의미 전달이 달라질 수 있으므로 능동태로 바꾸는 것은 가급적이면 피하는 것이 좋다.

ex. We consider a spirit of cooperation to be the most important in a group. (능동태)
→ A spirit of cooperation is considered to be the most important in a group. (수동태)

C 문장 형식의 전환

문장의 형식을 전환하면서 주어를 바꾸는 전략으로, 이와 관련된 몇 가지 공식을 기억해둔다면 Integrated Writing 뿐만 아니라 Independent Writing에서도 유용하게 활용할 수 있다. (10가지 간단 paraphrasing 공식 참조)

ex. The latest technology helps to complete the given work immediately.
→ People can complete the given work immediately through the latest technology.

D 관용어구 적용 전환

흔히 쉽게 사용되는 숙어들을 외워서 적용하는 방법이 있는데, 다른 paraphrasing 공식과는 달리 규칙성이 있는 방법은 아니지만 paraphrasing 전략 중에서 가장 세련된 방법이라고 할 수 있다.

2. Note-taking Strategy

A 쓰기보다 기억하라

독해 지문은 글을 쓸 때도 화면에 나와 있으므로, 주어진 3분 동안은 note-taking하는 것보다는 주요 내용을 머릿속으로 이해하고 기억해두어 강의를 들을 때 연관된 요점을 재빨리 집어 낼 수 있도록 한다.

B 기호로 간단히 메모하라

비교적 속도가 빠르고 길이가 짧은 강의는 단 한 번만 들려주므로 자신이 알아볼 수 있는 간단한 기호나 한글을 이용하여 note-taking을 한다. Main idea와 세 가지 supporting sentences의 핵심 단어들을 중심으로 최대한 간단히 메모하고 나머지 자세한 설명 부분들은 머릿속으로 연상하여 기억하도록 한다. 또한 note-taking을 하다가 중요 포인트를 놓치지 않도록 평소에 충분히 연습을 해야 한다.

알아두면 효율적인 **Note-taking Symbols**

Symbol	Meaning
장	advantages
단	disadvantages
ex	for example
+	positive, beneficial, useful, helpful
−	negative, harmful, detrimental, destructive
↑	increase, improve
↓	decrease, worsen
→	lead to, result in
←	be caused by, result from
≠	not equal, different
=	equal
∴	thus
∵	because, because of
>	more (better) than
<	less than
w/	with
X	not, without, hardly, rarely
Yr	years
Rs	reasons
&	and

▌▍▊ Task Strategies

3. Time-saving Strategy

A 본론을 먼저 구성하라

모든 글의 구성 순서는 서론 → 본론 → 결론이지만, Integrated Writing을 구성할 때 있어서는 점수에 가장 많은 영향을 미치는 본론부터 구성하고 마지막으로 서론을 작성하여 시간을 허비하지 않도록 한다.

B 강의 내용을 먼저 작성하라

한 번 듣고 메모한 것과 기억해 두었던 세부 사항들을 바탕으로 20분 쓰기가 시작되면 바로 writing 공간에 강의의 세 가지 supporting points에 대한 문장들을 문단 구별없이 문법적인 사항들을 무시하고 제일 먼저 써 내려 가도록 한다.

C 독해 지문은 마지막으로 다시 한번 읽자

강의 부분의 supporting sentences 쓰기가 바로 끝나면 읽었던 지문을 마지막으로 다시 한번 읽되, 자신이 이해하지 못했던 부분만을 다시 읽고 내용을 정리 한다. 이때 최대 1분을 넘지 않도록 한다. 또한 글을 쓰는 동안에는 다시 독해 지문을 보지 않아 주어진 시간 내에 글을 완성할 수 있도록 한다. 이때 제일 처음에 써 두었던 강의 supporting sentences의 문법적인 부분과 어휘적인 부분을 수정해 가며 전체 글을 완성한다.

D 키보드 사용에 익숙해져라

시험장에서 키보드 사용이 익숙하지 않아서 당황하는 학생들이 많은데, 단축키를 사용할 수 없고 정해진 몇 개의 자판만을 사용할 수 있다는 점에서 일반적으로 사용하는 문서 작성 프로그램과는 다르다. ETS 공식 문제지를 가지고 연습하거나, ETS TOEFL Homepage의 sampler를 이용하여 키보드 사용을 연습하도록 하자. 이것은 시간과 직접적으로 연관된 부분이므로 컴퓨터 자판으로 영타치는 것을 꾸준히 연습하여 시간을 절약할 수 있도록 한다. 또한 타이핑 속도가 빨라지고 키보드 사용에 익숙해지면 편집을 편리하게 할 수 있어 완성도 있는 글을 쓰기가 용이하다.

10가지 간단 Paraphrasing 공식

공식 1 : 주어 + help/allow/enable + 목적어 + to 부정사

사람 주어로 구성된 긍정적 의미의 문장을 5형식 문장으로 바꾸어 주어를 전환할 수 있다.

1. Workers can have more time to relax by reducing working hours.
   → Reducing working hours enables workers to have more time to relax.

2. People can save lots of time by taking the subway.
   → Taking the subway helps people to save lots of time.

공식 2 : 주어 + cause/lead + 목적어 + to 부정사

사람 주어로 구성된 부정적 의미의 문장을 5형식 문장으로 바꾸어 주어를 전환할 수 있다.

1. Consumers buy things they do not really need because of advertising.
   → Advertising causes consumers to buy things they do not really need.

2. Employees would be discouraged by their low salary.
   → A low salary causes employees to be discouraged.

공식 3 : It is + 형용사 + to 부정사

1. Should는 '필요한, 의무적인' 또는 '중요한'의 의미를 지닌 형용사로 전환할 수 있다.

   (necessary, inevitable, imperative, important, significant, crucial, critical)

   Students should devote themselves to their study.
   → It is inevitable for students to devote themselves to their study.

2. Can은 '가능한, ~할 가능성 있는'의 의미를 지닌 형용사로 전환할 수 있다.
   (possible, easy, likely)

   Older people can enjoy their lives more.
   → It is possible for older people to enjoy their lives more.

3. Cannot은 '불가능한, ~할 가능성 없는'의 의미를 가진 형용사로 전환할 수 있다.
   (impossible, difficult, hard)

   Young children cannot do housework by themselves.
   → It is hard for young children to do housework by themselves.

공식 4 : be good to/for

긍정적인 의미를 전달할 때 be + 긍정 형용사 + to[for]로 전환할 수 있다.
(be beneficial/useful/helpful/conducive to[for])

1. Grades motivate students to learn.
   → Grades are helpful when students are learning.

2. Exercising allows older people to stay healthy.
   → Older people can stay healthy by exercising.

공식 5 : be harmful to

부정적인 의미를 전달할 때는 be + 부정 형용사 + to로 전환할 수 있다.
(be hurtful/detrimental/destructive to)

1. Movies and television negatively affect young people's behavior.
   → Movies and television are harmful to young people's behavior.

2. People should not drink an excessive amount of coffee to have healthy teeth.
   → An excessive consumption of coffee is detrimental to teeth.

공식 6 : provide 사람 with 사물 = offer 사람 + 사물

언급되는 소재들에 대한 이점 또는 장점을 표현할 때 사용할 수 있는 구문이다.

1. A large company allows employees to advance in career.
   → A large company provides employees with the chance to advance in career.

2. Students can obtain a variety of up-to-date information from the Internet.
   → The Internet provides students with a variety of up-to-date information.

공식 7 : prevent/stop/keep A from B

'~을 막다, 예방하다'의 의미로 긍정적, 부정적 전반에 걸쳐서 쓸 수 있는 구문이다.

1. The consumption of fluoride is good for teeth.
   → The consumption of fluoride prevents teeth from decaying.

2. Employees are unlikely to make career challenges in a small company.
   → A small company prevents employees from making career challenges.

공식 8 : have/has (a/an) 형용사 influence(s) on

'∼에 …한 영향을 주다'는 긍정적 또는 부정적 형용사를 대입하여 다양하게 쓸 수 있으며, 명사 influence는 effect, impact의 동의 명사로 바꾸어 쓸 수 있다.

1. The Earth has been destroyed due to human activities.
   → Human activities have had harmful influences on the Earth.

2. Young children are greatly influenced by their classmates.
   → Classmates have great impacts on young children.

공식 9 : be good to/for

'∼에 공헌하다, 기여하다'는 의미로 긍정적인 idea를 표현할 때 사용할 수 있다.

1. A passion for one's career helps to increase employee productivity.
   → Having a passion for a career contributes significantly to the increase in productivity.

2. The use of a machine allows employees to save lots of time and effort.
   → The use of a machine contributes to saving lots of time and effort.

공식 10 : be likely to 부정사

'∼할 가망성 높다, ∼할 것 같다'의 의미로 would와 어감이 비슷하며 비교급과 최상급을 이용하여 강조할 수도 있다.

1. Spending most of the time on academic studies would lead students to lose interest in study.
   → Students are likely to lose interest in study when spending most of their time on academic studies.

2. Collecting tolls would worsen traffic congestion.
   → Traffic congestion is more likely to be worsened by collecting tolls.

Task Types

2005년부터 미국에서 출제된 통합형 글쓰기 문제들과 2008년 현재까지 한국에서 출제된 통합형 글쓰기 문제들을 분석해보면 아래 세 가지 유형으로 구분할 수 있다.

Type 1 이론 제시 → 반론 제기

Sample

Reading: 침팬지의 언어 능력	Lecture: 언어 능력은 없음
1. Yerkish 언어 습득	1. Yerkish는 인간의 언어와 다름
2. 문법 능력	2. 창의적 문장 능력 없음
3. 대화 능력	3. 반응일 뿐 서로 대화는 불가

Type 2 장점 제시 → 단점으로 반박

Sample

Reading: Franchising의 장점	Lecture: Franchising의 단점
1. 양질의 상품	1. 지정된 상품만 판매
2. 광고비 절약	2. 수입에서 광고비 제함
3. 높은 사업 성공률	3. 가맹비로 인한 수익 감소

Type 3 문제 제기 → 해결 방안[반론] 제시

Sample

Reading: 미국 조기 퇴직의 원인	Lecture: 조기 퇴직의 해결 방안
1. 같은 일의 반복으로 지침	1. training program으로 새로운 업무 부여
2. 동료의 퇴직 때문에 외로움	2. 젊은 직원과 팀으로 일하도록 배치
3. 일하는 속도가 느려서 과중 업무로 피곤	3. part-time으로 바꿔 업무량 경감

Task Type 1: Sample

Reading

First of all, many scientists believe that chimps have the ability of acquiring vocabulary. Some researchers have trained chimps to learn Yerkish for communication; Yerkish is a collection of signs or symbols such as colored plastic shapes. Also, chimps have been taught to press computer keyboard pictures representing lexical concepts. Chimps can figure out the meanings of each symbol in Yerkish. This demonstrates that chimps have similar language ability as two or three year-old children.

Lecture

Well... as mentioned on the article I gave you, many researchers still insist that chimpanzees actually have no real understanding of the meanings of words, but they simply mimic words of human language. Furthermore, although chimpanzees may understand individual symbols or words, they are not able to comprehend the concepts of syntax, or how words are put together to form a complete idea.

Sample Response

In the passage, the author contends that chimpanzees are able to acquire words and understand the meanings by giving an example of chimps disciplined about to use language. However, the speaker directly contradicts this point by asserting that chimpanzees are unable to use language. In other words, they just follow and repeat words without understanding of the sentence structures or word combinations.

Task Type 2: Sample

Reading

One of the most important benefits to viral marketing is that you can have a great number of potential customers. Visitors to your on-line shopping mall can have access to specific information on each visit. If you are having a sale, your customers can purchase goods at reduced prices as soon as they open their email messages. Once the goods or services they deal with are believed to be reliable, any visitors will keep shopping at your online-shopping mall and eventually become a regular customer.

Lecture

Now, let's talk about the major concern about viral marketing. Um... you never can be sure whether your message will attract enough number of people's attention. For example, let's say that you send a complimentary product and promotional information about the product of your Internet home business to 5 people. And uh... 4 of them ignore the message or delete it, and this will be a very big impact. That is, you will miss chance to promote your products or services.

Sample Response

The passage suggests that viral marketing boosts the number of prospective customers by attracting them to email advertisements. On the contrary, the lecturer refutes this perspective by contending that viral marketing through email has no effects on the prospective customers. To be more specific, consumers likely ignore or get rid of email messages and hardly show interest in them.

Task Type 3: Sample

Reading

Some people believe that a wind farm has negative impacts on our daily lives in many ways. As wind turbines are typically between 30 and 50 meters tall, the possible outcomes of having many turbines in an open area should be considered. Tolerance of the large structure suggests that negative perspectives may be a problem in habitation. The huge clustered look of wind turbines ruins the landscape of the residential areas.

Lecture

As you know, many people think that wind farms have ruined landscape, and the visual impacts of wind farms on human's lives started to be considered. But, many studies show that today uniformity of size and spacing actually improves visual comfort considerably. The level of visual impact of wind turbines depends upon the subjective perception of the individual and local community in which it is located. Also, most modern turbines are placed far away from residential districts, so the issue rarely arises in recent times.

Sample Response

The passage says that concerns over the large size and other physical features of wind turbines are absolutely necessary. In contrast, the speaker directly challenges that this view is not convincing. This is because the size and spacing of recent turbines have been adjusted and most wind farms are today situated far away from residential areas.

5 Essential Templates for Integrated Writing

Template 1

Intro	In the passage, the author contends that 지문의 main idea. However, this is directly refuted by the lecturer's claim that 강의의 main idea.
Body 1	To begin with, the reading suggests that 지문의 1st point. The lecturer, however, contradicts this point by asserting that 강의의 1st point.
Body 2	Another point the article stresses is that 지문의 2nd point. On the other hand, the speaker asserts that 강의의 2nd point.
Body 3	Finally, the passage points out that 지문의 3rd point. In contrast, this viewpoint is rebutted by the lecturer's assertion that 강의의 3rd point.

Template 2

Intro	According to the reading passage, 지문의 main idea. However, the points made in the article totally disagree with the lecturer's claim that 강의의 main idea.
Body 1	Most of all, the article says that 지문의 1st point. On the contrary, the speaker expresses doubt on this point by asserting that 강의의 1st point.
Body 2	Besides, the reading argues that 지문의 2nd point. This perspective is challenged by the lecturer's claim 강의의 2nd point.
Body 3	The last point made in the reading that 지문의 3rd point differs from the lecture's claim. The professor asserts that 강의의 3rd point.

Template 3

Intro	In the reading, the writer indicates that 지문의 main idea. On the other hand, the lecturer's claim that 강의의 main idea contrasts with the reading.
Body 1	The first point made in the passage is that 지문의 1st point. The lecturer, however, refutes this by arguing that 강의의 1st point.
Body 2	Another point the reading puts an emphasis on is that 지문의 2nd point. In contrast, this is directly rebutted by the lecturer's claim that 강의의 2nd point.
Body 3	Lastly, the passage says that 지문의 3rd point. This point disagrees with the lecture, which contends that 강의의 3rd point.

Template 4

Intro	In the lecture, the speaker argues that 강의의 main idea. This contradicts the perspective of the reading that 지문의 main idea.
Body 1	The first point made by the lecturer is that 강의의 1st point. This contrasts with the viewpoint of the passage that 지문의 1st point.
Body 2	Additionally, the speaker contends that 강의의 2nd point. This opposes the point made in the reading that 지문의 2nd point.
Body 3	The last point of the lecture is that 강의의 3rd point. This challenges the claim of the reading that 지문의 3rd point.

Template 5

Intro	The passage says that 지문의 main idea, which is directly rebutted by the idea of the lecture. The speaker argues that 강의의 main idea.
Body 1	First, the lecturer claims that 강의의 1st point. This disagrees with the point of the article that 지문의 1st point.
Body 2	Next, the speaker contradicts the point of the reading that 지문의 2nd point. According to the lecture, 강의의 2nd point.
Body 3	Lastly, the point made in the lecture contrasts with the viewpoint of the reading that 지문의 3rd point. The speaker asserts that 강의의 3rd point.

Part 1

Integrated Writing
Mini Test 1–5

Mini Test 1

Reading

Nuclear power energy provides diverse benefits. It is believed that nuclear energy not only prevents pollution and environmental degradation of fossil fuels but also guarantees a tremendous amount of fuel supply without negatively influencing the natural resources which is greatly needed in other applications.

Lecture 🎧

Section	Question	Time			Tools			
Writing	1 of 2	00 : 30 : 00 Hide			Volume	Back	Next	Help

Writing

Template 1의 Intro 표현

In the passage, the author contends that 지문의 main idea. However, this is directly refuted by the lecturer's claim that 강의의 main idea.

Reading

One of the advantages of nuclear energy is that it is much more cost-efficient than fossil fuels. The supply of fossil fuels like oil or gas is quite limited, and costs are bound to rise sharply long before supplies are exhausted. Nuclear fuel, on the other hand, has little value for other purposes, but it will provide sufficient world energy for billions of years, without the increase of electricity cost.

Lecture

Section	Question	Time			Tools		
Writing	1 of 2	00 : 30 : 00 Hide		Volume	Back	Next	Help

Writing

_____

_____

_____

_____

_____

Template 1의 Body 1 표현

To begin with, the reading suggests that 지문의 1st point. The lecturer, however, contradicts this point by asserting that 강의의 1st point.

Mini Test 1

:: 두 번째 본론 쓰기

Reading

Another advantage of nuclear power is that it helps to deal with environmental problems arising from burning fossil fuels like coal, oil, and gas. The ones that have received the most publicity have been global warming. Such fossil fuels have been changing the Earth's climate and leading to ecological destruction. On the contrary, nuclear plants do not create acid rain, urban smog or other air pollutants. Therefore, it has no detrimental impacts on a large number of humans in the world.

Lecture 🎧

Section	Question	Time			Tools	
Writing	1 of 2	00 : 30 : 00 Hide		Volume	Back Next	Help

Writing

Template 1의 Body 2 표현
Another point the article stresses is that 지문의 2nd point. On the other hand, the speaker asserts that 강의의 2nd point.

Reading

Lastly, wastes of nuclear energy have the extremely important advantage of being very small in volume and can be easily contained, so they can be buried deep underground. A study indicates that the wastes from coal burning, including those that end up in the ground, are far more hazardous. These include dangerous chemical substances which could cause cancer, unlike the nuclear wastes, last forever.

Lecture

Section	Question	Time				Tools		
Writing	1 of 2	00 : 30 : 00 Hide				Volume	Back	Next	Help

Writing

⇒ 모범 답안 3 page

Template 1의 Body 3 표현

Finally, the passage points out that 지문의 3rd point. In contrast, this viewpoint is rebutted by the lecturer's assertion that 강의의 3rd point.

Mini Test 2

:: 서론 쓰기

Reading

At the peak of civilization, the Anasazi, the ancient people of the Pueblo in South America, disappeared from their settlements. There are many hypotheses about reasons for their mysterious disappearance. Among them, the majority of experts attribute Anasazi vanishment to global warming.

Lecture 🎧

Section	Question	Time				Tools			
Writing	1 of 2	00 : 30 : 00 Hide				Volume	Back	Next	Help

Writing

Template 2의 Intro 표현

According to the reading passage, 지문의 main idea. However, the points made in the article totally disagree with the lecturer's claim that 강의의 main idea.

Reading

First, during the period of global warming around AD 1100, the Anasazi left their homes. In other words, they suffered from frequent great droughts caused by global warming. These droughts left many people dead and finally led them to leave their dwellings. In Europe, global warming was welcomed because the weather was often changeable and gloomy, but it was a great damage for the Anasazi as there was no way to manage severe droughts.

Lecture 🎧

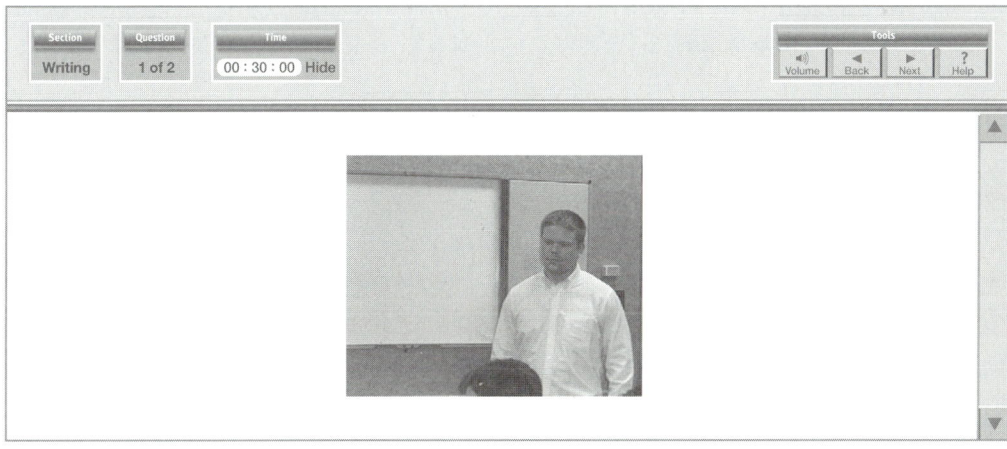

Section	Question	Time					Tools			
Writing	1 of 2	00 : 30 : 00 Hide					Volume	Back	Next	Help

Writing

Template 2의 Body 1 표현

Most of all, the article says that 지문의 1st point. On the contrary, the speaker expresses doubt on this point by asserting that 강의의 1st point.

Mini Test 2

Reading

Second, some anthropologists have suggested that the vanishing of the Anasazi was directly due to the lack of water. It has been widely known that the Anasazi strived to conserve water for farming, but it has turned out to be insufficient. Besides, they had low expectations for water supply and there just that was not much available. Also, irrigation system such as dams and canals was not yet developed enough to manage droughts.

Lecture 🎧

Writing

Template 2의 Body 2 표현

Besides, the reading argues that 지문의 2nd point. This perspective is challenged by the lecturer's claim that 강의의 2nd point.

Reading

Third, the Ansazi seemed to have fled their settlements, leaving behind all their relics. These remains also show that they left their homes to avoid extreme climate. Tens of thousands of Anasazi left their homes without even taking their tools or food. The remaining Anasazi resettled in another area, and they changed their appearance, art, culture, and religion.

Lecture

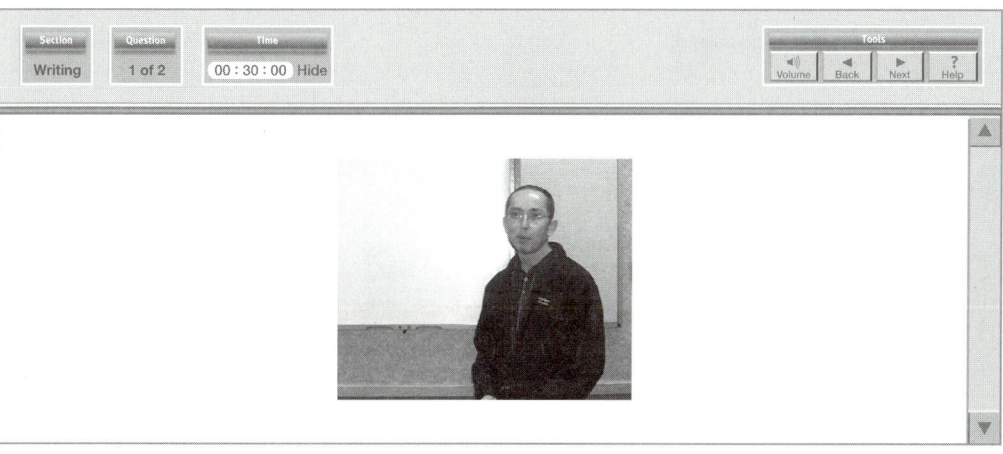

Section	Question	Time		Tools
Writing	1 of 2	00 : 30 : 00 Hide		Volume Back Next Help

Writing

⇨ 모범 답안 6 page

Template 2의 Body 3 표현

The last point made in the reading that 지문의 3rd point differs from the lecturer's claim.
The professor asserts that 강의의 3rd point.

Mini Test 3

Reading

　　Regular brushing is very essential to keep your child's teeth healthy. During a routine dental exam, you may be surprised to find the doctor examining your child's teeth and asking you about your water supply. That is because fluoride, a substance that is contained naturally in water, is beneficial to healthy tooth development and cavity prevention.

Lecture 🎧

Section	Question	Time		Tools			
Writing	1 of 2	00 : 30 : 00 Hide		🔊 Volume	◄ Back	► Next	? Help

Writing

Template 3의 Intro 표현

In the reading, the writer indicates that 지문의 main idea. On the other hand, the lecturer's claim that 강의의 main idea contrasts with the reading.

Reading

First, fluoride develops the enamel, making it harder and less susceptible to decay. When teeth are being formed, fluoride safely strengthens the enamel, the hard outer surface of the tooth. This prevents cavities, which you might have experienced having a hole in a tooth, caused by decay. The fluoride content of tooth tissues reflects the available fluoride at the time of tooth formation. Fluoride has proved to be a natural component with the remarkable ability to protect people of all ages against tooth decay.

Lecture

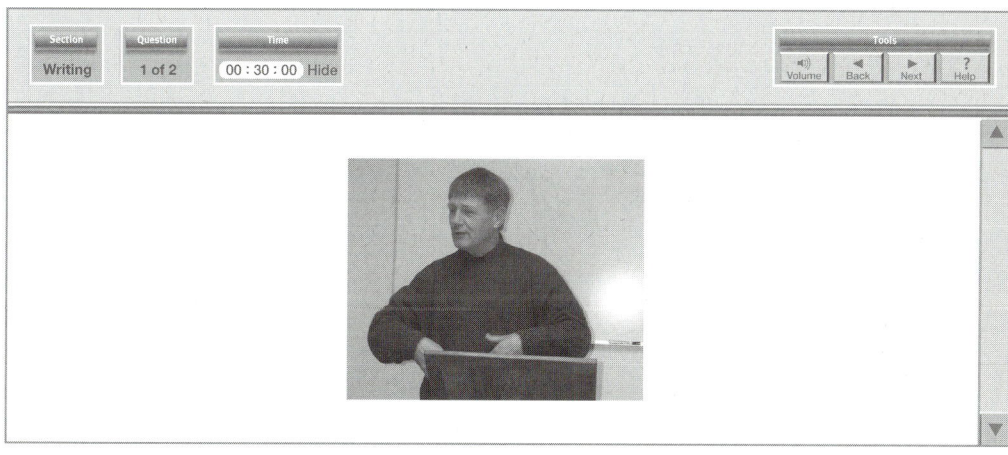

Section	Question	Time		Tools			
Writing	1 of 2	00 : 30 : 00 Hide		Volume	Back	Next	Help

Writing

Template 3의 Body 1 표현

The first point made in the passage is that 지문의 1st point. The lecturer, however, refutes this by arguing that 강의의 1st point.

Mini Test 3

Reading

　　Another advantage of fluoride is that it stops the buildup of plaque, the sticky film of bacteria and food that forms on the teeth. Plaque irritates gums and gives a rise to paradentities or tooth loss. However, fluoridated water removes plaque from teeth, and antiseptic fluoride mouthwashes kill some of the bacteria that help form plaque. For instance, a 1997 study in America also verified that fluoride, found in toothpaste and drinking water, helps to prevent factors adversely affecting dental health by binding with enamel to make it stronger.

Lecture 🎧

Writing

Template 3의 Body 2 표현

Another point the reading puts an emphasis on is that 지문의 2nd point. In contrast, this is directly rebutted by the lecturer's claim that 강의의 2nd point.

Reading

      Lastly, fluoride therapy is effective to build denser bones and preventing fractures associated with osteoporosis. A recent study suggests that fluoride softens bones and teeth. There is a scientific logic to explain why. Calcium, the primary hardener for bones and teeth, can form two bonds with carbonate or oxygen to create chains. Fluoride can only create one bond. So if fluoride combines with calcium, it breaks the chain.

Lecture 🎧

Section	Question	Time		Tools
Writing	1 of 2	00 : 30 : 00 Hide		Volume Back Next Help

Writing

⇨ 모범 답안 9 page

Template 3의 Body 3 표현

Lastly, the passage says that 지문의 3rd point. This point disagrees with the lecture, which contends that 강의의 3rd point.

Mini Test 4

Reading

Today on the Internet, millions of written contents are available for you. Electronic books (e-books) are simply books that are offered in electronic form, and these can be read on a computer screen or a PDA. Nowadays the number of e-book readers has drastically increased due to its advantages.

Lecture

Writing

Template 4의 Intro 표현

In the lecture, the speaker argues that 강의의 main idea. This contradicts the perspective of the reading that 지문의 main idea.

:: 첫번째 본론 쓰기

Reading

First, production costs are much lower with e-books, resulting potentially in reduced cost to the readers. Those electronic books avoid the printing, distribution, and retail overheads associated with traditional book sales. They are available almost instantly through credit card payment and download via the Internet. Therefore, postage and packing costs with mail order are avoided.

Lecture 🎧

Writing

Template 4의 Body 1 표현

The first point made by the lecturer is that 강의의 1st point. This contrasts with the viewpoint of the passage that 지문의 1st point.

Mini Test 4

Reading

Another advantage of electronic text is that it offers great convenience. E-books do not take up any space, in both a physical and digital sense, and it is far easier to carry them wherever the readers go. With the use of a storage card, the reader can walk around with at least a dozen books or more than that. Moreover, the great storage abilities of most e-books allow readers to carry a reasonable collection of reading materials.

Lecture 🎧

Writing

Template 4의 Body 2 표현

Additionally, the speaker contends that 강의의 2nd point. This opposes the point made in the reading that 지문의 2nd point.

:: 세 번째 본론 쓰기

Reading

Lastly, downloading a book does not require you to travel a long distance to acquire your material. This works well for students and researchers who do not have time to spare. For those of you who love the feel of a physical book in your hands, there is a solution. An e-book can be printed in the font and format you desire, which also saves time or effort visiting bookstores in person to look for specific books with satisfying format.

Lecture

Section	Question	Time		Tools
Writing	1 of 2	00:30:00 Hide		Volume Back Next Help

Writing

→ 모범 답안 12 page

Template 4의 Body 3 표현

The last point of the lecture is that 강의의 3rd point. This challenges the claim of the reading that 지문의 3rd point.

Mini Test 5

:: 서론 쓰기

Reading

Many of us know that there are advantages of solar energy use, but few really understand why. Therefore, let me explain you the comprehensive list of solar energy advantages that will enable you to make an educated decision whether or not solar power is right for you.

Lecture 🎧

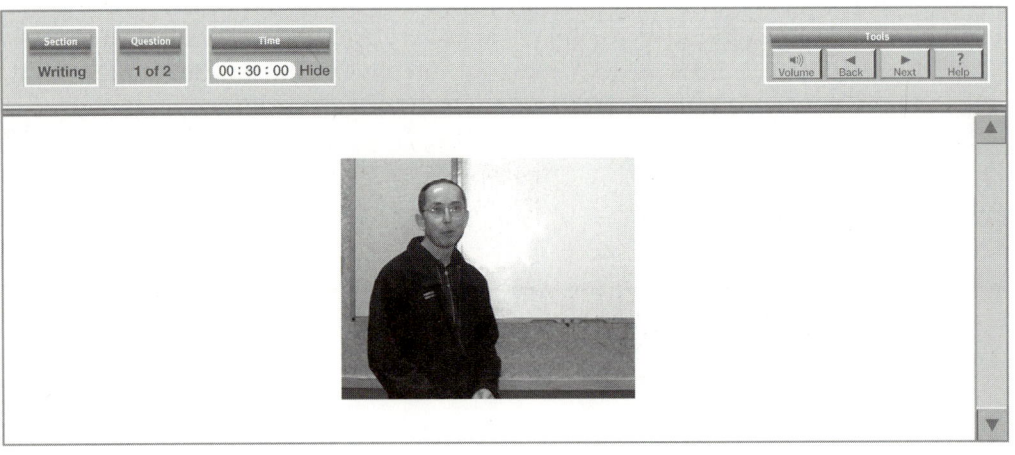

Section	Question	Time		Tools			
Writing	1 of 2	00 : 30 : 00 Hide		🔊 Volume	◀ Back	▶ Next	? Help

Writing

Template 5의 Intro 표현

The passage says that 지문의 main idea, which is directly rebutted by the idea of the lecture.
The speaker argues that 강의의 main idea.

Reading

First, one of the advantages of solar energy is that it is much more economical than to use traditional electricity for heating. If you are replacing fossil fuels with solar energy for heating, you will definitely a big change in your electric bills. That means a lot of money-savings in the long run. Also, the energy from the sun is absolutely free and does not require any fuel, so it is not affected by the supply and demand of fuel and is therefore not subjected to the ever-increasing price of gasoline.

Lecture

Writing

Template 5의 Body 1 표현

First, the lecturer claims that 강의의 1st point. This disagrees with the point of the article that 지문의 1st point.

Mini Test 5

:: 두 번째 본론 쓰기

Reading

Moreover, solar energy is clean, renewable and sustainable, helping to protect our environment. It does not release hazardous gas like many traditional forms of electrical generations do, and it does not pollute the atmosphere at all. Therefore, solar energy does not lead to global warming, acid rain or smog. It actively contributes to the decrease of harmful green house gas emissions.

Lecture 🎧

Section	Question	Time		Tools			
Writing	1 of 2	00 : 30 : 00 Hide		Volume	Back	Next	Help

Writing

Template 5의 Body 2 표현

Next, the speaker contradicts the point of the reading that 지문의 2nd point. According to the lecture, 강의의 2nd point.

:: 세 번째 본론 쓰기

Reading

　　Finally, a solar energy system can be located in remote locations like holiday cabins. This is because a solar energy system can operate entirely independent, not requiring a connection to a power or gas grid at all. The use of solar energy reduces our dependence on foreign and centralized sources of energy, influenced by natural disasters or international events and so contributes to a sustainable future.

Lecture 🎧

Section	Question	Time			Tools	
Writing	1 of 2	00 : 30 : 00 Hide	Volume	Back	Next	Help

Writing

⇨ 모범 답안 15 page

Template 5의 Body 3 표현

Lastly, the point made in the lecture contrasts with the viewpoint of the reading that 지문의 3rd point. The speaker asserts that 강의의 3rd point.

Part 1

Integrated Writing
Actual Test 1–15

Actual Test 1: Drug Advertising

Reading

In the United States, drugs have been advertised only to doctors. Drug industries have recently started to advertise their medical supplies to patients through TV or newspapers. This helps patients to make an informed decision about medical care and contributes to advances in medical treatments.

First, drug advertisements inform patients of medicines. People are aware of what illnesses could be cured with the advertised drugs and what their reactions are. Those advertisements also offer patients more reliable information about drugs officially approved by the government as well as those newly developed.

Second, another benefit of drug advertising is self-treatment. Patients can take advantage of such medical knowledge acquired from advertising as an alternative of the treatment their own doctors have suggested. Besides, they are able to choose proper drugs on their own with the aid of the information provided by advertisements. Thus, patients are no longer dependent on physicians in health care, while they used to be passive toward control over medical treatments.

Finally, medicines that have recently been developed are mostly advertised. More advanced medical treatments are much more likely to be found through the newest drugs that are advertised. However, most doctors are too busy taking care of patients to go over and follow up the recent medical remedies. Therefore, physicians adhere to the medications that they have often prescribed and that are well known for the best. Drug advertising increases the patients' awareness of the medical developments, and it allows them to get the most effective medical treatments.

Lecture

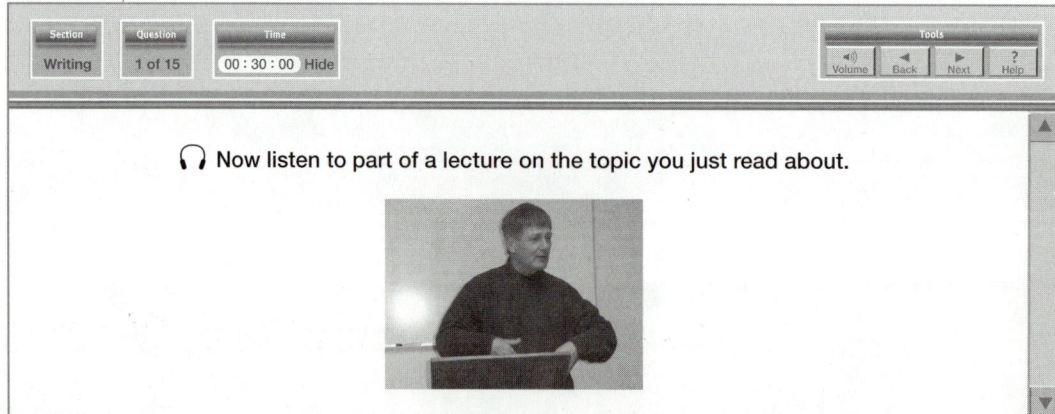

Section	Question	Time		Tools			
Writing	1 of 15	00 : 30 : 00 Hide		Volume	Back	Next	Help

🎧 Now listen to part of a lecture on the topic you just read about.

Writing

⇨ 모범 답안 19 page

Actual Test 2: Magnet School

Reading

The U.S. government and the Ministry of Education have recently turned its attention into science education in public schools. However, the government has had a hard time recruiting and maintaining many eligible science teachers. There are several factors to this problem.

One of the negative features of working as a teacher in public schools is the low pay. Science teachers are paid much less than any other graduates with science major who are involved in non-teaching jobs. In other words, those in the field of research or technology are paid higher than science teachers. As a result, it is natural that even those who are highly talented in teaching likely gravitate to high paying jobs.

In addition, public school teachers have to invest a considerable amount of time and effort into being certified. Also, to be a science teacher, students are required to complete teacher education courses while taking undergraduate work. The teacher education program requires students to take many additional classes other than general science courses. This teacher certification program misuses potential science teachers, time and effort and eventually delays the completion of their course work.

The last problem is caused by the core curriculum. In many high schools, only basic science classes such as biology, chemistry and physics are covered with the aid of schoolbooks based upon general issues and obsolete data. So, naturally, teachers are not enthusiastic about educating and develop a negative attitude that teaching is not very exciting and challenging at all. Furthermore, many schools believe that the introduction of research and technology is considered a barrier rather than an effective means to broaden students' understanding under the environment where the basic knowledge precedes. Therefore, science major students are not attracted to jobs in the area of teaching because they are convinced that teaching only basics without the aid of the latest technology is not appealing but monotonous.

Lecture

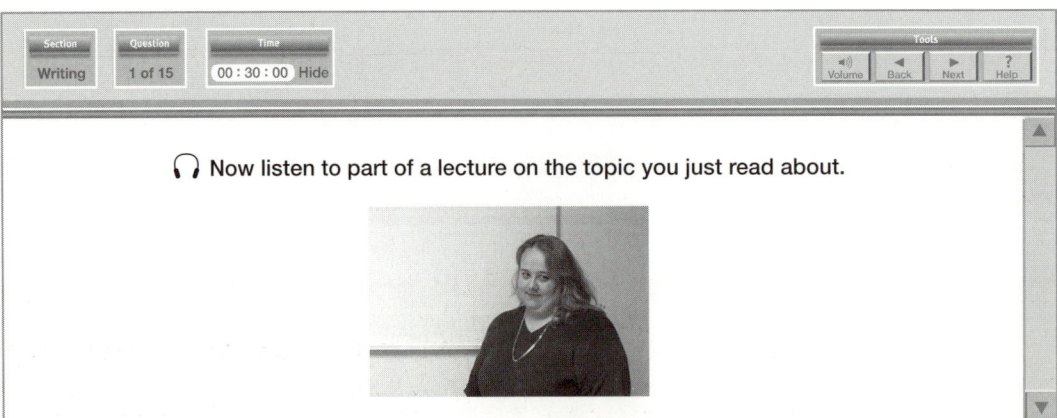

Section	Question	Time		Tools
Writing	1 of 15	00 : 30 : 00 Hide		Volume ◀ Back ▶ Next ? Help

🎧 Now listen to part of a lecture on the topic you just read about.

Writing

⇨ 모범 답안 21 page

Actual Test 3: A Zoo

Reading

Visiting a zoo is an enjoyable activity for millions of people each year. Zoos play three important roles: conserving endangered animals, providing research and educational resources. Zoos have made great contributions to wildlife of the earth in many ways.

First, by observing the animals in person at the zoo, people find many ways to save species going extinct in the wild. A variety of zoological parks have boosted the population of threatened animals, and they are on the forefront of conservation programs for endangered animals. This program is centered mostly on the preservation of genetic diversity in endangered species.

Second, many animal behavioral studies are done by observing animals in the zoo. The zoo plays an important role in providing special animal care and elaborating more effective management plan for the animals. Increased understanding of animal needs has promoted remarkable improvements in extra animal care over the years. Many researchers struggle for the best possible scientific methods in animal care and an ever-increasing understanding of zoo animal populations.

Lastly, a zoo provides the best educational resources. The zoo provides an up close view of fascinating wildlife to people, and they are the only place where many people are likely to experience and learn about an array of animals from wildlife. On the contrary, videos and television rarely have the same educational effect as the experience of proximity to living animals. The zoo offers better opportunities to learn about the natural world and encourages humans to appreciate their wildlife.

Lecture

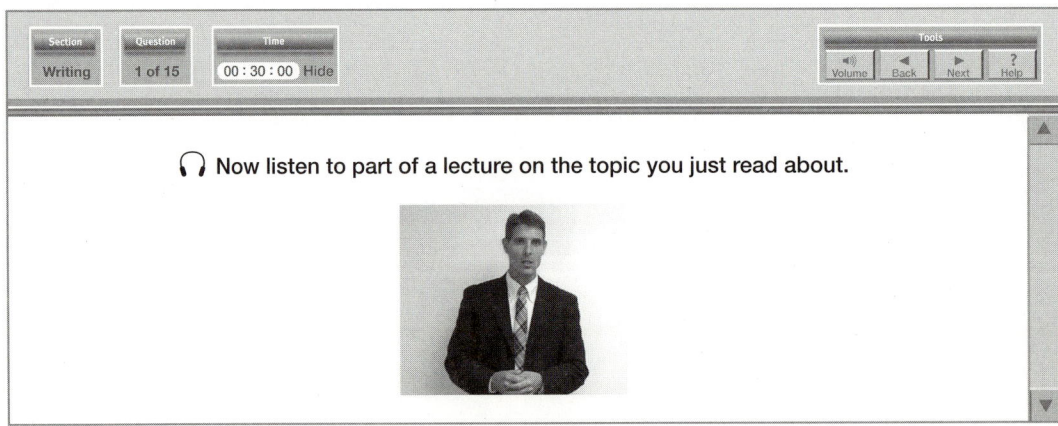

Section	Question	Time		Tools			
Writing	1 of 15	00 : 30 : 00 Hide		Volume	Back	Next	Help

🎧 Now listen to part of a lecture on the topic you just read about.

Actual Test 3: A Zoo

Writing

⇒ 모범 답안 23 page

Actual Test 4: Prescribed Burning

Reading

Prescribed fires have been believed to be a useful way of preserving national parks and wildlife in the United States. Wildlife management specialists burn the forest deliberately in order to control some plants and promote the rapid growth of others by removing dead grass or branches on the ground of the forest. Prescribed burning has been considered to be effective in managing the ecosystem during the 20th century. However, some people argue that prescribed burning does not help to manage the forest.

First, prescribed burning is not the only method for wildlife management. Disking is also one of the simplest and most effective ways to improve wildlife habitat. Some of the wildlife species may benefit from it. Disking is similar to the way farmers harrow and disturb the soil. This is one of the most effective alternative ways to forest fires since it not only prevents plants from growing thickly into shrubs by cutting up old vegetation but also encourages young plants to grow. Disking also helps to form an area stopping a fire from spreading.

Another concern over prescribed burning is how to manage it. This method is considered to be relatively difficult in managing fires. Some factors such as temperature, humidity, wind speed, fuel moisture must be safely met. Fire specialists should take responsibility in order to prepare for possible accidents and disasters, taking into specific geographic features and other weather-related factors.

Third, prescribed fire is not economical even though it is known as an efficient method of wildlife management. A normal budget can hardly cover all the expenses since they require them to hire fire staff and purchase equipment as they are not less expensive than other wildlife management ways. Besides, to achieve a desired effect, burning should be continually implemented on a regular basis for several years. This means prescribed burning will exceed the budget, and the government will end up spending more money.

Lecture

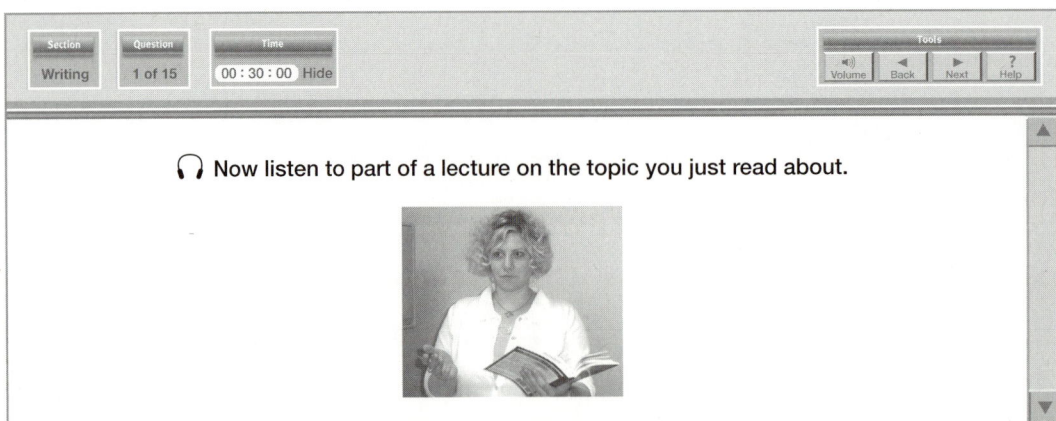

Section	Question	Time		Tools			
Writing	1 of 15	00 : 30 : 00 Hide		Volume	Back	Next	Help

🎧 **Now listen to part of a lecture on the topic you just read about.**

Actual Test 4 : Prescribed Burning

Writing

⇒ 모범 답안 26 page

Reading

The primary purpose of issuing certification is to improve environmental quality and to promote sustainable forest management. A growing number of companies contributing to the resource conservation receive certifications issued by an authorized organization. Those companies encourage consumers to gravitate to their eco-certified products by emphasizing the fact that their products are eco-certified. However, wood companies in the United States are unlikely to follow this trend for several reasons.

First, as many companies pay close attention to eco-certification stickers than the product quality, consumers are exposed to an array of intriguing commercials. Since most eco-certified wood products are exaggeratedly advertised as the most innovative and advanced through the mass media, consumers can hardly trust those advertising.

Second, certified wood products are relatively costly compared to uncertified products because American wood companies must spend extra costs in order to be evaluated by an authorized organization. To make up for the loss, companies cannot help impose the additional cost on the products which consumers would buy, and the price of products increases accordingly. Consumers, therefore, prefer affordable products to expensive certified ones. As a result, it is likely that most wood companies would be more concerned about reducing their prices than getting eco-certification.

Third, many American people believe that companies should keep pace with world trends to compete with international as well as national businesses, but eco-certified wood industry should be seen from different perspectives. Even if certified products are sold in the international markets, obtaining certifications would greatly contribute to developments of American wood industry. However, as certified products just serve national consumers' needs, eco-certification does not play any important role in American wood companies.

Lecture

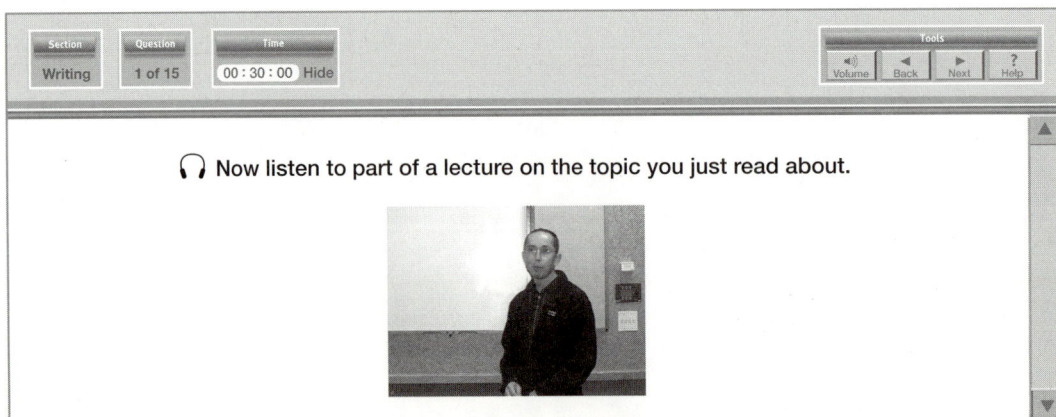

Section	Question	Time		Tools			
Writing	1 of 15	00 : 30 : 00 Hide		Volume	Back	Next	Help

🎧 **Now listen to part of a lecture on the topic you just read about.**

Writing

⇒ 모범 답안 28 page

Actual Test 6: Computerized Voting System

Reading

These days, many countries are turning their attention to electronic voting system. With the rise of technology, the U.S. government has been adapting that technology for use in the electoral system. Here are several positive features of an online voting system.

First, remote Internet voting is believed to be highly insecure. In case of absentee voting, there is no guarantee for voters that they will not be changed. On the other hand, the Internet-based voting system does not require any paper tail, with the exception of those systems that print out individual ballots for auditing purposes. That means online voting system ensures security compared to the paper-based method.

Second, online voting systems help the turnout to increase drastically. In fact, Internet voting has the potential to allow voters to cast their ballots anywhere. This convenience holds the promise of attracting younger, tech-savvy voters to the polls and could also be a simpler alternative to absentee voting for citizens living abroad or serving in the military. Especially for older, disabled, or ill people or those who cannot go or travel to their polling station, it is a voting option.

Third, the most obvious advantage is that of near instantaneous counting and tallying of votes. Machines can add up votes in a fraction of the time that it would take for humans to the same task, usually with more efficiency and better accuracy. Because the ballot is electronic, there is no need for a person to interpret ovals which are ambiguously marked on paper ballots.

Lecture

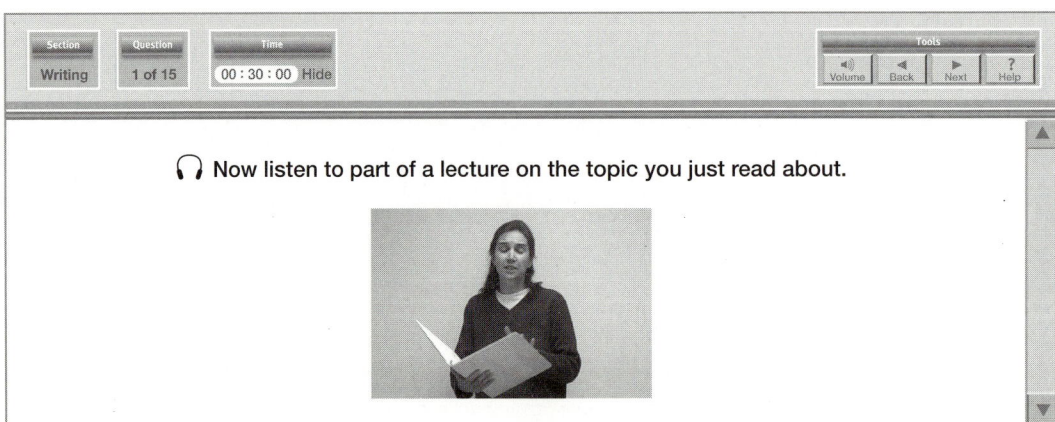

Section	Question	Time		Tools			
Writing	1 of 15	00 : 30 : 00 Hide		Volume	Back	Next	Help

🎧 Now listen to part of a lecture on the topic you just read about.

Writing

→ 모범 답안 30 page

Actual Test 7 : Homeschooling

Reading

What makes homeschooling better than traditional schooling? Lately, there is a rising trend in families choosing to homeschool their children than to send them to a school for some reasons. Here are several benefits of homeschooling over traditional schooling.

To begin with, attending school, there are a lot of things that end up being waste of time. The travel time going to the school and back, the breaks between classes, and the time allotted to taking attendance in each class are all things that waste time in which students could be learning. When learning at home, those are eliminated, and that time can be saved for more valuable options such as reading breaks, or even ending the sessions for the day a little bit earlier.

Besides, by being taught at home, students can keep away from a variety of distractions. In other words, students could be free from disruptions from other students and thus more protected. By not forcing them to go through the bad side of public education, parents can prevent their child from being exposed to real world issues such as smoking, drugs, and sex quite as often as a public school student would.

Lastly, parents would spend most of their time together with their children. Parents would be able to flexibly create a curriculum that suits their children's needs and interests. There are a lot of tools out there that can be used by parents in order to teach their children at home. By taking advantage of those or things around them, parents can teach things by putting them into practice and control learning for their children.

Lecture

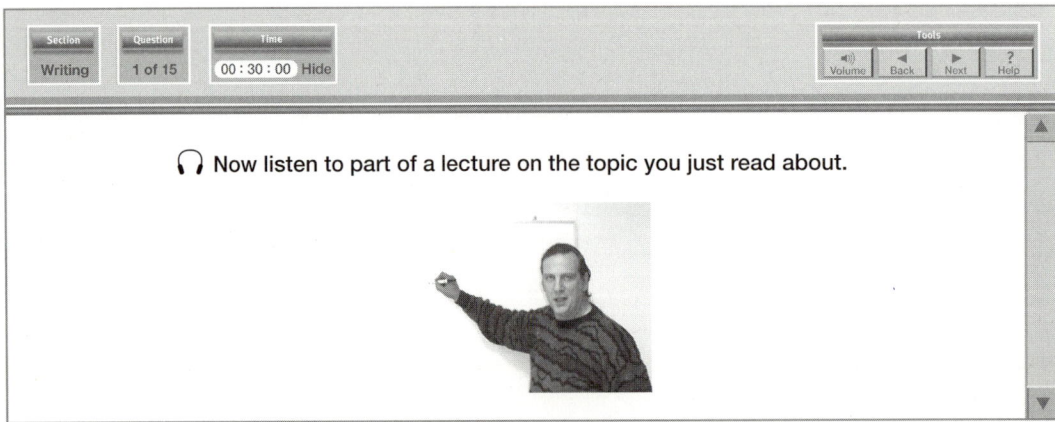

Section	Question	Time		Tools			
Writing	1 of 15	00 : 30 : 00 Hide		Volume	Back	Next	Help

🎧 **Now listen to part of a lecture on the topic you just read about.**

Writing

⇨ 모범 답안 32 page

Actual Test 8: Wind Farms

Reading

Wind energy is one of the world's fastest growing sources. Literally thousands of new wind turbines are sprouting from fields and backyards across Europe and North America every year. With such explosive growth, questions naturally arise about what they should look like and where they should be and whether it should not be installed for its problematic features.

First, wind farms can pose problems such as disturbance, habitat loss or damage, and collision. For example, birds may be scared away from their usual locations by construction noise or the presence of vehicles during construction and maintenance, or by the presence of operating turbines. A wind farm itself or its associated roads or buildings may physically destroy birds' feeding, breeding or roosting sites. Birds may fly into the turbine tower or the blades and get injured or killed.

Another issue of wind farms is that the initial start-up costs of turbines are expensive. Wind power must compete with conventional generation sources on a cost basis. Depending on how energetic a wind site is, the wind farm may or may not be cost competitive. Even though the cost of wind power has decreased dramatically in the past 10 years, the technology requires a higher initial investment than fossil-fueled generators.

The last problem is that wind turbines destroy the visual and aesthetics of the landscape. In fact, people also complain about the appearance of the wind turbines, so they have developed in design. However, the 500 feet tall structures dominating the landscape are still not favorable by some. Furthermore, wind turbines are made up of rotating machinery, so there is some noise. This is another disturbance of residents' private peace.

Lecture

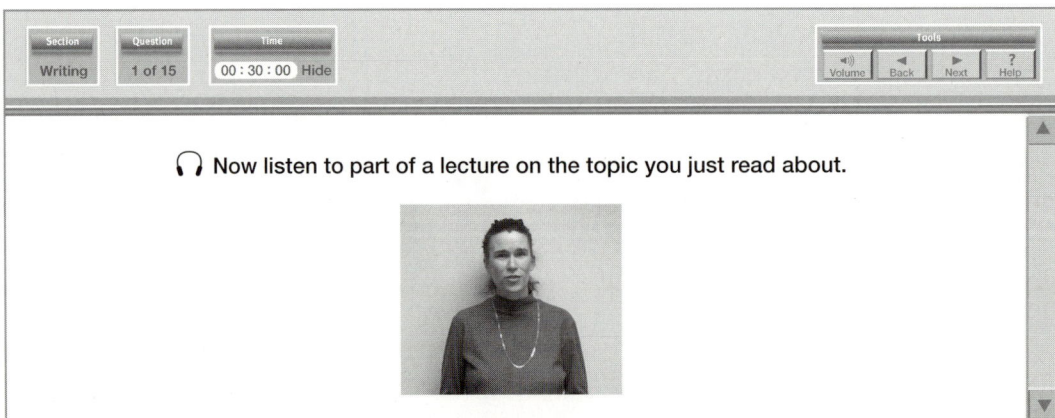

Section	Question	Time		Tools			
Writing	1 of 15	00 : 30 : 00 Hide		Volume	Back	Next	Help

🎧 Now listen to part of a lecture on the topic you just read about.

Writing

⇨ 모범 답안 34 page

Actual Test 9: Televisions

Reading

The history of television effects on children dates back to the studies during 1920s and 1930s. Parents have doubted on the effects of television programs and movies that have on their children's behavior. Even though watching television is one way to update people with the current situation of the world, it has several negative impacts of television on the lives of young children.

Firstly, children tend to spend too much time in front of the TV screen. A survey showed that more than half the children in the world watch more than four hours of TV every day. Watching movies on video tapes or DVDs and playing video games only adds to time spent in front of the TV screen. It may be tempting to use television, movies and video games to keep a child busy, but children need to spend as much time exploring and learning as possible.

Another concern is that children watch countless acts of violence every day while sitting in front of the television. One recent study estimated that American children see over 1,000 violent acts on television each year. These violent acts include rapes, murders, armed robberies and assaults. Therefore, children may get the message that violence is an acceptable way to solve problems.

Third, television's quick cuts make children less attentive. A child psychologist explains that the pacing of much television suppresses impulse control and the ability to attend to the slower pace of schooling. Also, a study reported that the average length of a shot on network television is only 3.5 seconds, so that the eyes never rests, always has something new to see. Therefore, programs containing short segments that have a rapid pace might lead children to be easily distracted, to lose interest in a topic quickly, and thus causing them to have a shorter attention span.

Lecture

Section	Question	Time		Tools
Writing	1 of 15	00 : 30 : 00 Hide		Volume Back Next Help

🎧 **Now listen to part of a lecture on the topic you just read about.**

Writing

⇒ 모범 답안 36 page

Actual Test 10: Home-based Businesses

Reading

Thanks to modern technological advancements, people have decided to make lifestyle changes and have flocked by their thousands to start home based businesses. If you are contemplating about starting your own business and freeing yourself from your job, a safe option would be a start of a home based business. There are some factors that attract many people in the United States to turn their attention to working from home.

First, you can avoid the daily commute. The most annoying thing about working for an employer has got to be the daily commute. You get up early in the morning only to be stuck in daily peak hour rush. However, working from home is eliminating this life draining routine of joining the peak hour commute. You can simply wake up in the morning and make your way to your home office or work area and get started work within minutes.

Another great advantage to working from home is that you can spend more time with your family or friends. With many workplaces advocating longer hours, it is little wonder that many people just don't have the time to spend quality time with those that they love the most. If you want to be there to take the kids to school in the morning, you can start work a little later and work your schedule around your family.

Finally, you are the boss of the business. Having a home based business gives you freedom to work and priorities to what is most important in your life since you are the boss after all. Everyone wants to have a sense of control over their lives. If you think you have the potential to be a leader then this is your chance to show the world what you can do. You at least have control over your destiny and ultimate goals in business.

Lecture

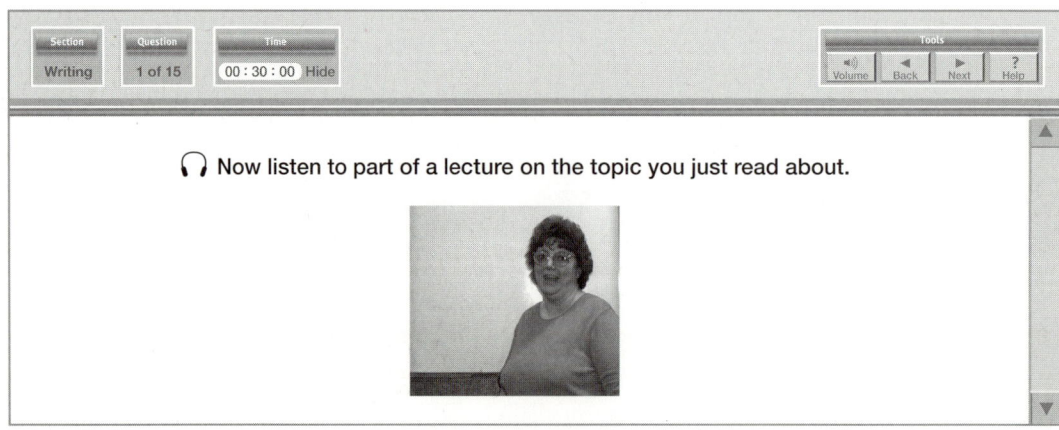

Writing

⇒ 모범 답안 38 page

Actual Test 11: Franchising

Reading

There are countless benefits to becoming a franchisee, which is why franchising is the one of the fastest-growing sectors of the economy. Here is a short list of three advantages of franchising over stand-alone forms of small business.

First, consumers would benefit from a franchised business. Franchised businesses tend to offer a much higher level of personal service compared with managed outlets because the products, equipment and system would have been previously market tested. Therefore, they come to the franchisee with a certain degree of ready acceptance by the consumer. Many consumers like to purchase goods and services from familiar names with reliable standards of service and quality since they like to deal with businesses where the owner is on-premise.

Second, a franchise is a cost-saving business. In fact, franchisees benefit from the franchisors' activities in such areas as advertising, marketing, research and development. Moreover, a franchisee can take advantage of the franchisor's experience and use its capital investment in the most cost-effective way. It will save costs from bulk purchasing and effective advertising the business.

Lastly, the greatest advantage to a franchisee is that it reduces risk of business failure. What makes the franchise different from any other business is that it gains from the franchisor the entire business concept with full training, assistance in every aspect of setting up and running the business, and access to necessary materials and supplies. In essence, it can be said that the franchisee does not have to worry about what to do or how to do it, but merely follow the developed concept. This makes failure less likely.

Lecture

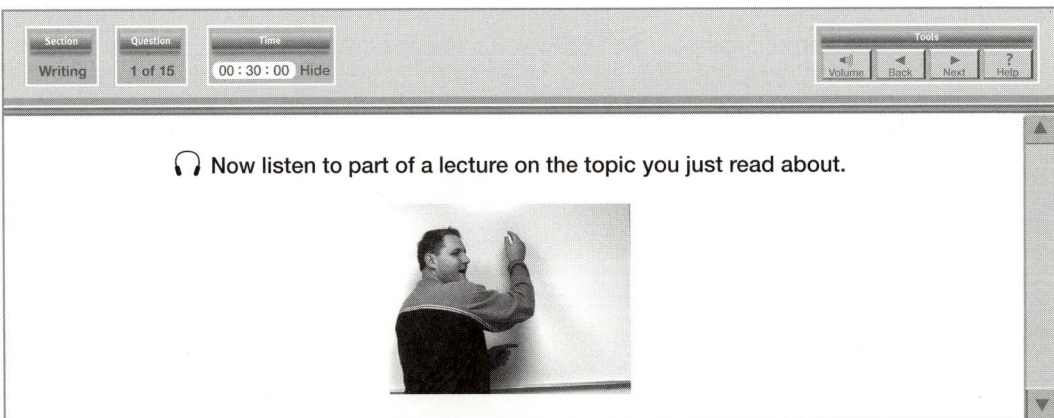

Section	Question	Time			Tools			
Writing	1 of 15	00 : 30 : 00 Hide				Volume	Back	Next	Help

🎧 Now listen to part of a lecture on the topic you just read about.

Writing

⇒ 모범 답안 40 page

Actual Test 12: Chimpanzee Language

Reading

Human speech is commonly recognized as the dividing line between human beings and animals. However, some researchers feel that chimpanzees not only have a rich social life and good communication skills but also show that they are developing toward the threshold of speech through their communication. Here are some evidences supporting this hypothesis.

To begin with, in the 1960s and 1970s, there was the discovery that chimpanzees can use language to express their feelings and desires. Since that time, many great apes have been taught to sign or use symbols by using methods such as using colored plastic shapes or computer keyboard pictures to represent lexical concepts. This is an animal language called Yerkish.

Besides, chimpanzees can communicate in a deliberate fashion. A study have shown that chimps employ a rich variety of gestures and facial expressions to interact with one another, and more importantly, there is intelligence behind the exchanges that makes for a level of understanding unseen elsewhere in the animal world. They may have a simple repertoire of noises and body language, but the intelligence with which these signals are used and interpreted makes a big difference.

Third, chimpanzees have shown the ability to create language categories. A scientist has demonstrated that chimps can communicate, not only using sign language but also inventing new signs and combine signs to metaphorically express something different. In other words, the researchers drew a conclusion that chimpanzees can comprehend and produce novel prepositional phrases, understand vocal English, translate words into a sign language and even transmit their signing skills to the next generation without human intervention.

Lecture

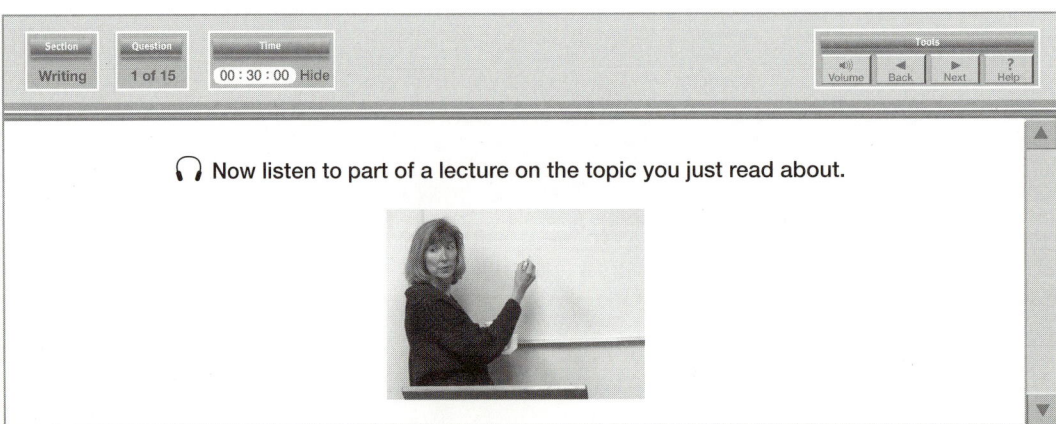

Section	Question	Time		Tools			
Writing	1 of 15	00 : 30 : 00 Hide		Volume	Back	Next	Help

🎧 Now listen to part of a lecture on the topic you just read about.

Actual Test 12: Chimpanzee Language

Writing

⇨ 모범 답안 42 page

Actual Test 13: Fish Farming

Reading

The world population greatly depends on fish farms. As a matter of fact, one out of every four fish consumed worldwide has been produced on a farm. The irony is that fish farming, while helping to feed a growing number of humans, often comes at a surprising cost to the world ecosystem.

First, one of the problems of fish farming is that it damages wild fish living near the farm. In most fish farms, a great number of fish are raised in a small area, which leads to diseases and parasites. To prevent them, farmers can make use of medications for their farmed fish, but wild fish can be likely infected with those hazardous viruses and eventually become endangered.

In addition, farm-raised fish have fatal impacts on the health of human consumers. In fact, farmers feed their fish some chemicals in order to raise larger fish in a short time. How harmful these substances are to humans who consume the fish has not been proven. However, it is obvious that these people are likely to be infected with unknown deadly diseases.

The last negative aspect of fish farming is that farm raised fish often take more out of the oceans than they keep in. This is because farmed fish are given processed feed made from wild catches of herring, mackerel, sardine, and other varieties. Nearly two pounds of wild fish are required for every pound of farmed fish raised on processed meal. So, raising farmed fish makes protein available in the sea reduced.

Lecture

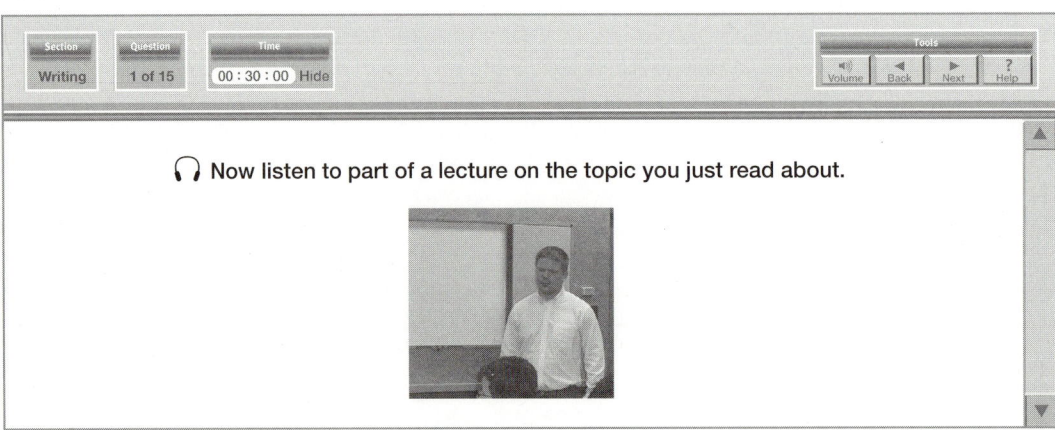

Section	Question	Time			Tools	
Writing	1 of 15	00 : 30 : 00 Hide	Volume	Back	Next	Help

🎧 Now listen to part of a lecture on the topic you just read about.

Writing

⇨ 모범 답안 44 page

Reading

On June 30, 1908, there was an explosion in the skies over Tunguska, Siberia. The blast killed animals and knocked down trees over more than 800 square miles. The explosion was probably caused by the airburst of an asteroid, but there are some mysterious points that have plagued scientists for decades about this theory.

First, Tunguska explosion does not seem to be caused by an asteroid. This is because no proven particle of its substance has ever been discovered. It was reported that Tunguska explosion is the largest to hit the Earth in the last century or so. However, there are no asteroidal fragments in the area, while so many particles are found around the Sun. Therefore, whether or not an asteroid hit a populated area is not clear.

Another difficulty in the asteroid hypothesis is that a stony object should have produced a large crater where it struck the ground, but no such crater has been found. Interplanetary space contains many small bodies of different sizes, and their orbits intersect those of planets, leading to a collision. Large enough bodies leave sizable craters on planets or satellites like the surfaces of the Earth and the Moon.

There is an explanation that the explosion could have been caused by methane. If comets and meteors are tiny, they would burn up in the atmosphere as shooting stars. If they are midsized, they would burn on their periphery but land to be rocks picked up and examined by scientists. The lack of meteor particles or dust proves that it was not an exploding meteor. Methane, once burned or disbursed into the air, leaves no trace. Meteors leave traces, but methane does not.

Lecture

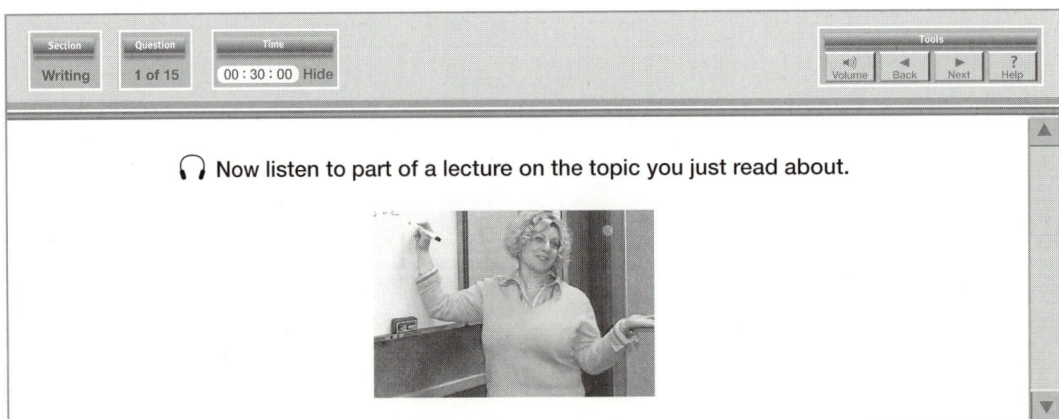

Section	Question	Time		Tools			
Writing	1 of 15	00:30:00 Hide		Volume	Back	Next	Help

🎧 Now listen to part of a lecture on the topic you just read about.

Writing

⇒ 모범 답안 46 page

Actual Test 15: Self-checkout System

Reading

Many popular grocery chain stores have been experimenting with self-service checkout lanes that are designed for busy Americans. There are various benefits to self-checkout system in the super stores.

First, anything that a retailer can do to lessen the time at check out will satisfy a customer. The self-checkout system significantly reduces the amount of time customers spend in checkout lines, shoppers' least-favorite aspect of shopping. More than 500 stores in the United States let customers scan items, check prices and obtain a running total as they shop by using the self-checkout systems. This new system enables the customers to come in and get what they need immediately without spending a lot of time.

In addition, self-checkout systems provide useful information for personalized shopping. Every time the customers use a radio-scanner or mobile computing device, they should give their personal information such as time spent in the store, goods selected, the order in which the shopping was done and the total amount spent. This information could provide a highly personalized shopping service based on core items purchased without fail, every week. These items, specific to each individual, are packed and ready when the customer arrives at the store.

Last, the self-checkout cut down on labor costs. This new system helps to deal with shortage of labor supply by replacing human cashiers. Moreover, it is always available to serve the next customer; it does not have to be trained, will not call in sick, and it will not complain about low wages.

Lecture

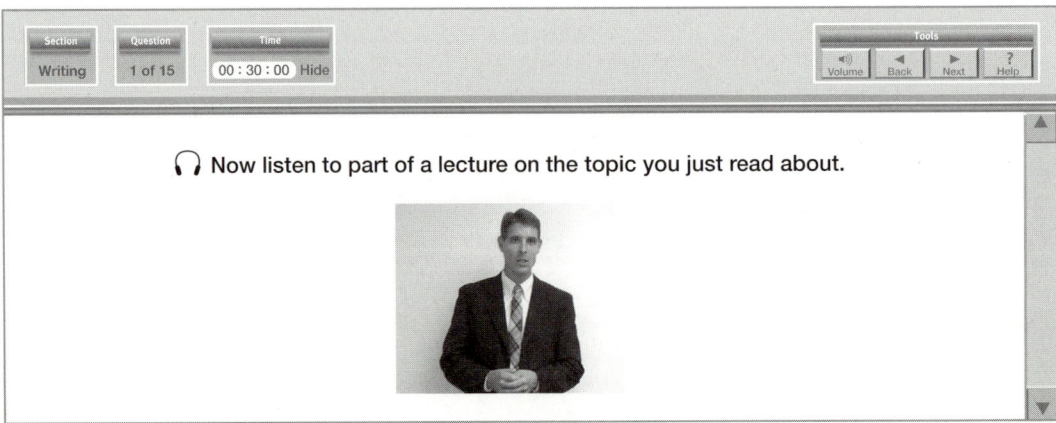

Section	Question	Time		Tools			
Writing	1 of 15	00 : 30 : 00 Hide		Volume	Back	Next	Help

🎧 Now listen to part of a lecture on the topic you just read about.

Writing

⇒ 모범 답안 48 page

Part 2

Independent Writing

Task Overview

Writing Section에서 두 번째로 출제되는 Independent Writing은 주어진 주제에 대한 자신의 의견을 구체적이고 논리적으로 설명해서 독자를 설득시키는 persuasive essay로서 30분 동안 작성한다. 논리를 전개할 때는 채점자가 쉽게 납득할 수 있고 본인이 영어로 구사하기 쉬운 idea를 선택하는 것이 중요하며, 표현하기 쉽고 이해하기도 쉬운 어휘나 단어를 사용하도록 한다.

topic의 유형별 분류

CBT Writing처럼 정해진 topic list안에서 출제되지는 않지만 iBT Writing도 출제되는 topic들의 유형은 일정하다고 할 수 있다. 우선 기본적으로 알아두고 연습해야 할 topic의 유형은 다음 두 가지이다. 두 가지 유형 중 제1유형이 주를 이루고 있으나, 제2유형도 종종 출제되고 있어 대비해 두는 것이 좋다.

1. 제1유형 : 주어진 명제나 사실에 대해서 찬성 또는 반대를 논하는 유형

> **ex.** Do you agree or disagree with the following statement? It is beneficial to work for the same company for their lifetime. Use specific reasons and examples to support your answer.

2. 제2유형 : 주어진 두 가지 대안 중 하나를 택하여 주장을 펼치는 유형

> **ex.** Some people say that the Internet provides a great amount of important information. Others say that the excessive use of online information causes problems. Which viewpoint do you agree with? Use specific reasons and examples to support your position.

Task Process

본인의 주장에 대한 근거는 두 가지만 선택하여 아래와 같은 구도에 따라 서론, 본론, 결론을 구성한다.

Sample Topic

Some prefer to reside in a larger city. Others like to live in a rural city. Which do you prefer? Use specific reasons and examples to support your answer.

서론: Opening statement + Thesis statement

사람들의 생활 방식은 모두 다르지만 나는 대도시에서 사는 것을 선호한다.

본론 1: Topic sentence + Supporting sentences + An example

각기 다른 성격의 학교들과 학원들이 많아 보다 양질의 교육을 선택적으로 받을 수 있다.

Detail: 내 친구들 중 1/3 이상이 좋은 대학을 가기 위해 지방에서 상경한 아이들이다.

Detail: 내 동생은 서울 유명 학교에 진학하기 위해 중학교 때부터 서울 친척집에서 통학한다.

본론 2: Topic sentence + Supporting sentences + An example

대도시에서는 커다란 상업 지역이 형성되어 있어서 일자리 구하기가 용이하다.

Detail: 우리 아버지는 고등학교를 지방에서 졸업한 후 서울로 오셔서 취업하셨다고 들었다.

Detail: 지방에서 이주하는 사람의 대다수가 취업을 위해서 상경한다는 보도가 있었다.

결론: Summary + The final comment

따라서, 교육과 취업의 기회를 얻기 위해 대도시에서 사는 것이 더 합리적이라고 생각한다.

Essay Structure

1. 서론(Introduction)

서론은 약 2~3분 동안 간략하게 구성하도록 하며, topic을 소개하며 독자의 관심을 끄는 opening statement, 자신의 주장을 밝히는 thesis statement, 본론에 전개될 내용을 요약하는 controlling ideas의 세 가지 구성 요소로 이루어 진다.

A Opening Statement
어떤 주제에 대한 글인지를 보여주고 글 전체의 방향을 제시하는 부분

B Thesis Statement
필자의 주장을 명확하게 나타내는 부분

C Controlling Ideas
본론에서 제시될 내용을 미리 요약하는 부분

ex.

> It is not easy to decide whether high school students should be permitted to choose classes on their own or not. However, I basically agree with the position that high schools should let students direct their own education. I have two specific reasons for my claim. It helps students to study harder and develop their aptitudes.

2. 본론(Body)

본론은 두 단락으로 구성하는데 각각 약 10분 동안 작성하도록 하며, 본인의 주장에 대한 근거를 논리적이며 체계적으로 설명한다.

A Topic Sentence
필자의 주장에 대한 근거를 요약하는 부분

B Thesis Statement
필자의 주장을 명확하게 나타내는 부분

C Specific Example
주장에 대한 증거 자료로서 자신의 경험담, 일화 또는 공식적 자료를 제시하는 부분

ex.

> Most of all, students will be quite motivated by taking classes they prefer. As a matter of fact, most students tend to enthusiastically participate in classes which they like the most. Therefore, they would do almost all the homework and rarely be absent from the classes. As a result, students would become more positive toward academic tasks and study much harder. For example, when I was a high school student, I hated mathematics because the subject was very complex and difficult for me. Thus, every time the math teacher explained complicated math formulas in class, I felt frustrated and bored, so I sometimes skipped the math class. From this experience, I found that giving students the right to choose their own classes encourages them to study harder.

3. 결론(Conclusion)

결론은 서론과 본문에서 전개된 모든 내용을 요약해주는 부분으로서, 글을 읽는 사람들에게 글의 전체 내용을 상기시키면서 마무리한다.

A Summary
필자의 주장과 주장에 대한 두 가지 근거를 요약하는 부분

B Final Comment
강한 여운을 주면서 필자의 주장을 다시 한번 강조하는 부분

ex.

> To sum up, I strongly support the perspective that student-directed education is necessary. This is because students are more motivated to learn and develop their talents. Therefore, student-directed education has positive influences when it comes to learning.

Task Strategies

1. Easy Writing Strategy

A 문법이 틀려도 만점 받는 에세이!

TOEFL Writing은 언어적인 측면보다는 논리적이고 설득적인 글의 전체적 구조에 높은 점수를 부여하므로 글의 내용을 이해하는 데 방해가 되지 않을 정도의 단편적인 실수들에 대해서는 비교적 관대하다. 따라서 미세한 문법적인 내용에 시간을 투자하기보다는 전체적인 글의 구조를 잡는 연습에 주력해야 한다.

B 쉬운 단어와 표현이면 충분하다!

Independent Writing은 30분이라는 짧은 시간 동안 기본적인 어휘로 간단한 글을 작성하는 것으로써, 무엇보다도 논리적인 글의 구조를 구성하는 것이 중요하다. 따라서 일부러 어려운 단어와 문장 구조를 만들어 내려고 노력할 필요는 없으며, 흔히 볼 수 있고 어렵지 않은 단어와 표현을 써서 간단한 문장으로 구성하는 것이 현명한 방법이다.

C 패턴에 주제를 적용하자!

Independent Writing에서 출제되고 있는 topic들은 기존의 CBT Writing에서 나왔던 topic들과 동일하지는 않으나 비슷한 내용의 topic들이 출제되고 있으므로 본인 나름대로 3~4가지 정도 고정된 글쓰기 틀을 정해놓고, 그 패턴에 topic을 적용하는 방식으로 대비하는 연습을 하도록 한다.

2. Paraphrasing Strategy

Writing에 쓰는 단어와 표현들은 간단하고 쉬운 것들을 선택하여 사용하되, 같은 단어의 중복 사용은 피하고 단어를 중복 사용 하더라도 문장 구조를 변형하고 품사를 변형하여 어휘와 표현 방법이 자유롭다는 인상을 심어줄 수 있어야 한다. 따라서 자주 사용하는 어휘들의 동의 표현을 익히는 훈련이 필요하다. 문장 전환 strategies는 5가지로 간략하게 연습한다. (통합형 paraphrasing 공식 참조)

3. Time-saving Strategy

A 쓰는 순서는 내 맘!

글을 구성하는 순서는 서론 → 본론 → 결론이 일반적인 순서이고 반드시 이 순서를 따라야만이 글의 논리적 구성이 전개되는 것이 본래 순서이지만, 서론과 결론의 구성 요소들이 서로 유사한 점을 이용하여 서론, 본론, 결론의 대략적 구성에 대한 기본적인 점수를 획득하고 보다 짧은 시간 내에 점수를 올릴 수 있는 방법으로 서론과 결론을 먼저 완성한 후에 본론을 구성하는 것이 실제적으로 시간을 최대 절약할 수 있고 보다 높은 점수를 받기 위한 방법이라 할 수 있다.

B 한 번 쓴 idea와 example은 재활용!

출제되는 topic들은 대략 학교 생활, 사회 생활, 교육, 건강에 관한 것들이 주를 이루고 있으며, 주제별 공통점이 없다 하더라도 흔하고 쉽게 쓰이는 idea들을 각각의 topic에 적용해서 사용한다면 다른 idea들을 짜낼 필요가 없다. 각각의 topic에 따라 서로 다른 소재의 example들을 생각해 내야 하기 때문에 시간도 많이 걸릴 뿐만 아니라 새로운 소재를 찾는데 어려움이 있으므로 한 essay에서 사용했던 똑같은 example을 새로운 topic에 적용하여 쓴다면 시간도 절약할 수도 있고 쉽게 쓸 수 있어서 편리하다.

C Writing은 답이 없다!

강의를 하다 보면 만점짜리 essay sample을 달라고 요구하는 학생들도 많으며, 이런 학생들의 심리를 이용하여 만점 essay들을 수록했다는 내용의 책들도 시중에 많이 나와 있는 것이 사실이다. 그러나 앞에서 언급한 바와 같이 TOEFL essay에 대한 채점은 무엇을 썼는가가 중요한 것이 아니라 어떻게 썼는가가 가장 중요하기 때문에 만점 짜리 essay를 보는 것은 물론 모범 답안으로 전개된 구조를 참고로 할 수는 있지만 그 내용이 무엇인지를 외워서 그대로 쓴다는 것은 매우 위험한 일이다. 또한 idea 정리를 할 때나 sample에 대한 소재를 구상할 때는 자신이 쉽게 기억할 수 있고 손쉽게 쓸 수 있는 소재를 택하는 것이 중요하며 절대로 topic에 대한 정답적인 idea가 존재하거나 만점 essay가 따로 있지 않다는 것을 명심하길 바란다.

Part 2

Independent Writing
Mini Test 1–8

Mini Test 1

Do you support or oppose the following idea? Having intelligent friends is better than humorous friends. Support your position by using specific reasons and examples.

Agree or Disagree?

Why?

1. ....

2. ....

Make your thesis

Possible ideas

Agree	Disagree
1.	1.
2.	2.

⇨ 모범 답안 51 page

Do you support or oppose the following idea? It is more beneficial to work for a large corporation than a small corporation. Support your position by using specific reasons and examples.

Agree or Disagree?

Why?

1. ....

2. ....

Make your thesis

Possible ideas

Agree	Disagree
1.	1.
2.	2.

⇨ 모범 답안 52 page

Mini Test 3

Do you support or oppose the idea? Many people today pay excessive attention to famous people's personal lives. Support your position by using specific reasons and examples.

Agree or Disagree?

Why?

1. ....
2. ....

Make your thesis

Possible ideas

Agree	Disagree
1.	1.
2.	2.

⇒ 모범 답안 54 page

Mini Test 4

Do you support or oppose the idea? School grades have the effect of encouraging student to learn. Support your position by using specific reasons and examples.

Agree or Disagree?

Why?

1. ....

2. ....

Make your thesis

Possible ideas

Agree	Disagree
1.	1.
2.	2.

⇨ 모범 답안 55 page

Mini Test 5

Do you support or oppose the following idea? Watching television is more helpful than reading books when it comes to learning. Support your position by using specific reasons and examples.

Agree or Disagree?

Why?

1. ....

2. ....

Make your thesis

Possible ideas

Agree	Disagree
1.	1.
2.	2.

⇨ 모범 답안 56 page

Mini Test 6

Do you support or oppose the following idea? Speaking skills are more significant than writing skills. Support your position by using specific reasons and examples.

Agree or Disagree?

Why?

1. ....

2. ....

Make your thesis

Possible ideas

Agree	Disagree
1.	1.
2.	2.

⇨ 모범 답안 57 page

Mini Test 7

Do you support or oppose the following idea? Natural resources of energy (oil, coal, gas) will be substituted by alternative resources of energy (water, wind, sun). Support your position by using specific reasons and examples.

Agree or Disagree?

Why?

1. ....

2. ....

Make your thesis

Possible ideas

Agree	Disagree
1.	1.
2.	2.

⇨ 모범 답안 59 page

Mini Test 8

Do you support or oppose the following idea? People from young generation enjoy lives than the older generation. Support your position by using specific reasons and examples.

Agree or Disagree?

Why?

1. ....

2. ....

Make your thesis

Possible ideas

Agree	Disagree
1.	1.
2.	2.

⇨ 모범 답안 60 page

Part 2

Independent Writing

Actual Test 1–17

Do you support or oppose the following idea? Getting satisfaction from one's career is more important than getting a high salary. Support your position by using specific reasons and examples.

⇒ 모범 답안 62 page

Actual Test 2

Do you support or oppose the following idea? Developing land for humans is better than leaving it for endangered animals' natural environment. Support your position by using specific reasons and examples.

⇨ 모범 답안 63 page

Actual Test 3

Do you support or oppose the following idea? A child's successful school life is more influenced by classmates than by parents. Support your position by using specific reasons and examples.

⇨ 모범 답안 64 page

Actual Test 4

Do you support or oppose the following idea? A teacher should be more concerned about relating well to students than giving knowledge. Support your position by using specific reasons and examples.

⇨ 모범 답안 65 page

Actual Test 5

Do you support or oppose the following idea? Being a head of an organization is more beneficial than joining the organization as a member. Support your position by using specific reasons and examples.

⇒ 모범 답안 66 page

Actual Test 6

Do you support or oppose the following idea? It is better to take classes that you are interested in rather than classes that you need in order to prepare for your job or career. Support your position by using specific reasons and examples.

➡ 모범 답안 67 page

Actual Test 7

Do you support or oppose the following idea? Being with intelligent friends is better than being with humorous friends. Support your position by using specific reasons and examples.

⇨ 모범 답안 68 page

Actual Test 8

Do you support or oppose the following idea? Today there are too many sources of information and news to trust them. Support your position by using specific reasons and examples.

⇨ 모범 답안 69 page

Actual Test 9

Do you support or oppose the following idea? Access to lots of information on the Internet brings about problems. Support your position by using specific reasons and examples.

⇨ 모범 답안 70 page

Actual Test 10

Do you support or oppose the following idea? A teacher's pay should be decided according to students' performance. Support your position by using specific reasons and examples.

⇨ 모범 답안 71 page

Actual Test 11

Do you support or oppose the following idea? Films and television negatively affect young people's behavior. Support your position by using specific reasons and examples.

⇨ 모범 답안 72 page

Actual Test 12

Do you support or oppose the following idea? It is important to be aware of current events around the world that are not likely to influence your daily life. Support your position by using specific reasons and examples.

⇨ 모범 답안 73 page

Actual Test 13

Do you support or oppose the following idea? Today, collaborating well with others is more important than in the past. Support your position by using specific reasons and examples.

⇒ 모범 답안 74 page

Actual Test 14

Do you support or oppose the following idea? Advertising makes products look better than they really are. Support your position by using specific reasons and examples.

⇨ 모범 답안 75 page

Actual Test 15

Do you support or oppose the following idea? Overlooking a friend's mistake is better than giving advice that could ruin the friendship. Support your position by using specific reasons and examples.

⇒ 모범 답안 76 page

Actual Test 16

Do you support or oppose the following idea? Unemployed people who are wealthy are rarely happy. Support your position by using specific reasons and examples.

⇨ 모범 답안 77 page

Actual Test 17

Do you support or oppose the following idea? Printed books will be no longer used school in twenty years. Support your position by using specific reasons and examples.

⇒ 모범 답안 78 page

Appendix

핵심 어휘 정리

핵심 어휘 정리

A

abnormal [æbnɔ́ːrməl]   비정상적인, 이상한

aboriginal [æ̀bərídʒənəl]   원주민의

absorber [æbsɔ́ːrbər]   흡수 장치

abyss [əbís]   심연, 심해

access [ǽkses]   액접근, 면회

accretion [əkríːʃən]   융합, 부착

adolescent [æ̀dəlésənt]   청춘기의 (사람)

adorn [ədɔ́ːrn]   장식하다

aerial [ɛ́əriəl]   공기의, 공중의

aesthetic [esθétik]   (예술적) 미의, 심미적인 (= esthetic)

affiliate [əfílièit]   계열[자매] 회사

affluence [ǽflu(ː)əns]   풍부함, 유입

aggregate [ǽgrigèit]   총계의, 집합적인

alchemy [ǽlkəmi]   연금술

alga [ǽlgə]   조류, 해조

algorithm [ǽlgərìðəm]   알고리즘

alienate [éiljənèit]   (명의, 재산, 권리 등을) 양도하다, 멀리하다

alliance [əláiəns]   동맹, 제휴

allocate [ǽləkèit]   할당하다

alloy [ǽlɔi]   합금

altitude [ǽltətjùːd]   고도

alumni [əlʌ́mniː]   동창회

amber [ǽmbər]   호박(琥珀), 황갈색의

ambivalent [æmbívələnt]   서로 용납되지 않는, 상극인

ambulatory [ǽmbjulətɔ̀ːri]   보행의, 이동성의

amenity [əménəti]   쾌적한 (오락, 편의) 시설 (pl.)

amentia [eiménʃə]   정신 박약

amid [əmíd]   ～의 사이에, ～의 한복판에

amoeba [əmíːbə]   아메바

ampere [ǽmpiər]   암페어

amphibian [æmfíbiən]   양서류(의)

analysis [ənǽləsis]   분석

anatomy [ənǽtəmi]   해부학, 해부

angstrom [ǽŋstrəm]   옹스트롬 〈빛의 파장의 측정 단위〉

anode [ǽnoud]   양극 〈↔ cathode〉

antarctic [æ̀ntáːrktik]   남극(의)

anthropology [æ̀nθrəpálədʒ]   인류학

antimony [ǽntəmòuni]   안티몬

apex [éipeks]   정점, 향점(向點)

aphelion [æfíːliən]   원일점 〈cf. perihelion 근일점〉

apogee [ǽpədʒìː]   원지점 〈cf. perigee 근지점〉

appendix [əpéndiks] 부록

assessment [əsésmənt] (과세를 위한) 평가

applaud [əplɔ́ːd] 박수치다

asset [ǽset] 자산, 재산

appraise [əpréiz] 평가 견적

assimilate [əsíməlèit] 동질화시키다

appreciation [əpriːʃiéiʃən] (예술 작품의) 평가, 이해

assumption [əsʌ́mpʃən] 가정, 가설

appropriation [əpròupriéiʃən] 유용, 착복

asteroid [ǽstərɔ̀id] 소행성

aptitude [ǽptitùːd] 적성, (학문, 공부의) 총명함

astound [əstáund] 깜짝 놀라게하다

aquaculture [ǽkwəkʌ̀ltʃər] (어류, 패류의) 수산 양식

astrology [əstrálədʒi] 점성술

aquanaut [ǽkwənɔ̀ːt] 잠수 기술자

astronaut [ǽstrənɔ̀ːt] 우주 비행사

aquatic [əkwǽtik] 수상의

astrophysics [ǽstroufíziks] 천체 물리학

aqueduct [ǽkwədʌ̀kt] 수로

atrium [éitriəm] 중앙 홀, 안뜰

aquifer [ǽkwəfər] 대수층

audit [ɔ́ːdit] (수업, 강의 따위)를 청강하다

arbitrage [áːrbətridʒ] 재정 거래

auditorium [ɔ̀ːditɔ́ːriəm] 당

archaeology [àːrkiálədʒi] 고고학

aurora [ərɔ́ːrə] 오로라, 극광

archipelago [àːrkəpéləgòu] 군도

authentication [ɔ:θéntikèiʃən] 인증

arctic [áːrktik] 북극(의)

autistic [ɔːtístik] 자폐증의

arid [ǽrid] 건조한 (= dry, barren)

autobiography [ɔ̀ːtəbaiágrəfi] 자서전

array [əréi] 배열, 정렬하다

avail [əvéil] 도움이 되다, 쓸모가 있다

arthropod [áːrθrəàd] 절지동물, 절족 동물

avalanche [ǽvəlæ̀ntʃ] 눈사태

artifact [áːrtəfæ̀kt] 인공물, 공예품

aviation [èiviéiʃən] 비행, 항공

assail [əséil] 습격하다, 비난하다

avocation [æ̀voukéiʃən] 부업

assemblage [əsémblidʒ] 집단

axis [ǽksis] 지축

B

ballast [bǽləst] 바닥짐, 모래주머니

bankruptcy [bǽŋkrʌptsi] 파산

baptistery [bǽptistəri] 세례 주는 곳

barter [bɑ́ːrtər] 물물교환하다

basin [béisən] 분지, 유역

bathometer [bəθɑ́mitər] 측심기

bauxite [bɔ́ːksait] 보크사이트

beacon [bíːkən] 신호소, 항로 (수로, 교통, 항공) 표시

bead [biːd] 구슬

beak [biːk] (갈고리 모양의) 부리

bearish [bɛ́əriʃ] (증권) 약세의

bedrock [bédrɑ̀k] 기반, 근저

beneficiary [bènəfíʃièri] 수익자

bibliography [bìbliɑ́grəfi] 서지학, 참고 문헌 목록

bidding [bídiŋ] 입찰

biochemistry [bàioukémǝstri] 생화학

biodiversity [báioudivə́ːrsəti] 생물의 다양성

biogeography [bàioudʒiɑ́grəfi] 생물 지리학

biosphere [báiousfìər] 생물권

biotechnology [bàiouteknɑ́lədʒi] 생명 공학

bleak [bliːk] (전망등이) 어두운, 황량한

bloom [bluːm] 개화하다

blunder [blʌ́ndər] 큰실수

blur [bləːr] 희미하게 하다, 희미해지다

blurb [bləːrb] 선전 문구, 추천사

boggy [bɑ́gi] 습지의

bolide [bóulaid] 화구, 폭발 유성

bond [bɑnd] (차용) 증서, 채권, 보세창고 유치(留置)

boost [buːst] 경기를 부양하다

boron [bɔ́ːrɑn] 붕소

breakdown [bréikdàun] 고장

breed [briːd] 품종, 품종을 개량하다, (동물을) 기르다

brew [bruː] 양조하다

brig [brig] 쌍돛대의 범선

bronze [brɑnz] 청동

brood [bruːd] (한배의) 새끼들

browse [brauz] (책을) 여기저기 읽다, 띄엄띄엄 읽다

brushwork [brʌ́ʃwə̀ːrk] 화풍

bud [bʌd] 싹, 봉오리, 발아하다

bullish [búliʃ] (증권) 상승세의

buoy [búːi] 부표

burial [bériəl] 매장

burrow [bə́ːrou] 굴, 굴을 파다

bush [buʃ] 관목

bust [bʌst] 반신상

buttress [bʌ́tris] 버팀벽, 지지물

bypass [báipæ̀s] 우회로

C

cacophony [kækáfəni] 불협화음

calligraphy [kəlígrəfi] 서도, 서예

camouflage [kǽmuflɑ̀ːʒ] 위장(하다)

cannibalism [kǽnəbəlìzəm] 식인 (풍습)

capillary [kǽpəlèri] 모세관의

carapace [kǽrəpèis] (갑각류의) 갑각, 껍질

carbohydrate [kɑ̀ːrbouháidreit] 탄수화물

carbon [kɑ́ːrbən] 탄소

carbonate [kɑ́ːrbənèit] 탄산염, 탄산염화하다

caricature [kǽrikətʃùər] 풍자화

carnivorous [kɑːrnívərəs] 육식성의

carving [kɑ́ːrviŋ] 조각(술)

cast [kæst] 주조하다, 상을 뜨다

casualty [kǽʒuəlti] 사상자, 피해자

catalyze [kǽtəlàiz] (화학 반응을) 촉진시키다

catastrophe [kətǽstrəfi] 큰 재해, 재난

caterpillar [kǽtərpìlər] 모충 〈나비, 나방 등의 유충〉

cathode [kǽθoud] 음극

cavern [kǽvərn] 동굴

celestial [siléstʃəl] 천체의

cellular [séljələr] 세포의

cellulose [séljuəlòus] 섬유소

Celsius [sélsiəs] 섭씨의

centigrade [séntəgrèid] 섭씨의 〈cf. Fahrenheit 화씨의〉

centipede [séntəpìːd] 지네

ceramics [sərǽmiks] 도예, 도자기류

certificate [sərtífəkit] (수료, 이수) 증명서, 면허증

certify [sə́ːrtəfài] 증명하다, 인증하다

cession [séʃən] 양도

chasm [kǽzəm] 깊게 갈라진 틈

chiaroscuro [kiɑ̀ːrəskjúːrou] 명암법

chick [tʃik] 병아리, 새끼 새

chilly [tʃíli] 쌀쌀한

chisel [tʃízl] 조각칼, 조각하다

chloroplast [klɔ́ːrouplæ̀st] 엽록체

choreography [kɔ̀ːriágrəfi] (발레, 무용의) 안무

chromatin [króumətin] 염색질

chromite [króumait] 크롬 철광

chromosome [króuməsòum] 염색체

chromosphere [króuməsfiər] 채층 〈태양 둘레의 붉은색 가스층〉

cinder [sindər] (화산에서 분출한) 분석(噴石), 재

circumpolar [sə̀:rkəmpóulər] 극지방의

citation [saitéiʃən] 인용문

clam [klæm] 조개

clay [klei] 점토

clipper [klípər] 쾌속 범선

clockwise [klákwàiz] 시계 방향으로

cloister [klɔ́istər] 수도원, 회랑(回廊)

cluster [klʌ́stər] 성단(星團), 무리

cobweb [kábwèb] 거미집

cockpit [kákpìt] 조종실

cocoon [kəkú:n] (누에)고치

coeducation [kòuedʒukéiʃən] 남녀 공학

coffin [kɔ́:fin] 관

cog [kɑg] (톱니바퀴의) 이

coincide [kòuinsáid] 동시에 일어나다, 일치하다

collateral [kəlǽtərəl] 담보(물)

collection [kəlékʃən] 소장품

collide [kəláid] 충돌하다

colonial [kəlóuniəl] 식민지의

colonialism [kəlóuniəlìzm] 식민지주의, 식민 정책

colonnade [kàlənéid] 열주 (줄기둥)

coma [kóumə] 코마

combustion [kəmbʌ́stʃən] 연소, 산화화

comet [kámit] 혜성

commencement [kəménsmənt] 졸업식

commission [kəmíʃən] 위임, 위탁

commodity [kəmádəti] 상품

community [kəmjú:nəti] 군집

commute [kəmjú:t] 통근, 통학하다

compact [kəmpǽkt] 아담한, (자동차가) 작고 경제적인

competence [kámpətəns] 자질, 능력

component [kəmpóunənt] 성분

compose [kəmpóuz] 작곡하다

composition [kàmpəzíʃən] (음악) 작곡, (미술) 구성

compound [kámpaund] 화합물, 혼합물

compression [kəmpréʃən] 압축

comptroller [kəntróulər] (회계, 은행의) 감사관

compulsion [kəmpʌ́lʃən] 강박 (현상), 억제하기 어려운 욕망

concierge [kànsiέərʒ] (아파트) 관리인, (호텔) 접수계

condense [kəndéns] 응축하다, 압축하다

condominium [kàndəmíniəm] 분양 아파트

configuration [kənfìgjəréiʃən]   (기계) 구성, (시스템의) 환경 설정

confiscate [kánfiskèit]   몰수하다

conglomerate [kənglámərət]   (거대) 복합 기업

congregate [káŋgrigèit]   모이다 (= gather)

Congress [káŋgris]   (미국의) 국회

conjugation [kàndʒəgéiʃən]   (세포간의) 접합

connoisseur [kànəsə́:r]   (미술품 등의) 감식가, 전문가

consent [kənsént]   동의(하다)

consolidate [kənsá`lədèit]   (토지, 회사 등을) 합병 정리하다

consortium [kənsɔ́:rʃiəm]   콘소시엄, 협회, 조합

conspicuous [kənspíkjuəs]   뚜렷한, 두드러진

constellation [kànstəléiʃən]   별자리

consumption [kənsʌ́mpʃən]   소비

contamination [kəntæ̀mənéiʃən]   오염

content [kəntént]   목차, 내용 (pl.)

contour [kántuər]   윤곽, 등고선

contraband [kántrəbæ̀nd]   밀수(품)

convection [kənvékʃən]   대류

conversion [kənvə́:rʒən]   변환, 전환

cooperation [kouàpəréiʃən]   협력, 협동 조합

coral [kɔ́:rəl]   산호

corbel [kɔ́:rbəl]   무게를 받치는 벽의 돌출부

core [kɔ:r]   (지구의) 중심핵

cornice [kɔ́:rnis]   코니스, 처마 돌림띠

corporation [kɔ̀:rpəréiʃən]   회사, 법인

corpse [kɔ:rps]   시체

correspondence [kɔ̀:rəspándəns]   통신, 서신 왕래

corrosive [kəróusiv]   부식성의

cosmology [kazmálədʒi]   우주론

cosmopolitan [kàzməpálətən]   전세계에 분포하는

cosmos [kázməs]   우주

coterie [kóutəri]   (공동의 목적, 흥미를 갖는) 한패, 동아리

counterfeit [kàuntərfit]   모조품

countersign [káuntərsàin]   (문서에) 부서[연서]하다

courtesy [kɔ́:rtəsi]   예의바름, 호의

covenant [kʌ́vənənt]   계약

coverage [kʌ́vəridʒ]   (보험) 보상 범위

cowardice [káuərdis]   겁, 비겁

coxswain [káksən]   (보트의) 키잡이

crack [kræk]   갈라진 틈

craft [kræft]   (소형의) 선박, 비행기

cram [kræm]   벼락공부

crane [krein]   학, 두루미

crater [kréitər]   분화구

crayfish [kréifiʃ]   가재

creditor [kréditər]   채권자 〈cf. debtor 채무자〉

crew [kru:]   승무원

cricket [kríkit]   귀뚜라미

criterion [kraitíəriən]   기준, 표준

cruise [kru:z]   순항(하다)

crush [krʌʃ]   눌러 부수다

crust [krʌst]   지각

cryogenics [kràiədʒéniks]   저온학

crypt [kript]   지하실

cub [kʌb]   (여우, 곰, 사자 등의) 새끼

Cubism [kjú:bizəm]   입체파

cumulonimbus [kjù:mjəlounímbəs]   적란운, 소나기 구름

curb [kəːrb]   억제하다

currency [kə́ːrənsi]   통화

curriculum [kəríkjələm]   교육 과정

curtailment [kəːrtéilmənt]   삭감

cybernetics [sàibərnétiks]   인공 두뇌학

cyclone [sáikloun]   사이클론, (인도양 등의) 열대성 저기압

cytology [saitálədʒi]   세포학

D

dale [deil]   골짜기

damp [dæmp]   습기

dealing [díːliŋ]   거래, 매매

dean [diːn]   학장, 학생과장

debris [dəbríː]   부스러기, 파편

declaration [dèkləréiʃən]   선언, 공표

declare [diklɛ́ər]   (세관에) 신고하다

declination [dèklənéiʃən]   편위(偏位), 편차 (variation)

decomposition [dìːkɑmpəzíʃən]   분해, 부패

deduction [didʌ́kʃən]   공제(액)

deficit [défəsit]   적자 〈cf. surplus 흑자〉

defoliation [di(:)fóulièiʃən]   낙엽

deforestation [diːfɔ̀ːristéiʃən]   삼림 벌채

delegate [déligit]   대표

deluge [déljuːdʒ]   대홍수

demise [dimáiz]   소멸

Democrat [déməkræt]   민주당원

demography [dimágrəfi]   인구 통계학

demote [dimóut]   강등시키다

denomination [dinàmənéiʃən]   (도량형의) 단위, 액면 금액

density [dénsəti]   밀도

deposit [dipázit] 예금하다

depreciation [depriːʃiéiʃən] 감가상각

depression [dipréʃən] (지반의) 함몰

desalinate [diːsǽlənèit] 염분을 제거하다, 담수화하다

desegregation [diːségrigèiʃən] 인종 차별 폐지

desertification [dizəːrtəfikéiʃən] 사막화

deteriorate [ditíəriərèit] 악화시키다, 저하시키다

devalue [diːvǽljuː] 평가 절하하다

diffusion [difjúːʒən] 확산, (빛의) 산란

dilute [dilúːt] 희석하다

diode [dáioud] 다이오드, 2극 진공관

discharge [distʃáːrdʒ] 배출하다

disfigure [dɪstɪgjər] (모양, 가치를) 손상시키다

disinterestedness [disíntərèstidnis] 공평함

dismay [disméi] 당황케하다, 낙담시키다

dismiss [dismís] 해고하다

disparity [dispǽrəti] 불일치, 격차

dispatch [dispǽtʃ] 급파하다, 발송하다, 급파, 발송

disposable [dispóuzəbəl] 일회용의, 일회용품

disposal [dispóuzəl] 처리, 처분

dissertation [disərtéiʃən] 학위 논문

dissolve [dizálv] 용해하다

distill [distíl] 증류하다

distraction [distrǽkʃən] 기분 전환, 오락

ditch [ditʃ] 수로, 호(濠)

diurnal [daiə́ːrnl] 낮의, 주간의

dividend [dívidènd] 배당금, 예금이자

documentation [dàkjəmentéiʃən] 증거 서류에 의한 뒷받침

doldrums [dóuldrəmz] (적도 부근의) 무풍대

dome [doum] 둥근 천장

donation [dounéiʃən] 기증

dormant [dɔ́ːrmənt] 휴면중인, 잠자는

dormer [dɔ́ːrmər] 지붕창

dormitory [dɔ́ːrmətɔ̀ːri] 기숙사

drain [drein] 배수하다

drainage [dréinidʒ] 배수

drawdown [drɔ́ːdàun] 삭감, 축소

drench [drentʃ] 흠뻑 적시다

drift [drift] 표류, 흐름

drizzle [drízl] 이슬비

dropout [drápàut] 중퇴자, 탈락자

drought [draut] 가뭄

dump [dʌmp] [잉여 상품]을 투매하다

duplicate [djúːpləkit] 복제의, 복사의

earthworm [ə́ːrθwə̀ːrm] 지렁이

ebb [eb] 썰물, 간조

eccentricity [èksentrísəti] 이심률

eclipse [iklíps] (해, 달의) 식(蝕)

ecology [iːkálədʒi] 생태학

ecosystem [íːkousìstəm] 생태계

ecotype [íːkoutàip] 생태형

edible [édəbəl] 식용의

edify [édəfài] 교화하다, 가르치다

eel [iːl] 뱀장어

eerie [íəri] 무시무시한, 섬뜩한

effluent [éfluənt] 유출물, 폐수

elective [iléktiv] 선택 과목

electrolyte [iléktrəláit] 전해질

electron [iléktrɑn] 전자

elevation [èləvèiʃən] 고도

eligible [élidʒəbəl] 적격의, 적임의

ellipse [ilíps] 타원

eloquent [éləkwənt] 설득력있는, 웅변의

embargo [embáːrgou] 통상 금지

embark [embáːrk] 배에 싣다

embryo [émbriòu] 태아

emeritus [imérətəs] 명예 퇴직의

emission [imíʃən] 배출, 발산

empathy [émpəθi] 감정 이입

emulate [émjəlèit] 흉내내다, 필적하다

enchant [entʃǽnt] 매혹하다

encode [enkóud] 인코드 〈부호화하다〉

encroach [enkróutʃ] 침식하다

encyclopedia [ensàikloupíːdiə] 백과사전

endangered [indéindʒərd] 멸종 위기의

endemic [endémik] 풍토성의, 지역 특유의

endorse [endɔ́ːrs] 이서하다, 배서하다

engross [engróus] 몰두시키다, 집중시키다

enlightenment [enláitnmənt] 계발, 교화

entail [entéil] (필연적인 결과로서) ～을 일으키다

entomology [èntəmálədʒi] 곤충학

entrepreneur [àːntrəprənə́ːr] 기업가

enumerate [injúːmərèit] 열거하다

enzyme [énzaim] 효소

epicenter [épisèntər] 진앙, 진원지

equator [ikwéitər] 적도

equilibrium [ìːkwəlíbriəm] 평형

equitable [ékwətəbəl]   공평한

era [íərə]   시대

eradicate [irǽdəkèit]   근절하다

erode [iróud]   부식하다, 침식하다

eruption [irʌ́pʃən]   (화산의) 폭발, 분화, (용암의) 분출

estuary [éstʃuèri]   (큰 강의) 하구

etching [étʃiŋ]   부식 동판술

ethnic [éθnik]   민족의

ethnocentrism [èθnouséntrizəm]   자기 민족 중심주의

ethnography [eθnágrəfi]   민족학

evacuation [ivæ̀kjuéiʃən]   배설(물), 배출

evaluate [ivǽljuèit]   평가하다

evaporate [ivǽpərèit]   증발시키다, 증발하다

evaporation [ivæ̀pəréiʃən]   증발 (작용)

evolution [èvəlúːʃən]   진화

excavate [ékskəvèit]   파다, 발굴하다

execution [èksikjúːʃən]   (예술 작품의) 제작

exorbitant [igzɔ́ːrbətənt]   (값이나 요구가) 터무니없는

expenditure [ikspéndit∫ər]   지출

expire [ikspáiər]   만기가 되다, 종료하다

explicit [iksplísit]   명백한

exploit [éksplɔit]   이용하다, 착취하다

explosive [iksplóusiv]   폭발성의

expository [ikspázitɔ̀ːri]   설명적인

extinct [ikstíŋkt]   멸종된, 절멸한

extract [ikstrǽkt]   추출하다

extragalactic [èkstrəgəlǽktik]   은하계 밖의

extramarital [èkstrəmǽrətəl]   혼외의, 불륜의

F

fabric [fǽbrik]   직물, 조직

facade [fəsáːd]   (건물의) 정면

facility [fəsíləti]   재능, 솜씨

faculty [fǽkəlti]   교수단, 학부

fallout [fɔ́ːlàut]   방사성 낙진

famine [fǽmin]   굶주림, 기아

fang [fæŋ]   송곳니

fault [fɔːlt]   단층(이 생기다)

feasible [fíːzəbl]   실현가능한

fermentation [fə̀ːrmentéiʃən]   발효

fern [fəːrn]   양치류

fertile [fə́ːrtl]   비옥한

fertilization [fə̀ːrtəlizéiʃən]   수정

festive [féstiv]   축제의

feudalism [fjú:dəlìzəm] 봉건 제도

fiber [fáibər] 섬유

fiesta [fiéstə] 축제

filthy [fílθi] 불결한, 더러운

fin [fin] 지느러미

fiscal [fískəl] 회계의, 국고의, 재정의

fishmonger [fíʃmλ̀ŋɡər] 생선 장수, 생선 가게

fission [fíʃən] 분열

fissure [fíʃər] 갈라진 틈, 열구(裂溝)

flair [flɛər] 재능

flare [flɛər] 너울거리다, 확 타오르다

flat [flæt] 평지붕 (= flat roof), 아파트 (영국)

flawless [fló:lis] 완벽한

flier [fláiər] 전단, 광고

flock [flɑk] (양, 염소, 새의) 떼, 무리

flounder [fláundər] 넙치류

fluctuate [flλ́ktʃuèit] 변동하다

flunk [flλŋk] 낙제하다

fluting [flú:tiŋ] (기둥 따위의) 세로 홈 파기

foe [fou] 적, 원수

foliage [fóuliidʒ] 잎

footnote [fútnòut] 각주, 보충 설명

forage [fó:ridʒ] 먹이, (먹이를) 찾아 헤매다

forbear [fɔːrbɛ́ər] 삼가다, 자제하다

forecastle [fóuksl] 앞 갑판

foreword [fó:rwə̀:rd] 머리말, 서문

fort [fɔ:rt] 요새, 상설 주둔지

foster [fó(:)stər] 육성하다, 촉진하다

fraction [frǽkʃən] 파편, 부분

fragile [frǽdʒəl] 부서지기 쉬운

freezing [frí:ziŋ] 몹시 추운

frigate [frígit] 중형전함, 프리깃함

frigid [frídʒid] 몹시 추운, 냉랭한

frost [frɔ:st] 서리

fund [fʌnd] 자금 (= money), 공채

fungus [fʌ́ŋɡəs] 진균류, 효모균

fuss [fʌs] 야단법석하다, 불평하다, 야단법석, 소동

fuzzy [fʌ́zi] 불분명한, 모호한

G

gable [ɡéibəl] 박공, 박공 지붕

galaxy [ɡǽləksi] 은하계

gale [ɡeil] 질풍

gamut [ɡǽmət] 전범위, 전반

garment [gáːrmənt] 의류, 옷

gene [dʒiːn] 유전자

genesis [dʒénəsis] 발생

genetics [dʒinétiks] 유전학

genotype [dʒénoʊtàip] 유전자형

geography [dʒiːágrəfi] 지리학

germinate [dʒə́ːrmənèit] 발아하다

geyser [gáizər] 간헐천

ghetto [gétou] 빈민굴

gill [gil] 아가미

glaciation [gléiʃiéiʃən] 빙결, 빙하 작용

glacier [gléiʃər] 빙하

glaze [gleiz] 유약, 광택

glitter [glítər] 빛나다

glossary [glásəri] 용어풀이

glossy [gló(ː)si] 광택 있는

glow [glou] 백열, 빛나다

glucose [glúːkous] 포도당

gorge [gɔːrdʒ] 골짜기

governess [gávərnis] 여자 가정교사

granite [grǽnit] 화강암

gratuitous [grətjúːətəs] 무료의

gravity [grǽvəti] 중력

graze [greiz] 방목하다

gutter [gátər] 수로

H

habitat [hǽbətæ̀t] 서식지

hail [heil] 우박

halt [hɔːlt] 정지(하다)

handicraft [hǽndikræ̀ft] 수공예

handout [hǽndàut] (교실, 학회에서 주는) 유인물

hangar [hǽŋər] 격납고

hardy [háːrdi] 내한성의, 고난에 견딜 수 있는

harness [háːrnis] (폭포 등 자연력을) 이용하다

hatch [hætʃ] 부화하다

hazy [héizi] 안개 낀

headquarters [hédkwɔ̀ːrtərz] 본부

headwaters [hédwɔ̀ːtərz] (강의) 상류, 원류

heath [hiːθ] 히스 〈황야에 자생하는 관목〉

heliocentric [hìːlioʊséntrik] 태양 중심의

hemisphere [hémisfìər] (지구, 천체의) 반구

hemophilia [hìːməfíliə] 혈우병

herbivore [háːrbəvɔ̀ːr] 초식 동물

herbivorous [hə́ːrbívərəs]   초식의

herd [həːrd]   가축의 떼

heterogeneity [hètəroudʒiníːəti]   이질, 이종

hibernation [háibəːrnéiʃən]   동면

hieroglyph [hàiəeəglìf]   상형문자

hinterland [híntərlæ̀nd]   후배지, 오지

hippopotamus [hìpəpátəməs]   하마

hive [haiv]   꿀벌통

hominoid [hámənɔ́id]   유인원

honorarium [ànərέəriəm]   사례금

hoof [huf]   발굽

horticulture [hɔ́ːrtəkʌ̀ltʃər]   원예

host [houst]   (기생 동식물의) 숙주

hotbed [hátbèd]   온상, 소굴

hover [hʌ́vər]   하늘을 떠다니다

hue [hjuː]   색조

humidity [hjuːmídəti]   습도

hummock [hʌ́mək]   빙구(氷丘), 병원에 있는 얼음 언덕

hybridization [hàibridizéiʃən]   교배

hydrofoil [háidroufɔ̀il]   수중익(선)

I

iceberg [áisbəːrg]   빙산

icecap [áiskæ̀p]   만년설

icicle [áisikəl]   고드름

ignition [igníʃən]   점화 장치

illustration [ìləstréiʃən]   삽화

imbalance [imbǽləns]   불균형

immerse [imə́ːrs]   담그다, 몰두시키다

immigrant [ímigrənt]   이민, 이주자

impending [impéndiŋ]   임박한, 절박한

imperative [impérətiv]   긴급한

implosion [implóuʒən]   (진공관의) 내파

Impressionism [impréʃənìzəm]   인상주의

inauguration [inɔ̀ːgjəréiʃən]   취임(식)

inboard [ínbɔ̀ːrd]   배안의

inbreeding [ínbríːdiŋ]   근친 교배, 동종 번식(하다)

incentive [inséntiv]   장려(금), 격려

inclination [ìnklənéiʃən]   경사도

incompatible [ìnkəmpǽtəbl]   호환성이 없는

incubate [ínkjəbèit]   부화하다, 배양하다

indebted [indétid]   은혜를 입은, 부채가 있는

indemnity [indémnəti]   손해배상

indium [índiəm]　인듐 〈금속 원소; 기호 In; 번호 49〉

induction [indʌ́kʃən]　귀납법

ineffable [inéfəbəl]　말로 표현할 수 없는

inference [ínfərəns]　추론, 추정

infiltration [ìnfiltréiʃən]　침입, 침입물

infuse [infjúːz]　부어넣다, 고취하다

inheritance [inhéritəns]　유전

inland [ínlənd]　내륙의

inquisitor [inkwízətər]　조사자, 심문자

insecticide [inséktəsàid]　살충제

insectivore [inséktəvɔ̀ːr]　식충 동물

inshore [ínʃɔ́ːr]　연해의

insight [ínsàit]　통찰력

insolation [ìnsouléiʃən]　일사(병)

insolvent [insʌ́lvənt]　파산한, 지급 불능의

inspiration [ìnspəréiʃən]　영감, 착상

install [instɔ́ːl]　설치하다

insulate [ínsəlèit]　절연하다

integrate [íntəgrèit]　통합하다, 인종적 차별을 폐지하다

intelligible [intélədʒəbəl]　이해할 수 있는, 지성적인

interchangeable [ìntərtʃéindʒəbəl]　호환성이 있는

intermediate [ìntərmíːdiit]　중간의

intermission [ìntərmíʃən]　막간, (연극, 연주회의 중간) 휴식 시간

interpretative [intə́ːrprətèitiv]　통역의, 해석의

intersection [ìntərsékʃən]　교차로

interstellar [ìntərstélər]　별과 별 사이의

intertidal [ìntərtáidl]　만조와 간조 사이의

intimidate [intímədèit]　겁주다, 협박하다

intricately [intrikətli]　복잡하게

inundate [ínəndèit]　범람시키다, 침수시키다

inventory [ínvəntɔ̀ːri]　목록, 재고품

invertebrate [invə́ːrtəbrit]　무척추 동물의

inverter [invə́ːrtər]　변환 장치

invoice [ínvɔis]　(상품 발송의) 송장

ion [áiən]　이온 〈전하를 띄는 원자나 원자단〉

ionosphere [aiánəsfìər]　이온층, 전리층

irrigation [ìrəgéiʃən]　관개, 물을 끌어들임

isobar [áisəbà·r]　등압선

isotherm [áisəθə̀·rm]　등온선

isotope [áisətòup]　동위원소

ivory [áivəri]　상아

J

jaywalk [dʒéiwɔ̀:k]   무단 횡단하다

jellyfish [dʒélifìʃ]   해파리

jolt [dʒoult]   세게 치다, ~에 충격을 주다

junction [dʒʌ́ŋkʃən]   (반도체 내의 전기적 성질이 다른 부분의) 접합

Jupiter [dʒú:pətər]   목성

K

keel [ki:l]   (배나 비행선의) 용골

kinship [kínʃip]   혈족 관계

L

languid [lǽŋgwid]   나른한, 기운 없는

languish [lǽŋgwiʃ]   약해지다

latitude [lǽtətjù:d]   위도

lava [láːvə]   용암, 화산암

lavatory [lǽvətɔ̀:ri]   기내 세면실

lavish [lǽviʃ]   풍부한, 사치스러운

leaching [líːtʃiŋ]   여과, 걸러내기

lead [liːd]   납

lease [liːs]   임대 계약

ledger [lédʒər]   원장, 원부

legislation [lèdʒisléiʃən]   입법, 법률 제정

lenient [líːniənt]   자비로운

lessee [lesíː]   임차인, 세든 사람

lessor [lésər]   임대인, 빌려 준 사람

lethargic [liθáːrdʒik]   혼수상태의, 졸리는, 둔한

leverage [lévəridʒ]   수단, 권력

levy [lévi]   징수하다

liabilities [làiəbílətiːz]   채무, 빚

liberalism [líbərəlìzəm]   자유주의

linguistics [liŋgwístiks]   언어학

liquidate [líkwidèit]   (부채, 자산 등을) 청산하다

liquidity [likwídəti]   유동성, 유동 자산 보유

literacy [lítərəsi]   읽고 쓰는 능력, 교육

littoral [lítərəl]   해안의

locust [lóukəst]   메뚜기, 매미

logging [lɔ́:giŋ]   벌목, 벌목 반출업

logic [ládʒik]   논리학

longitude [lándʒətjù:d]   경도

lucrative [lú:krətiv]   수익성이 있는

lucre [lú:kər]   이익

luminous [lú:mənəs]   빛나는, 밝은

lush [lʌʃ]   초목이 무성한

magnitude [mǽgnətjùːd] (지진의) 진도

maintenance [méintənəns] 유지, 정비

malfunction [mælfʌ́ŋkʃən] 기능 불량

malnutrition [mæ̀lnjuːtríʃən] 영양 실조

mammal [mǽməl] 포유류

mandatory [mǽndətɔ̀ːri] 강제의, 필수의

maneuver [mənúːvər] 교묘히 이동시키다, 조종하다

maneuver [mənúːvər] 책략

manifest [mǽnəfèst] 적하목록

manifold [mǽnəfòuld] 다양한

manipulation [mənìpjəléiʃən] 조작

manner [mǽnər] (예술 등의) 양식, 수법

mantle [mǽntl] 맨틀

marble [máːrbəl] 대리석

margin [máːrdʒin] 가장자리, 물가

margin [máːrdʒin] 판매 수익

marital [mǽrətl] 결혼의

maritime [mǽrətàim] 바다의

Mars [mɑːrz] 화성

marsh [mɑːrʃ] 늪, 습지

mass [mæs] 질량

materialize [mətíəriəláiz] 구체화하다

meander [miǽndər] 굽이쳐 흐르다

mechanization [mèkənizéiʃən] 기계화

mediocre [mìːdióukər] 보통의, 평범한

Mediterranean [mèdətəréiniən] 지중해(의)

medium [míːdiəm] 수단, 매개물

meiosis [maióusis] 감수 분열

memoir [mémwɑːr] (pl.) 회고록, 자서전

Mercury [mə́ːrkjəri] 수성

meridian [mərídiən] 자오선

mermaid [mə́ːrmèid] 인어

mesosphere [mésəsfiər] 중간권

metabolism [mətǽbəlìzm] 물질대사, 신진대사

metamorphosis [mètəmɔ́ːrfəsis] 변태, 변형

metaphor [métəfɔ̀ːr] 은유, 비유

meteor [míːtiər] 유성, 운석

meteorite [míːtiəràit] 운석

meteorological [mìːtiərəládʒikəl] 기상의

meteorology [mìːtiərálədʒi] 기상학

metropolitan [mètrəpálitən] 대도시의

microbe [máikròub] 미생물, 세균

microorganism [màikrouɔ́ːrgənìzəm] 미생물

microwave [máikrouwèiv] 극초단파, 마이크로파

migrant [máigrənt] 이주하는, 이주성의

migration [maigréiʃən] 이동

mineral [mínərəl] 광물, 무기물

miniscule [mínəskjù:l] 매우 작은, 하찮은

minute [mínit] 미세한, 정밀한

mirage [mirá:ʒ] 신기루

mobility [moubíləti] 유동성

mobilize [móubəlàiz] (군대, 함대를) 동원하다

modulate [mádʒələèit] 조절하다

module [mádʒu:l] (도량의) 단위

molecule [máləkjù:l] 분자

mollusk [máləsk] 연체 동물

molt [moult] (허물 등을) 벗다

monarch [mánərk] 군주

monochrome [mánəkòum] 단색화(법)

monograph [mánəgræf] 전공 연구 논문

monsoon [mɑnsú:n] 계절풍

moor [muər] 황무지

morale [mouræl] 사기, 의욕

mound [maund] 고분

mouth [mauθ] 강어귀

mull [mʌl] 곰곰이 생각하다

multilateral [mʌltilætərəl] 다국간의, 다각적인

multiple [mʌltəpəl] 복합적인

mundane [mʌ́ndein] 평범한, 일상적인

mural [mjúərəl] 벽화

muse [mju:z] 명상하다

mutant [mjú:tənt] 돌연변이체

mutate [mju:téit] 변화하다, 돌연변이하다

myriad [míriəd] 수많은, 무수한

mystic [místik] 신비적인

N

nationalize [næʃənəlàiz] 국영화하다

navigation [nævəgéiʃən] 항해

nebula [nébjələ] 성운

nectar [néktər] 화밀, 과즙

Neptune [néptju:n] 해왕성

neutral [njú:trəl] 중립의, 공평한

neutron [njú:trɑn] 중성자

nitrogen [nàitrədʒən] 질소

nocturnal [nɑktə́:rnl] 야행성의

nomadic [noumædik] 유목의

nomination [nàmənéiʃən] 지명, 추천

nonprofit [nánprɑ́fit] 비영리의

nosedive [nóuzdáiv] 폭락하다

nova [nóuvə] 신성

nuance [njúːɑːns] 미묘한 차이, 함축성

nucleus [njúːkliəs] 핵

nullify [nʌ́ləfài] 무효로 하다, 취소하다

nutrition [njuːtríʃən] 영양

O

obliterate [əblítəréit] 지우다, 제거하다

oblivion [əblíviən] 망각

observatory [əbzɑ́ːrvətɔ̀ːri] 천문대, 관측소

obsolete [àbsəlíːt] 구식의, 진부한

oceanarium [òuʃənɛ́əriəm] 해양 수족관

oceanography [òuʃiənágrəfi] 해양학

offspring [ɔ́(ː)fsprìŋ] 자식, 새끼

ominous [ámənəs] 불길한

omnivorous [ɑmnívərəs] 잡식성의

opacity [oupǽsəti] 불투명

opulent [ápjələnt] 풍부한, 호사스러운

orbit [ɔ́ːrbit] 궤도

ordeal [ɔːrdíːəl] 시련, 고난

organic [ɔːrgǽnik] 유기체의

osmosis [ɑzmóusis] 삼투, 침투

outcrop [áutkrɑ̀p] (광맥 등의) 노출, 발생

outfall [áutfɔ̀ːl] 강어귀, 하구

output [áutpùt] 생산, (일정 기간 중의) 생산고

overdraw [òuvərdrɔ́ː] (예금 등을) 초과 인출하다

overhead [óuvərhéd] 간접비

overpass [òuvərpǽs] 고가 도로

overture [óuvərtʃər] 서곡, 전주곡

ovoid [óuvɔid] 난형체, 알 모양의 것

oxidization [àksədizéiʃən] 산화

oxygen [áksidʒən] 산소

P

pacify [pǽsəfài] 진정시키다

page [peidʒ] 불러 찾다

paleontology [pèiliəntálədʒi] 고생물학

palpable [pǽlpəbəl] 명백한

paper [péipər] 논문, 숙제

paperback [péipərbæ̀k] 종이 표지로 된 책

parable [pǽrəbəl] 우화, 비유담

paradox [pǽrədὰks]　역설

paramount [pǽrəmὰunt]　최고의, 최고 권력을 쥔

paranoia [pὲrənɔ́iə]　편집증, 망상증

parasite [pǽrəsὰit]　기생충, 기생 식물

parasitism [pǽrəsὰitizəm]　기생

particle [pɑ́:rtikl]　분자

pasture [pǽstʃər]　목초지

patent [pǽtənt]　특허(권)

pathogen [pǽθədʒən]　병원체

pathological [pæ̀θəlɑ́dʒikəl]　병적인, 병리상의

patriotism [péitriətìzəm]　애국심

patronize [péitrənὰiz]　~와 거래하다, ~를 후원하다

paw [pɔ:]　동물의 발

paycheck [péitʃèk]　급여

payee [peií:]　수취인

peasant [pɑ́znt]　소작인

pecuniary [pikjú:nièri]　금전상의

pedagogy [pédəgòudʒi]　교수법

pedantic [pidǽntik]　현학적인, 박식한 체하는

pelagic [pelǽdʒik]　원양의

penetrate [pénətrèit]　침투하다

peninsula [pinínγələ]　반도

percolation [pə̀:rkəléiʃən]　여과, 삼투

perennial [pəréniəl]　다년생의 (식물)

perish [périʃ]　멸망하다, 죽다

permafrost [pə́:rməfrɔ̀:st]　영구 동토층

permeability [pə̀:rmiə:bíləti]　투과성

perplex [pərpléks]　당황케 하다, 혼란케 하다

persecute [pə́:rsikjù:t]　박해하다, 괴롭히다

perseverance [pə̀:rsəvíəns]　인내(력), 참을성

personnel [pə̀:rsənél]　전직원, 인사과

perspective [pə:rspéktiv]　원근법

pertinent [pə́:rtənənt]　적절한, 관련된

pervasive [pərvéisiv]　널리 퍼져있는, 만연한

pest [pest]　해충, 유해물

pesticide [péstəsὰid]　농약

petal [pétl]　꽃잎

petrifaction [pὲtrəfǽkʃən]　석화 (작용)

petroleum [pitróuliəm]　석유

phenomenon [finάmənὰn]　현상

philanthropic [filənθrάpik]　박애주의의

philosophy [filάsəfi]　철학

photon [fóutαn]　광자(光子)

photosensitive [fóutoυsénsətiv]　감광성의

photosynthesis [fòutousínθəsis]　광합성

physics [fíziks]　물리학

physiology [fìziálədʒi]　생리학

pictograph [píktəgræf]　상형 문자

picturesque [pìktʃərésk]　그림같이 아름다운

pierce [piərs]　관통하다, 꿰뚫다

pigment [pígmənt]　색소

pilaster [piléstər]　벽기둥

plagiarism [pléidʒiərìzəm]　표절

plantation [plæntéiʃən]　농원, 재배지

plateau [plætóu]　고원

plausible [plɔ́ːzəbl]　그럴듯한

pledge [pledʒ]　담보(물)

plume [pluːm]　깃털

Pluto [pluːtou]　명왕성

Polaris [pouléəris]　북극성

polarization [pòulərizéiʃən]　분극

polemics [poulémiks]　논증법

pollen [pálən]　꽃가루

pollinate [pálənèit]　수분하다, 가루받이하다

pollution [pəlúːʃən]　오염

polycrystalline [pàlikrístəlain]　다결정의

population [pàpjəléiʃən]　개체군, 집단

positron [pázətràn]　양전자

postgraduate [póustgrædʒuit]　대학원생, 연구생

poultry [póultri]　가금류

pragmatic [prægmætik]　실제[실용]적인, 실용주의

precipitation [prisìpətéiʃən]　강수량

precipitous [prisípətəs]　절벽의

predator [prédətər]　포식 동물

preface [préfis]　서문

prehistoric [prìːhistɔ́ːrik]　선사시대의

preliminary [prilímənèri]　예비의, 준비의

premium [príːmiəm]　보험료, 할증금

presidency [prézidənsi]　대통령의 지위

prestige [prestíːdʒ]　위신, 명성

prey [prei]　먹이, 잡아먹다

primates [praiméitiːz]　영장류

primeval [praimíːvəl]　원시의

principal [prínsəpəl]　원금

prodigy [prádədʒi]　천재, 비범

productivity [pròudʌktívəti]　생산성

profitability [práfitəbíləti]　수익성

progeny [prádʒəni]　자손

proliferate [proulifərèit] 증식하다

prolong [prouló:ŋ] 연장하다

property [prápərti] 자산

prophet [práfit] 예언자, 선지자

proponent [prəpóunənt] 제안자, 지지자

proportion [prəpɔ́:rʃən] 비율, 균형, 넓이

proprietary [prəpráiətèri] 독점의

protectionist [prətékʃənist] 보호 무역론자

protein [próuti:in] 단백질

proton [próutɑn] 양자

protoplasm [próutəplæ̀zəm] 원형질

provenience [prəví:njəns] 기원, 출처

provision [prəvíʒən] (법) 조항, 규정

proviso [prəváizou] (법령, 조약 등의) 단서, 조건

proximity [prɑksíməti] 근접

psychology [saikálədʒi] 심리학

puberty [pjú:bərti] 사춘기, 청춘기

pupa [pjú:pə] 번데기

purge [pəːrdʒ] 정화하다

Puritan [pjúərətən] 청교도(의), 엄격한

Q

qualification [kwàləfəkéiʃən] 자격, 자격 증명서

qualify [kwáləfài] 자격을 주다

quarantine [kwɔ́:rəntì:n] 검역소, 검역하다

quarantine [kwɔ́:rəntì:n] 격리하다, 격리, 차단

quarter [kwɔ́:rtər] (4학기로 나눈) 1학기

quench [kwentʃ] 해소하다, (갈증 등을) 가시게 하다

quintal [kwíntl] 무게의 한 단위

quoin [kwɔin] (벽, 건물의) 외각

R

racism [réisizəm] 인종 차별주의

racist [réisist] 인종 차별주의자

radiation [rèidiéiʃən] (빛, 열 등의) 방사, 복사

railing [réiliŋ] 난간

rampant [ræmpənt] 유행하는, 만연하는

random [rændəm] 임의의, 무작위의

Realism [rí:əlìzəm] 사실주의

realm [relm] 왕국, 범위, 영역

rear [riər] 재배하다, 기르다

reasoning [rí:zəniŋ] 추론, 논거

rebate [rí:beit] (지불한 금액의 일부를) 환불하다

recess [ríːses] 휴정[휴교, 휴회]하다

recession [riséʃən] 경기 후퇴

recessive [risésiv] 퇴행성의

reciprocal [risíprəkəl] 호혜적인, 상호간의

reckon [rékən] 생각하다, 판단하다

recombination [rìːkɑmbənéiʃən] 재결합, 재조합

recruit [rikrúːt] 모집하다

rectifier [réktəfàiər] 정류기

recycle [riːsáikəl] 재활용하다

redundant [ridʌ́ndənt] 여분의, 과다한

reef [riːf] 암초

reference [réfərəns] 추천인, 신원 보증서, 조회서

refit [riːfít] (배 등을) 수리하다

regressive [rigrésiv] 퇴화하는, 회귀하는

rehabilitate [rìːhəbílətèit] 원상복구하다, 사회 복귀시키다

reimburse [rìːimbə́ːrs] (비용을) 상환하다

reiterate [riːítərèit] 반복하다, 되풀이 하다

rejuvenate [ridʒúːvənèit] 원기를 회복하다

relentless [riléntlis] 끊임없는, 가차없는

relics [rélik] 유물

reluctant [rilʌ́ktənt] 마음 내키지 않는

remedy [rémədi] 구제책

remit [rimít] 송금하다

remnant [rémnənt] 나머지

Renaissance [rènəsáːns] 르네상스, 문예 부흥

renovation [rénəvéiʃən] 수리, 복원

renowned [rináund] 유명한, 저명한

repeal [ripíːl] 폐지

replication [rèpləkéiʃən] 복제

reproduction [rìːprədʌ́kʃən] 번식, 생식

reptile [réptil] 파충류

Republican [ripʌ́blikən] 공화당원

requisite [rékwəzit] 필요 조건

reservoir [rézərvwàːr] 저수지, 저장소

residue [rèzidjùː] 산여, 나머지

resolute [rézəlùːt] 굳게 결심한, 확고한

respiration [rèspəréiʃən] 호흡 (작용)

retrograde [rétrəgrèid] 역행하는, 역행하다

return [ritə́ːrn] 반환, 수익

reunion [rìːjúːniən] 재회, 동창회

revenue [révənjùː] 세입, 수익

revere [rivíər] 숭배하다, 경외하다

revitalize [riːváitəlàiz] 소생시키다, 활력을 불어넣다

revolt [rivóult] 반란, 폭동, 반란을 일으키다

핵심 어휘 정리

revolution [rèvəlúːʃən] 공전

revolve [riválv] 공전하다

rhinoceros [rainásərəs] 코뿔소

rhyolite [ráiəlàit] 유문암

ridge [ridʒ] 산마루, 능선

rift [rift] 단층

robust [roubʌ́st] 튼튼한, 건장한

rotation [routéiʃən] 자전

rotunda [routʌ́ndə] 원형 건물

runoff [rʌ́nɔ̀ːf] (땅 위를 흐르는) 빗물

ruthless [rúːθlis] 무정한, 무자비한

S

sacred [séikrid] 신성한, 성스러운

saline [séiliːn] 소금의, 염분이 있는

salute [səlúːt] 인사하다, 경의를 표하다

salvation [sælvéiʃən] 구제자, 구조, 구원

sanctuary [sǽŋktʃuèri] 신성한 장소

sanitary [sǽnətèri] 위생의, 청결한

saturate [sǽtʃərèit] 포화 상태로 하다

saturate [sǽtʃərèit] 흠뻑 적시다, 담그다

Saturn [sǽtərn] 토성

savanna [səvǽnə] 사바나, 대초원

scholarship [skάlərʃìp] 장학금

school [skuːl] (물고기 등의) 떼

scrub [skrʌb] (관목) 덤불

seafloor [síːflɔ̀ːr] 해저

seaquake [síːkwèik] 해진(海震)

seaworthy [síːwə̀ːrði] 항해에 적합한

secrete [sikríːt] 분비하다

secretion [sikríːʃən] 분비 (작용)

securities [sikjúərətiːz] 유가 증권

sedentary [sédəntèri] 정주성의, 이주하지 않는

sediment [sédəmənt] 침전물

sedimentary [sèdəméntəri] 침전 작용에 의한, 침적의

seduce [sidʒúːs] 부추기다, 유혹하다

seepage [síːpidʒ] 누출, 스며나온 양

segregate [ségrigèit] 분리하다, 차별하다

seism [saizəm] 지진

seismologist [sàizmάlədʒist] 지진학자

seismology [sàizmάlədʒi] 지진학

semiconductor [sèmikəndʌ́ktər] 반도체

Senate [sénət] 상원

sequestrate [sikwéstreit] 가압류하다

shaft [ʃæft] 자루, 손잡이	**solvent** [sálvənt] 지급 능력이 있는
shale [ʃeil] 셰일, 이판암	**sovereignty** [sávərənti] 주권, 통치권
shift [ʃift] (근무) 교대 시간대	**spacious** [spéiʃəs] 넓은
ship [ʃip] 발송하다, 선적하다	**sparkle** [spáːrkəl] 불꽃을 내다
shoal [ʃoul] 얕은 곳, 여울목	**spatial** [spéiʃəl] 공간의
shoulder [ʃóuldər] 갓길	**species** [spíːʃi(ː)z] 종(種)
shrine [ʃrain] 전당, 성지, 성당	**specification** [spèsifikéiʃən] 명세서, 내역 (pl.)
sight [sait] (별 등을) 관측하다	**specify** [spésəfài] 조건으로 지정하다, 기입하다
silicate [síləkèit] 규산염	**specimen** [spésəmən] 표본
silicon [sílikən] 실리콘	**spectacular** [spektǽkjələr] 눈부신, 장관의
singularity [sìŋgjəlǽrəti] 특이, 기묘, 이상(異常)	**spectrometer** [spektrámitər] 분광계
sizable [sáizəbəl] 상당한 크기의	**speculate** [spékjəlèit] 투기하다
skyscraper [skàiskrèipər] 고층 건물	**sphere** [sfiər] 천구, 천체
slavery [sléivəri] 노예제	**spiral** [spáiərəl] 나선형(의)
sleet [sliːt] 진눈깨비	**spire** [spaiər] 뾰족탑
sluggish [slʌ́giʃ] 불경기의	**sponge** [spʌndʒ] 해면 (동물)
sluggish [slʌ́giʃ] 느린, 둔한	**spontaneous** [spantéiniəs] 자연적인, 자발적인
sociology [sòusiálədʒi] 사회학	**sporadic** [spərǽdik] 산발적인
sodium [sóudiəm] 나트륨	**spur** [spəːr] 박차, 자극
solidify [səlídəfài] 응고시키다	**squall** [skwɔːl] 스콜, 돌풍
solution [səljúːʃən] 용액, 용해	**squirrel** [skwə́ːrəl] 다람쥐
solvent [sálvənt] 용제, 용매	**stagnant** [stǽgnənt] 정체된, 불경기의

starvation [stɑːrvéiʃən] 기아

static [stǽtik] 정적인, 고정된

stationary [stéiʃənèri] 움직이지 않는, 고정된

statistics [stǽtitistiks] 통계학

stellar [stélər] 별의, 항성의

stereotype [stériətàip] 고정 관념

sterile [stéril] 불임의, 불모의

strait [streit] 해협

stratosphere [strǽtəsfiər] 성층권 〈대류권 위의 대기층〉

stratum [stréitəm] 지층, (대기, 해양의) 층 〈pl. strata〉

strike [straik] 파업(하다)

strive [straiv] 애쓰다, 노력하다, 싸우다

stump [stʌmp] (나무의) 그루터기

style [stail] 문체, 표현 양식

stylize [stàilaiz] 일정한 양식에 맞추다

subcontract [sʌbkántrækt] 하청 계약을 하다

submerge [səbmə́ːrdʒ] 잠기다, 가라앉다

submissive [səbmísiv] 복종하는, 순종적인

subsequent [sʌ́bsikwənt] 다음의, 수반하는

subsidence [sabsáidns] 침전

subsidiary [səbsídièri] 자회사, 보조의

subsidy [sʌ́bsidi] 보조금

subsistence [səbsístəns] 생존, 생계

subterranean [sʌ̀btəréiniən] 지하의

subtropical [sʌ̀btrápikəl] 아열대의

sufficient [səfíʃənt] 충분한, 적당한

suffocate [sʌ́fəkèit] 숨을 막다, 질식시키다

summit [sʌ́mit] (산의) 정상

sunspot [sʌ́nspàt] 태양 흑점

superficial [sùːpərfíʃəl] 표면의, 피상적인

superfluous [suːpərfluəs] 여분의

supplier [səpláiər] 납품업체

supreme [səpríːm] 최고의, 최대의

surplus [sə́ːrplʌs] 흑자

susceptible [səséptəbl] 영향 받기 쉬운

sustainable [səstéinəbl] 유지할 수 있는

swamp [swɑmp] 늪, 습지

swamp [swɑmp] 소택지, 늪

swarm [swɔːrm] (벌, 개미 등의) 떼

swerve [swəːrv] 빗나가다

swirl [swəːrl] 소용돌이(치다)

syllabus [síləbəs] (강의의) 개요, 요강

symbiosis [sìmbaióusis] 공생, 상호 의존 관계

symmetry [símətri] (좌우의) 대칭

symphony [símfəni] 교향곡

synthesis [sínθəsis] 합성, 통합

synthetic [sinθétik] 합성의

T

tacit [tǽsit] 무언의, 조용한

tackle [tǽkəl] (일, 문제 등을) 다루다, 달라붙다

tact [tækt] 재치, 세련된 감각

tactic [tǽktik] 전략, 전술

tactile [tǽktil] 촉각의

taiga [táigə] 타이가

takeover [téikòuvər] 경영권 취득

tallow [tǽlou] 수지, 짐승 기름

tardiness [tá:rdinis] 지연

tariff [tǽrif] 관세(표)

tarnish [tá:rniʃ] 흐리게 하다

taxidermy [tǽksidə̀:rmi] 박제술

taxonomy [tæksánəmi] 분류학

tectonic [tektánik] 건축의, 구조(상)의

tedious [tí:diəs] 지루한, 따분한

teem [ti:m] 충만하다, 가득 차다

teller [télər] (은행의) 현금 출납 계원

temperate [témpərət] 온건의, 온화한

tenant [ténənt] (토지, 가옥 등의) 차용인, 거주자

tender [téndər] 입찰하다

tenement [ténəmənt] 주택, 보유 재산

tentacle [téntəkəl] 촉수

tenure [ténjuər] 임기, 재직 기간

terra [térə] 흙, 육지, 지구

terrain [təréin] 지역, 지형

terrestrial [təréstriəl] 지구상의, 육지의

terse [tə:rs] (문체, 표현이) 간결한

theatrical [θiǽtrikəl] 극장의, 연극의

theology [θi:álədʒi] 신학

thermosphere [θə́:rməsfiər] 열권, 온도권

thesis [θí:sis] 논문

thrall [θrɔ:l] 노예

throb [θrɑb] 고동, 진동

thrust [θrʌst] 밀어내다

thunderstorm [θʌ́ndərstɔ̀:rm] 폭풍우

tilt [tilt] 경사, 경사지다

tin [tin] 주석

tissue [tíʃu:] 조직

toad [toud] 두꺼비

toddler [tάdlər] 유아, 아장아장 걷는 아이

toll [toul] 통행료

tollbooth [tóulbùθ] 통행세 징수소

topsoil [tάpsɔ̀il] 상층토, 표토

torpid [tɔ́:rpid] 동면 중인

toxic [tάksik] 독성의, 유독한

trait [treit] 특성, 특징

tranquil [trǽŋkwil] 조용한, 평온한

transact [trænsǽkt] 집행하다, 처리하다

transaction [trænsǽkʃən] 상거래, 처리

transcript [trǽnskript] 성적 증명서

transfer [trænsfə́:r] 이체하다

transformation [trǽnsfərméiʃən] 변형, (곤충 등의) 변태

translucent [trænsljú:sənt] (반)투명한

transparent [trænspέərənt] 투명한, 명백한

trawl [trɔːl] 트롤 낚싯줄

tremor [trémər] 떨림, 전율

trespass [tréspəs] 불법 침입하다, 침해하다

tribalism [tráibəlìzm] 부족주의

tributary [tríbjətèri] (강의) 지류(의)

trifling [tráifliŋ] 사소한, 하찮은

troposphere [trάpəsfìər] 대류권

trough [trɔ(ː)f] 기압골

trout [traut] 송어

trunk [trʌŋk] (나무의) 줄기

tuition [tjuːíʃən] 수업료

tundra [tʌ́ndrə] 툰드라, 동토대

tune [tjuːn] 곡조

turbidity [təːrbídəti] 혼탁(도)

turmoil [tə́ːrmɔil] 소란, 소동

tusk [tʌsk] 엄니, 뻐드렁니

tycoon [taikúːn] 재벌, 실업계의 거물

tyrant [táiərənt] 폭군

U

ubiquitous [juːbíkwətəs] 어디에나 존재하는

unanimous [juːnǽnəməs] 만장일치의, 합의의

underpass [ʌ́ndərpæ̀s] 지하도

undulate [ʌ́ndʒəlèit] (땅이) 기복하다, 굽이치다

unearth [ʌnə́ːrθ] 발굴하다

unemployment [ʌ̀nimplɔ́imənt] 실업

unit [júːnit] (학과목의) 단위, 학점

unleash [ʌ̀nlíːʃ] 속박을 풀다, 억제함을 그치다

untimely [ʌntáimli] 때 아닌, 시기 상조의

unzip [ʌ̀nzíp]   (컴퓨터 파일의) 압축을 풀다

upstream [ʌ́pstrí:m]   상류

upwind [ʌ́pwínd]   역풍(의)

Uranus [jùərənə]   천왕성

usury [jú:ʒəri]   고리대금(업)

utensil [ju:ténsəl]   기구, 도구

utmost [ʌ́tmòust]   최대한, 극한

vapor [véipər]   증기

vaporization [vèipərizéiʃən]   기화

vault [vɔ:lt]   둥근 천장, 지하실

vehement [ví:əmənt]   열정적인, 격렬한

vendor [véndər]   노점상

venom [vénəm]   독

vent [vent]   배출구, 통풍공

ventilate [véntəlèit]   환기하다

ventilate [véntəlèit]   환기하다

venture [véntʃər]   모험적 사업

venue [vénju:]   모임 장소, 행위[사건]의 현장, 재판지

Venus [ví:nəs]   금성

verdure [vɔ́:rdʒər]   신록

verge [və:rdʒ]   가장자리, 경계

vermin [vɔ́:rmin]   해로운 작은 동물, 해충

vertebrate [vɔ́:rtəbrèit]   척추 동물

vet [vet]   수의사 (= veterinarian)

vicious [víʃəs]   악의 있는

vile [vail]   몹시 나쁜, 지독한

vivacious [vivéiʃəs]   활발한, 생기 있는

viviparity [vivəpǽrəti]   태생

vocal [vóukəl]   목소리의, 음성의

volatile [vάlətil]   휘발성의

volatile [vάlətil]   휘발성의, 심하게 변동하는

volcano [vɑlkéinou]   화산

voltage [vóultidʒ]   전압

voucher [váutʃər]   상품권

vulgar [vʌ́lgər]   상스러운, 천한

walkout [wɔ́:kàut]   파업

watershed [wɔ́tərʃèd]   분수령, 유역

waterway [wɔ́:tərwèi]   수로

wavelength [wéivlèŋʌθ]   파장

weasel [wí:zəl]   족제비

weather [wéðər] 풍화시키다

weathering [wéðəriŋ] 풍화 작용

weld [weld] 용접하다, 결합시키다

wharf [hwɔːrf] 부두

whirl [hwəːrl] 회전하다

wholesale [hóulsèil] 도매(의)

wick [wik] (양초) 심지

woodwind [wúdwìnd] 목관 악기

yeast [jiːst] 효모

zinc [ziŋk] 아연

zoology [zouáləʤi] 동물학

zoophyte [zóuəfàit] 식충류 〈불가사리, 산호, 해면 등〉

zooplankton [zòuəplǽŋktən] 동물성 플랑크톤

m e m o

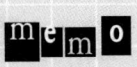

점수대별 **TEPS** 실전 모의고사

내 수준에 맞는 문제만 골라서 점검한다

How to TEPS 실전력

How to TEPS 실전력 900
만점을 향한 무한도전

넥서스 TEPS연구소 지음 | 308쪽 | 18,000원 (MP3 CD 1장 · 고난도 청해 매뉴얼 포함)

· TEPS 기출문제 재구성
· 각 난이도별 필수 점검 문제로만 구성
· 시험 직전 마지막 마무리를 위한 별책 매뉴얼 증정
· 취업, 승진, 진학, 고시 등 영어시험 기준 점수 획득을 위한 실전 모의고사

How to TEPS 실전력 800	How to TEPS 실전력 700	How to TEPS 실전력 600	How to TEPS 실전력 500
텝스 고수 예비 고사	한계 극복을 위한 첫단추	도전! 텝스 평균점수	초보 완전 탈출

넥서스 TEPS연구소 지음 | 308쪽 | 16,500원 (MP3 CD 1장 · 고난도 보카 매뉴얼 포함)

넥서스 TEPS연구소 지음 | 308쪽 | 16,500원 (MP3 CD 1장 · 빈출 문법 매뉴얼 포함)

넥서스 TEPS연구소 지음 | 308쪽 | 16,500원 (MP3 CD 1장 · 출제 유형 매뉴얼 포함)

넥서스 TEPS연구소 지음 | 308쪽 | 16,500원 (MP3 CD 1장 · 청해 유형 매뉴얼 포함)

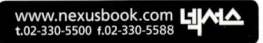

The Best Solution for TOEFL iBT

HOW TO TOEFL®

iBT

120
WRITING

정답 및 해설

넥서스

The Best Solution for TOEFL iBT

HOW TO TOEFL®

iBT 120 WRITING

정답 및 해설

넥서스

Part 1   Integrated Writing

Task Type 1: Sample (이론 제시 → 반론 제기)

Reading Translation

우선, 많은 과학자들이 침팬지들은 어휘를 습득할 수 있는 능력을 가지고 있다고 생각한다. 몇몇 연구원들은 침팬지로 하여금 의사소통을 위한 인공 언어를 배우도록 훈련시켰다. 인공 언어는 색이 칠해진 플라스틱 모양과 같은 기호나 상징의 모음이다. 또한, 침팬지에게 어휘 개념을 나타내는 컴퓨터의 키보드 그림을 누르도록 가르쳤다. 침팬지들은 인공 언어 각각이 상징하는 의미를 파악할 수 있다. 이것은 침팬지가 두세 살 아이와 유사한 언어 능력을 가지고 있다는 것을 나타낸다.

Lecture Translation

음... 나눠준 기사에 언급된바와 같이, 아직도 많은 연구원들은 침팬지들이 실제로 단어의 의미를 제대로 이해한다고 주장하지만, 그들은 단지 인간의 언어를 흉내내고 있는 것입니다. 게다가, 침팬지들이 각각의 상징이나 단어를 이해할지 모르지만, 문장의 개념이나 완성된 개념을 만들기 위해 단어들이 어떻게 조합되는지 알 수는 없습니다.

Sample Response Translation

지문에서, 저자는 언어를 사용하는 방법에 대해 교육받은 침팬지들의 예를 들면서 그들이 단어를 습득하고 의미를 이해할 수 있다고 주장한다. 그러나, 화자는 침팬지들이 언어를 사용할 수 없다고 주장함으로써 이 견해를 직접적으로 반박한다. 달리 말하면, 침팬지들은 문장 구조나 단어의 조합에 대한 이해 없이 단어를 따라하며 반복할 뿐이라는 것이다.

Task Type 2: Sample (장점 제시 → 단점으로 반박)

Reading Translation

바이러스 마케팅의 가장 중요한 혜택 중 하나는 많은 잠재 고객을 보유할 수 있다는 점이다. 당신의 온라인 쇼핑몰의 방문객들은 방문할 때마다 특정한 정보를 접할 수 있다. 만일 당신이 세일 행사를 한다면, 고객들은 그들의 이메일을 열자마자 할인된 가격으로 물건을 구매할 수 있다. 일단 그들이 거래한 상품이나 서비스가 믿을 만하다고 생각되면, 어떤 방문객이라도 당신의 온라인 쇼핑몰에서 쇼핑을 계속할 것이고, 궁극적으로 정기적인 고객이 될 것이다.

Lecture Translation

이제, 바이러스 마케팅의 주된 우려에 대해서 이야기해봅시다. 음... 당신은 당신의 메시지가 충분한 숫자의 사람들의 관심을 끌지 확신할 수 없습니다. 예를 들어, 당신이 5명의 사람에게 사은품과 당신이 인터넷에서 파는 물건에 대한 홍보 자료를 보낸다고 해봅시다. 그러면 어... 그들 중 4명은 그 메시지를 무시하거나 삭제할 것이고, 이것은 아주 큰 영향을 끼칠 것입니다. 즉, 당신은 당신이 파는 물건이나 서비스를 홍보할 기회를 놓치게 되는 것이죠.

지문은 바이러스 마케팅이 이메일 광고로 관심을 끌어 잠재적인 고객들의 수를 늘린다고 주장한다. 반면에, 강의자는 이러한 견해에 대해 이메일을 통한 바이러스 마케팅이 잠재적인 고객들에게 아무런 영향을 끼치지 않는다고 주장하며 반박한다. 세부적으로는, 소비자들은 이메일 메시지를 무시하거나 제거하기 십상이고 관심을 보이지 않는다는 것이다.

Task Type 3: Sample (문제 제기 → 해결 방안[반론] 제시)

어떤 이들은 풍력 발전 지대가 많은 면에서 우리의 일상 생활에 부정적인 영향을 끼친다고 생각한다. 풍력 터빈은 전형적으로 30~50미터 높이인데, 열린 공간에 많은 터빈을 세우는 것으로 어떤 결과가 초래될 수 있을지 고려해야 한다. 커다란 구조물을 허용함으로써 부정적인 조망이 거주의 문제가 될 수도 있다. 풍력 터빈의 거대한 다발 기둥의 모습은 주거 지역의 경관을 훼손한다.

여러분들도 알다시피, 많은 사람들은 풍력 발전 지대가 경관을 망쳤다고 생각하고, 인간의 삶에 풍력 발전 지대가 끼치는 시각적인 영향에 대해 생각하기 시작했습니다. 하지만, 많은 연구에 따르면 오늘날 크기와 간격의 통일로 시각적으로 상당히 편안하게 개선되었습니다. 풍력 터빈의 시각적 영향의 정도는 개인과 터빈이 위치해 있는 지역 사회의 주관적인 개념에 달려 있습니다. 또한, 대부분의 현대식 터빈들은 주거 지역으로부터 멀리 떨어져 있어서 최근에는 이러한 문제가 거의 제기되지 않습니다.

지문에서는 풍력 터빈의 거대한 사이즈와 다른 외관적인 특징들에 대한 우려가 전적으로 필요하다고 말한다. 그와는 반대로, 화자는 이러한 관점이 설득력이 없다며 직접적으로 반박한다. 이것은 최근 터빈의 크기와 간격이 조정되었으며 오늘날 대부분의 풍력 발전 지대가 주거 지역으로부터 멀리 떨어져 위치해 있기 때문이다.

Mini Test 1

:: 서론 쓰기

Reading Translation

원자력 에너지는 다양한 이익을 제공한다. 원자력은 화석 연료로 인한 오염과 환경 파괴를 예방할 뿐만 아니라, 다른 용도로 상당히 필요한 천연자원에 부정적인 영향을 미치지 않고 엄청난 양의 연료 공급을 보장한다고 여겨진다.

Lecture Script

As we previously discussed, nuclear energy obviously benefits humans. But it has also been one of the most controversial issues. Some experts disagree on some of the positive features. Now, let's talk about the problematic aspects of nuclear power.

Lecture Translation

앞서 논의했듯이, 원자력 에너지는 분명 인간에게 유익합니다. 하지만 이는 가장 논란의 여지가 많은 문제 중의 하나이기도 했죠. 일부 전문가들은 몇 가지 긍정적인 면에 대해서 의견을 달리합니다. 이제 원자력 에너지의 문제점들에 대해 이야기해보죠.

:: 첫번째 본론 쓰기

Reading Translation

원자력이 가진 장점 중의 하나는 화석 연료보다 비용 효율성이 훨씬 높다는 것이다. 원유나 가스와 같은 화석 연료의 경우에는 공급이 매우 제한되어 있고, 공급이 고갈되기 전까지 장기간 비용이 급격히 증가하게 되어 있다. 반면에 원자력은 다른 목적으로 사용할 수 있는 가치는 거의 없지만, 전기 비용의 증가 없이 수십 억년 동안 세계에 충분한 에너지를 공급할 것이다.

Lecture Script

   First, many experts used to believe that nuclear electricity would cost much less than other energy because Uranium was cheap and it would create so much energy. But, um... this has not turned out to be the case. This actually means that constructing safe plants and disposing of wastes caused an increase of nuclear electricity expense to levels comparable to electricity from fossil fuels. For instance, uh... in the United States and Canada, several plants proved to be so much more expensive than expected, that construction of the plants was stopped before they generated any electricity.

Lecture Translation

첫째로, 많은 전문가들은 우라늄이 저렴하면서도 많은 에너지를 발생시키기 때문에 핵 전기가 다른 에너지보다 비용이 훨씬 저렴하리라고 믿곤 했습니다. 하지만, 음... 이는 사실이 아닌 것으로 밝혀졌죠. 실제로는 안전한 공장을 건설하고 폐기물을 버리는 것 자체가 화석 연료로 전기를 얻는 것에 맞먹을 정도로 핵 전기 비용을 증가시킨다는 뜻입니다. 예를 들어, 어... 미국과 캐나다에서는 몇몇 공장에 드는 비용이 예상했던 것보다 훨씬 비싸다는 사실이 밝혀져서 공장에서 전기를 생산하기도 전에 공장 건축 자체가 중단되었습니다.

Reading Translation

원자력이 가진 또 다른 장점은 석탄, 석유, 가스와 같은 화석 연료의 연소로 발생하는 환경 문제에 대처하는 데 유용하다는 것이다. 대중적인 관심을 가장 크게 받고 있는 환경 문제는 지구 온난화이다. 그리고 그러한 화석 연료는 지구의 기후를 변화시켜 생태계 파괴를 유발해왔다. 이와는 반대로, 원자력 공장은 산성비나 도시의 스모그, 기타 대기 오염 물질을 만들어내지 않는다. 그러므로 원자력은 세계의 수많은 사람들에게 유해한 영향을 미치지 않는다.

Lecture Script

Not only that, another problem of nuclear energy is that um... thermal pollution from nuclear power plants has fatal effects on marine ecosystems. Well... thermal pollution is usually associated with increases of water temperatures in a stream, lake, or ocean due to the discharge of heated water from industrial processes, such as the generation of electricity. For instance, half of the 'once-through' cooling systems used in the U.S. nuclear reactors discharge billions of gallons of water per day into the ocean at temperatures of up to 25 degrees Fahrenheit. So, of course, consequently this heated water tremendously harms animals and plants in the ocean.

Lecture Translation

그뿐만 아니라, 원자력이 가진 또 다른 문제는 음... 원자력 공장에서 방출되는 열 오염이 해양 생태계에 치명적인 영향을 미친다는 것입니다. 자... 열 오염은 보통 시내나 호수, 바다의 수온 상승과 관계가 있는데, 수온 상승은 전기 발생 등 산업 과정에서 가열된 물의 방출로 인해 발생합니다. 예를 들어, 미국의 원자로에서 사용되는 '한 번 통과한' 냉각 장치의 반은 매일 수십 억 갤런의 물을 수온이 화씨 25도까지 상승한 상태로 바다에 방출합니다. 물론, 결과적으로 이렇게 가열된 물은 바다에 서식하는 동식물에 엄청난 피해를 입힙니다.

Sample Response

Another point the article stresses is that nuclear energy helps to keep the environment clean by preventing ecological problems occurring due to conventional fuels. On the other hand, the speaker asserts that this perspective is hardly convincing at all. This is because nuclear power destroys environment because heat emitted from nuclear reactors has destructive influences on marine ecosystem by causing thermal pollution.

Sample Response Translation

기사가 강조하는 또 다른 점은 원자력이 통상적으로 사용하는 연료로 인해 발생하는 생태학적 문제를 예방함으로써 환경을 깨끗하게 유지하는 데 도움이 된다는 것이다. 반면에 화자는 이런 관점이 전혀 설득력이 없다고 주장한다. 이는 원자로에서 방출되는 열이 열 오염을 일으켜 해양 생태계에 파괴적인 영향을 끼치므로 원자력이 환경을 파괴하기 때문이다.

Reading Translation

마지막으로 원자력 폐기물은 양이 매우 적고 손쉽게 용기에 담을 수 있어서 지하 깊은 곳에 묻을 수 있다는 매우 중요한 장점이 있다. 한 연구 결과에 따르면, 결국 땅에 묻히게 되는 석탄 폐기물을 포함해서 석탄 연소에서 발생하는 폐기물이 훨씬 해롭다고 한다. 석탄 폐기물에는 원자력 폐기물과는 달리 영구적으로 암을 유발할 수 있는 위험한 화학물질이 포함되어 있다.

Lecture Script

Well... the other destructive aspect of nuclear power is that the degree of radiation increases and the waste fuel is highly radioactive when Uranium, nuclear fuel goes through the fission process. Radioactive wastes can bring serious health problems to humans. High or short-term exposure can lead to immediate death, while lower or chronic doses can cause cancer. Furthermore, no one has figured out how to permanently get rid of highly radioactive waste. Much of the highly radioactive waste is in storage at the power plants waiting for a more permanent method of disposal.

Lecture Translation

자… 원자력의 또 다른 파괴적인 측면은 핵 연료인 우라늄이 핵 분열 과정을 거칠 때 방사능 정도가 증가하고 폐기 연료가 매우 방사성을 띤다는 점입니다. 방사능 폐기물은 인간에게 심각한 건강상 문제를 일으킬 수 있죠. 많은 양의 노출이나 단기 노출이 즉각적인 사망에 이르게 할 수 있는 반면에 좀 더 적은 양의 노출이나 만성적인 노출은 암을 유발할 수 있습니다. 더욱이 누구도 다량의 방사능을 포함한 폐기물을 영구적으로 제거하는 방법을 알아내지 못하고 있습니다. 다량의 방사능을 포함한 많은 양의 폐기물은 좀 더 영구적인 폐기 방법이 개발되기를 기다리며 핵 발전소에 저장되어 있습니다.

Sample Response

Finally, the reading points out that waste of nuclear energy is much easier to deal with than fossil fuels because it is not as dangerous as conventional fuels and it only produces a small amount of waste. In contrast, this viewpoint is rebutted by the lecturer's assertion that it is not easy to dispose wastes of nuclear energy due to its radioactive and hazardous substances causing cancer and even immediate death.

Sample Response Translation

마지막으로 지문은 화석 연료보다는 원자력 폐기물을 다루는 것이 훨씬 쉽다는 사실을 지적하면서, 종래의 연료만큼 위험하지 않고 폐기물 또한 소량을 만들어낼 뿐이라는 것을 이유로 들고 있다. 대조적으로, 강의자는 방사능 위험 물질이 암과 즉각적인 사망까지도 초래하기 때문에 원자력 폐기물의 처리가 쉽지 않다고 주장함으로써 지문의 관점에 반론을 제기한다.

Mini Test 2

:: 서론 쓰기

Reading Translation

남아메리카의 고대 푸에블로 족인 아나사지 족은 문명의 최전성기에 그들의 정착지에서 사라졌다. 그들의 불가사의한 실종 이유에 대해 많은 가설이 존재한다. 그런 가설 중에서 대다수 전문가들은 아나사지 족의 실종 원인이 지구 온난화 때문이라고 생각한다.

Lecture Script

Today we're discussing a new hypothesis about the causes for disappearance of the Anasazi. Recent study findings suggest that the great drought was no where near as severe as scientists believed ten years ago, certainly not that severe enough to coerce a nation of people to give up their settlements. Now, let me tell you about some evidences that the climate wasn't the only cause of vanishing of the Anasazi.

Lecture Translation

오늘은 아나사지 족의 소멸 원인을 둘러싼 새로운 가설에 대해 토의하려 합니다. 최근 연구 결과에 따르면 10년 전 과학자들이 생각했던 만큼 대 가뭄이 심각했던 것은 아니었다고 합니다. 더구나 한 나라의 국민이 정착지를 포기해야 할 만큼 심각한 것은 확실히 아니었죠. 이제, 기후가 아나사지 족 실종의 유일한 이유가 아니었음을 보여주는 몇 가지 증거에 대해 말해보고자 합니다.

:: 첫번째 본론 쓰기

Reading Translation

첫째, 아나사지 족은 1100년 경 지구 온난화가 진행되던 시기에 고향을 떠났다. 달리 표현하자면, 그들은 지구 온난화로 인해 큰 가뭄이 자주 발생해서 고통을 겪었다. 가뭄으로 많은 사람이 죽었고 그들은 결국 거주지를 떠나야 했다. 유럽에서는 기후가 자주 변하고 침울했기 때문에 지구 온난화를 환영했다. 하지만 아나사지 족에게는 극심한 가뭄에 대처할 방법이 전혀 없었기 때문에 커다란 피해였다.

Lecture Script

Firstly, the Anasazi left their communities because of rainfall. According to the research, rainfall patterns were disrupted and this might have made the Anasazi disillusioned with their old religion. Studying tree rings from 27 sites across the Southwest, some scientists found evidence of a major disruption in the area's typical rainfall. Even though there were not great droughts, it might have rained at the wrong times. The summer rains were useless to keep the spring crops from dying.

Lecture Translation

첫째, 아나사지 족은 강우 때문에 그들의 공동체를 떠났습니다. 연구 결과에 따르면, 강우 패턴이 파괴되었고 이로 인해 아나사지 족은 오랫동안 믿어왔던 종교에 환멸을 느꼈을지도 모른다고 합니다. 일부 과학자들은 남서부 전역 27군데에 서식하는 나무의 나이테를 조사한 후에, 해당 지역의 전형적인 강우에 중대한 파괴 현상이 발생했다는 증거를 발견했습니다. 커다란 가뭄은 없었지만 적절하지 않은 시기에 비가 내렸을 가능성이 있다는 것이죠. 여름에 내린 비는 봄철 작물이 죽어가는 것을 막는 데 아무런 소용이 없었습니다.

Reading Translation

둘째, 일부 인류학자들은 아나사지 족이 사라진 직접적인 원인은 물이 부족해서라고 주장해왔다. 아나사지 족이 농사를 위해 물을 보존하려 노력했지만 그다지 효과를 거두지 못했다는 것은 널리 알려진 사실이다. 더욱이 아나사지 족은 물 공급에 대한 기대치가 낮았고 충분한 양을 확보할 수도 없었다. 또한 댐이나 운하와 같은 관개 체계가 가뭄을 관리할 정도로는 발달하지 못했다.

Lecture Script

Another thing is uh... there is no clear evidence that lack of water encouraged the Anasazi to move to another area. At that time, non-irrigated types of agriculture remained vastly dominant throughout the Anasazi era. But as the culture flourished, irrigation and diversion systems were prominently developed by some of the more advanced Anasazi groups. A large complex of diversion dams and canals with multiple head gates directed the water into extensive bordered grid fields on the canyon bottom.

Lecture Translation

또 다른 점은 어... 아나사지 족이 물 부족 때문에 다른 장소로 이주했다는 것을 나타내는 분명한 증거가 없다는 것입니다. 그 당시 아나사지 시대 동안에는 비(非) 관개 형태의 농업이 매우 지배적이었습니다. 그러나 문화가 번성하면서 보다 진보한 일부 아나사지 부족에 의해 관개와 분수(分水) 체계가 눈에 띄게 발전했죠. 수문이 여러 개 장착된 대규모 분수 댐과 운하 단지가 협곡 바닥에 있는 넓은 지역의 바둑판 모양 밭으로 물길을 이끌었습니다.

Sample Response

Besides, the reading argues that the Anasazi left their homes because of lack of water and water management techniques. This perspective is challenged by the lecturer's claim that this perspective is hardly convincing. This is because the Anasazi was unlikely to cultivate and irrigation systems such as dams and canals were already highly advanced to manage water supply even before they disappeared.

Sample Response Translation

이외에도, 지문은 아나사지 족이 물과 물 관리 기술이 부족해서 고향을 떠났다고 주장한다. 강의자는 거의 설득력이 없다고 주장함으로써 이런 관점에 반대한다. 아나사지 족이 경작을 했을 가능성이 없고, 댐과 운하와 같은 관개 체계는 심지어 그들이 사라지기 전에도 물 공급을 관리할 수 있을 정도로 상당히 발전해 있었기 때문이다.

Reading Translation

셋째, 아나사지 족은 모든 유물을 남겨두고 정착지를 떠난 것처럼 보인다. 남겨진 유물을 보면, 그들이 극심한 기후를 피하기 위해 집을 떠났다는 사실을 알 수 있다. 수만 명의 아나사지 족은 심지어 도구나 음식조차 소지하지 않은 채 집을 떠났다. 남은 아나사지 족은 다른 지역에 다시 정착했고 그들의 외모, 예술, 문화, 종교를 바꿨다.

Lecture Script

Lastly, some believe that the Anasazi must have been attacked by other hostile groups. The Navajo, one of the native tribes in the area has been listed high on the roster of usual suspects and possible culprits. The date of the arrival of the Navajo is unknown, but some archaeological records suggest that it was coincident with the abandonment of the large Anasazi dwellings. There is a high likelihood that the Navajo had reached the Anasazi region to get grounds for hunting and sufficient water.

Lecture Translation

마지막으로, 몇몇 사람들은 아나사지 족이 다른 적대적인 집단의 공격을 받은 것이 틀림없다고 믿습니다. 그 지역 태생 부족 중 하나인 나바호 족이 일반적으로 의심을 받는 종족의 명단 상위권에 올라가 있습니다. 나바호 족이 도착한 날짜는 알려져 있지 않지만, 일부 인류학 기록에 따르면 그 시기가 아나사지 족이 거대한 거주지를 버린 시기와 일치했다고 합니다. 나바호 족이 사냥할 장소와 충분한 물을 확보하기 위해 아나사지 족의 거주 지역에 도착했을 가능성이 높죠.

Sample Response

The last point made in the reading that some artifacts left behind means that the Anasazi moved to another area to avoid severe weather differs from the lecturer's claim. The professor asserts that the Anasazi must have fled for refuge because of other hostile groups' attack by pointing out the evidence of remains which they left without any food or tools.

Sample Response Translation

일부 남겨진 유물로 보아 아나사지 족이 극심한 날씨를 피하기 위해 다른 지역으로 이주했다는 지문의 마지막 주장은 강의자의 주장과 다르다. 교수는 유물이 남긴 증거로 보아 아나사지 족이 음식이나 도구를 소지하지 않고 거주지를 떠났다는 점을 지적함으로써 아나사지 족이 다른 적대적인 종족의 공격을 받아 도망을 간 것이 틀림없다고 주장한다.

Mini Test 3

:: 서론 쓰기

Reading Translation

규칙적인 양치질은 당신 아이의 치아를 건강하게 유지하는 데 매우 필수적이다. 의사가 일상적인 치과 검사를 하면서 아이의 치아를 검사하고 당신의 물 공급에 대해 물어보면 당황할지도 모른다. 물에 자연적으로 함유되어 있는 물질인 불소가 건강한 치아 발달과 충치 예방에 유익하기 때문이다.

Lecture Script

Hi, everyone! Today, I want you to recall what we covered yesterday. Now, let's talk about the downsides of fluoride. Some advocacy groups publish reports on the hazards of fluoridation, and they conclude that any substance needing such careful dosage must be dangerous. Here are several evidences showing those negative aspects of fluoride.

Lecture Translation

여러분, 안녕하세요! 오늘은 어제 다뤘던 내용을 다시 한번 기억했으면 합니다. 이제, 불소의 단점에 대해 얘기해봅시다. 일부 지지자들은 불소 첨가의 위험성에 대한 보고서를 펴내면서, 이렇듯 주의깊게 투약량을 결정해야 하는 물질은 그 물질이 무엇이라도 틀림없이 위험하다고 결론지었습니다. 여기 불소의 부정적인 측면을 보여주는 몇 가지 증거가 있습니다.

Sample Response

In the reading, the writer indicates that fluoride in tap water helps to keep teeth healthy. On the other hand, the lecturer claims that excessive dosage of fluoride could damage dental health, which contrasts with the reading.

:: 첫번째 본론 쓰기

Reading Translation

첫째, 불소는 에나멜을 형성해서 이가 썩는 것을 더 어렵고 덜 영향을 받게 한다. 치아가 형성되는 동안 불소는 치아의 딱딱한 표면인 에나멜을 안전하게 강화시킨다. 이는 부패 때문에 치아에 구멍이 생기면서 경험했을지도 모르는 충치를 예방한다. 치아 조직의 불소 내용물은 치아 형성 당시에 사용 가능한 불소의 양을 말해준다. 불소가 모든 연령층의 사람들의 치아 부패를 예방하는 놀라운 능력을 가진 자연 구성 성분이라는 것이 사실로 입증되었다.

Lecture Script

According to the American Dental Association, there is no scientific evidence of any benefits that fluoride prevents tooth decay even if it is taken in at the correct small quantities. If a child gets too much of it, it will cause teeth to get white spots. This mainly happens with too much fluoride right at birth when the child is very small and the dose is relatively large. What the white spots exactly do is to slow down the motion of the proteins in the teeth and eventually undermine dental health.

Lecture Translation

미국 치과 협회에 따르면 불소가 정확하게 소량을 섭취하는 경우라도 부패를 예방한다는 이점을 입증하는 과학적인 증거는 없다고 합니다. 아이가 불소를 지나치게 많이 섭취하면 치아에 하얀 반점이 생길 것입니다. 이는 아이가 매우 작고 복용량이 상대적으로 많은 출생 시기에 지나치게 많은 불소를 섭취해서 주로 발생합니다. 흰색 반점의 정확한 작용은 치아에서의 단백질의 움직임을 둔화시켜 결국 치아 건강을 해치는 것입니다.

:: 두 번째 본론 쓰기

Reading Translation

불소의 또 다른 장점은, 박테리아와 음식물의 끈적끈적한 막인 플라그가 치아 위에 쌓이는 것을 막는다는 것이다. 플라그는 잇몸에 염증을 유발해 치주염을 일으키거나 치아를 잃게 만든다. 그러나 불소를 함유한 물은 치아에서 플라그를 제거하고 살균된 불소 구강

세정제는 플라그 형성을 돕는 일부 박테리아를 죽인다. 예를 들어, 1997년 미국에서 실시된 연구에 따르면, 치약과 식수에서 발견된 불소는 치아 건강을 더욱 강화시키기 위해 에나멜과 결합함으로써 치아 건강에 불리한 영향을 미치는 요소를 방지하는 데 도움이 된다고 한다.

Lecture Script

Another thing we need to consider is that uh... guidance is particularly needed because fluoride is found in all natural waters at some concentration. Low concentrations are good for teeth, but excessive concentrations can lead to debilitating diseases, and fluoride has been blamed for everything from cancer to kidney problems. In 1992, a study by the New Jersey Department of Health in the U.S. found a strong link between fluoridation and bone cancer in young males.

Lecture Translation

우리가 고려해야 할 또 다른 한 가지는, 어... 불소가 일정 농도로 모든 자연적인 물에서 발견되기 때문에 지침이 특히 필요하다는 것입니다. 농도가 낮으면 치아 건강에 좋지만, 농도가 지나치면 치아를 약화시키는 질병에 걸릴 수 있고, 불소 자체는 암에서 신장 질환에 이르기까지 모든 질병의 원인으로 주목받고 있습니다. 1992년에 미국 뉴저지 주 보건국에서 실시한 연구 결과에 따르면 젊은 남성에게 발병하는 뼈암과 불소화 사이에는 밀접한 관계가 있다고 합니다.

Sample Response

Another point the reading puts an emphasis on is that fluoride helps keep the teeth clean and healthy by stopping plague development or other diseases. In contrast, this is directly rebutted by the lecturer's claim that fluoride in tap water has detrimental influences on dental health, causing serious diseases such cancer or problems with kidney.

Sample Response Translation

지문이 강조하는 또 다른 점은, 불소가 플라그 형성이나 기타 질병을 예방함으로써 치아를 청결하고 건강하게 유지하는 데 유용하다는 것이다. 이와는 대조적으로, 강의자는 수돗물에 포함된 불소가 암과 같은 심각한 질병이나 신장 문제 등을 일으키는 동시에 치아 건강에 해로운 영향을 미친다고 주장함으로써 지문의 주장을 직접적으로 반박한다.

:: 세 번째 본론 쓰기

Reading Translation

마지막으로 불소 요법은 더욱 조밀한 뼈를 형성하고 골다공증과 관련된 골절을 예방하는 데 효과적이다. 최근 연구 결과에 따르면 불소는 뼈와 치아를 약하게 만든다고 한다. 그 이유를 설명해주는 과학적인 논리가 있다. 뼈와 치아를 단단하게 하는 주요 성분인 칼슘은 탄산염이나 산소와 두 가지로 결합해 사슬을 형성할 수 있다. 불소는 한 가지 결합만을 만들 수 있다. 따라서 불소가 칼슘과 결합하면 사슬을 깨뜨린다.

Lecture Script

Lastly, um... fluoride exposure results in denser bones. Is it likely true? But the bone appears to be more fragile than normal bone. Well... a study of the American Dental Association reported that fluoride weakens bone strength and elasticity. Additionally, clinical dental fluorosis is characterized by staining and pitting of the teeth. In more severe cases, all the enamel may be damaged. In skeletal fluorosis, fluoride accumulates in the bone progressively over many years, leading to stiffness and pain in the joints. In severe cases, it can cause changes to bone structure.

Lecture Translation

음... 마지막으로, 불소에 노출되면 뼈의 밀도가 높아집니다. 사실일 것 같나요? 하지만 불소에 노출된 뼈는 보통 뼈보다 더욱 약한 것처럼 보입니다. 음... 미국 치과 협회의 연구 결과에 따르면 불소가 뼈의 강도와 탄력성을 약화시킨다고 합니다. 이에 덧붙여서 임상적인 치과 불소 침착증은 치아에 반점이나 구멍이 생기는 특징을 보입니다. 좀 더 심각한 경우에는 에나멜 전체가 손상을 입을지도 모릅니다. 골격계 불소 침착증의 경우에는 불소가 수년간 점진적으로 뼈에 축적되어 관절을 뻣뻣하게 만들고 통증을 일으킵니다. 심각한 경우에는 뼈 구조에 변화를 초래할 수도 있습니다.

Sample Response

Lastly, the passage says that the content of fluoride enhances the density of human bones and teeth and protects from bone fractures. This point disagrees with the lecture, which contends that drinking much water containing fluoride weakens bones by reducing the strength and flexibility of bones.

Sample Response Translation

마지막으로 지문은 불소 내용물이 인간의 뼈와 치아의 밀도를 향상시키고 골절을 예방한다고 주장한다. 이는 불소가 포함된 물을 너무 많이 마시면 뼈의 강도와 유연성이 감소되어서 뼈를 약화시킨다는 강의의 주장에 상반된다.

Mini Test 4

:: 서론 쓰기

Reading Translation

오늘날 인터넷을 보면 무수히 많은 글을 읽을 수 있다. 전자 책은 전자 형식으로 제공되는 책으로 컴퓨터 화면이나 PDA로 읽을 수 있다. 요즘 전자 책 독자 수는 전자 책이 가진 장점 때문에 급진적으로 증가하고 있다.

Lecture Script

Today, we're going to talk about the downsides of e-books. E-books have only been available for a relatively short amount of time, and it is too soon to expect this technology to be free of problems at this time. Also, many readers are still resistant to the idea of reading from a computer screen, especially when they read for pleasure.

Lecture Translation

오늘 우리는 전자 책의 단점에 대해 말하고자 합니다. 전자책을 이용할 수 있게 된 지 상대적으로 얼마되지 않았으므로, 요새 이러한 기술이 문제점이 없으리라고 기대하는 것은 시기적으로 너무 이릅니다. 또한 많은 독자들은 특히나 즐기기 위해 책을 읽고자 할 때 컴퓨터 화면으로 독서를 한다는 개념에 여전히 거부감을 갖고 있죠.

Sample Response

In the lecture, the speaker argues that some readers are still reluctant to read electronic books on the Internet because of some drawbacks. This contradicts the perspective of the reading that an electronic book appeals to a large number of readers for its many advantages.

:: 첫번째 본론 쓰기

Reading Translation

첫째, 전자 책의 생산비가 훨씬 낮기 때문에 독자가 감당해야 하는 비용이 줄어들 가능성이 있다. 전자 책은 인쇄, 유통, 전통적인 서적 판매와 관련된 간접 비용이 들지 않는다. 전자 책은 신용 카드 지불과 인터넷을 통한 다운로드를 거쳐 거의 즉시 읽을 수 있다. 그러므로 우편 주문 시에 소비되는 우표와 포장 비용을 피할 수 있다.

Lecture Script

First of all, uh... in reality, electronic books are not always more affordable than printed books. Like the music industry, the publishing industry, specifically the e-books section, suffers greatly from piracy. Naturally, this burden of piracy is passed on to the paying reader, which has led publishers to inflate the price of most e-books. So, um... consumers will be quickly turned away if they feel they are paying too much and will either purchase the paper version, or not buy at all.

Lecture Translation

무엇보다도, 어... 사실상 전자 책이 인쇄된 책보다 항상 더 구입하기 쉬운 것만은 아닙니다. 음악 산업과 마찬가지로 출판 산업, 특히 전자 책 분야 또한 저작권 침해로 인해 커다란 고통을 겪고 있습니다. 자연스럽게 저작권 침해에 따른 부담은 비용을 지불하는 독자에게 돌아가게 되고, 따라서 출판업자는 대부분의 전자 책 가격을 부풀립니다. 그래서 음... 소비자들은 자신이 지나치게 많은 비용을 지불한다고 느끼면 재빨리 등을 돌려 인쇄된 책을 사거나 책 자체를 전혀 사지 않을 것입니다.

Sample Response

The first point made by the lecturer is that in reality not all e-books are inexpensive since publishers have no alternative but to increase the cost of e-books to deal with literary piracy. This contrasts with the viewpoint of the passage that e-books are inexpensive as it does not require additional costs such as publishing costs and delivery charges.

Sample Response Translation

강의자가 제시한 첫 번째 사항은, 현실적으로는 출판사가 문학의 저작권 침해에 대응하기 위해 전자 책 가격을 인상할 수 밖에 없기 때문에 모든 전자 책 가격이 저렴한 것은 아니라는 것이다. 이는 전자 책이 출판 비용과 배송 요금과 같은 추가적인 비용이 필요하지 않기 때문에 저렴하다는 지문의 관점에 상반된다.

:: 두 번째 본론 쓰기

Reading Translation

전자 책이 가진 또 다른 장점은 상당히 편리하다는 것이다. 전자 책은 물리적으로나 디지털적인 의미에서 전혀 공간을 차지하지 않고 독자가 어디를 가든 가져가기가 훨씬 쉽다. 독자는 저장 카드를 사용해서 적어도 12권 이상의 책을 가지고 다닐 수 있다. 더욱이 전자 책 대부분의 막대한 저장 능력으로 인해 독자들은 상당량의 독서 자료를 가지고 다닐 수 있다.

Not only that, uh... e-books are not always convenient to read compared to traditional books. Unlike websites, many e-books require the reader to have a particular combination of software and hardware. Many e-book compiler programs produce books which can only be viewed on a computer screen. So, readers who are not familiar with the computer may have a hard time accessing e-books on the Internet. Furthermore, the effort associated with scanning, zooming, and selection of options on a computer screen may arguably be greater than simply turning the page of a physical book.

Lecture Translation

그뿐만 아니라, 어... 전자 책은 전통적인 책과 비교할 때 읽기가 항상 편리하지만은 않습니다. 웹사이트에서와는 달리 독자가 전자 책을 읽기 위해서는 소프트웨어와 하드웨어를 특정하게 조합해야 합니다. 다수의 전자 책 편집 프로그램은 컴퓨터 화면으로만 볼 수 있는 책을 만듭니다. 따라서 컴퓨터에 익숙하지 않은 독자는 인터넷에서 전자 책을 읽는 데 어려움을 겪을지도 모르죠. 더욱이 컴퓨터 화면 상에서 스캔하고, 확대하거나 축소하고, 기능을 선택하는 과정에 들어가는 노력이 단순히 물리적인 책장을 넘기는 노력보다 더욱 클 수도 있습니다.

Sample Response

Additionally, the speaker contends that e-books are actually more inconvenient to use than were expected since readers have to adapt themselves to reading electronic text and put in effort working on various function keys of the computer. This is the opposite of the point of the passage that e-books are convenient for use in that e-books are portable and maintains the great storage capacity.

Sample Response Translation

덧붙여서 강의자는 전자 책이 실제로는 예상보다 사용하기 훨씬 불편하다고 주장한다. 독자가 전자 책을 읽는 것에 적응해야 하고 컴퓨터의 다양한 기능 키를 작동하기 위해 애를 써야 하기 때문이다. 이는 전자 책이 휴대가 가능하고 저장 능력이 매우 크다는 점에서 사용하기 편리하다는 지문의 주장에 정반대 되는 견해이다.

:: 세 번째 본론 쓰기

Reading Translation

마지막으로 책을 다운로드받으면 자료를 얻기 위해 먼 거리를 여행할 필요가 없다. 이는 시간이 없는 학생이나 연구자에게 효과적인 방법이다. 손에 물리적인 책을 드는 느낌을 좋아하는 사람들에게는 해결책이 있다. 전자 책은 독자가 원하는 활자와 형태로 인쇄할 수 있어서 만족스러운 형태를 구비한 특정 책을 찾기 위해 직접 서점을 방문하는 시간과 수고를 절약할 수 있다.

Lecture Script

Oh, another thing, uh... e-books do save time visiting bookstores, but it also takes time for you to download e-books to the server. Besides a slow loading time, it logs you out after 15 minutes of inactivity. This means that you can't take a break from reading or eat lunch or whatever unless you first write down the page number because when you come back you'll have to go through the lengthy process of loading the web page, logging in, finding your e-book again, and finding the page you were on, which is pretty slow and time-consuming because of the delay in loading each page individually.

Lecture Translation

아, 또 한 가지는 어... 전자 책은 서점을 방문하는 시간을 절약해주지만, 서버에서 전자 책을 다운로드 받는 데도 시간이 걸린다는 점입니다. 로딩 시간이 더딘 것 외에도 15분 동안 비활성화되면 저절로 로그아웃됩니다. 이는 독서를 하다가 휴식을 취하거나 점심을 먹으려 할 때마다, 읽던 페이지를 적어두어야 한다는 뜻이죠. 그렇게 하지 않으면 다시 책을 읽기 시작할 때 웹 페이지를 로딩하고 로그인하고 읽던 전자 책으로 가서 읽던 페이지를 찾는 긴 과정을 다시 거쳐야 합니다. 이는 각 페이지를 개별적으로 로딩하는 데 시간이 걸리기 때문에 상당히 느리고 시간이 걸리는 과정입니다.

Sample Response

The last point of the lecture is that reading e-books is time-consuming because the reader has to waste time waiting for the complete download and other miscellaneous operations of the computer for reading. This challenges the claim of the reading that e-books enable readers to save lots of efforts and time as e-books do not require readers to spare any extra time for purchase.

Sample Response Translation

강의에서 지적한 마지막 사항은, 전자 책을 읽는 것이 시간 소모적이라는 것이다. 독자는 독서를 하기 위해 다운로드가 완료되고 컴퓨터의 다른 자질레한 작동을 기다리느라 시간을 소모해야 하기 때문이다. 지문은 전자 책을 읽으면 독자가 책 구매를 위해 별도의 시간을 낼 필요가 없기 때문에 많은 시간과 노력을 절약할 수 있다고 주장함으로써 강의자의 주장에 반론을 제기한다.

Mini Test 5

:: 서론 쓰기

Reading Translation

우리들 중 많은 사람들은 태양 에너지 사용에 상섬이 있다고 알고 있지만, 그 이유를 신성으로 이해하고 있는 사람은 거의 없다. 그러므로 태양 에너지가 자신에게 적절한지 아닌지에 대해 현명한 결정을 내릴 수 있도록 태양 에너지의 장점을 포괄적으로 설명하고자 한다.

Lecture Script

Today we're going to discuss some other pitfalls of solar energy. As you know, if you live in a remote area where there are no power-lines, solar energy can be the solution, but there are remote areas where power companies have no means to access your home. So, we shouldn't overlook such problems of solar power.

Lecture Translation

오늘 우리는 태양 에너지의 몇 가지 단점에 대해 토의할 것입니다. 여러분도 알고 있듯이 전선이 없는 동떨어진 지역에 살고 있다면 태양 에너지가 해결책이 될 수 있지만, 전력 회사가 가정에 접근할 수단을 보유하지 않은 외딴 지역도 있습니다. 따라서 우리는 태양 에너지의 이런 문제점을 간과해서는 안 됩니다.

Sample Response

The passage says that solar energy is useful for our lives, which is directly rebutted by the idea of the lecture. The speaker argues that there are some negative aspects of solar power to be considered.

:: 첫번째 본론 쓰기

Reading Translation

첫째, 태양 에너지가 갖는 장점 중의 하나는 전통적인 전기를 사용해서 보온하는 것보다 훨씬 경제적이라는 것이다. 보온을 목적으로 화석 연료를 태양 에너지로 대체한다면 전기 요금 청구 금액에 확실히 커다란 변화를 보게 될 것이다. 이는 결국 많은 돈을 절약할 수 있다는 뜻이다. 또한 태양 에너지는 절대적으로 무료이고 어떤 연료도 필요로 하지 않기 때문에 연료의 수요와 공급에 영향을 받지 않고, 따라서 계속 치솟는 휘발유 가격에 영향을 받지 않는다.

Lecture Script

Well... the first point I'd like to make is that, uh... the high initial cost is the main disadvantage of installing a solar energy system, largely because of the high cost of the semi-conducting materials used in building one. So, the cost of solar energy is ultimately high compared to non-renewable utility-supplied electricity. As energy shortages are becoming more common, solar energy is becoming more price-competitive. Solar panels require quite a lot of land and cost for installation to achieve a good level of efficiency. If you decide to go with the solar system, you will need to calculate the return on investment to find out if the investment will be worth it.

Lecture Translation

자... 내가 지적하고자 하는 첫 번째 사항은, 어... 태양 에너지 시스템을 설치하는 데 따른 주요한 단점은 초기 비용이 높다는 것입니다. 이는 대부분 태양 에너지 시스템을 짓는 데 사용되는 반도체 물질의 높은 비용 때문입니다. 따라서 태양 에너지를 생산하는 비용은 재생 불가능한 전기와 비교해볼 때 궁극적으로 높은 편입니다. 에너지 부족 현상이 더욱 보편적이 되어가고 있기 때문에 태양 에너지는 더욱 가격 경쟁력을 갖고 있습니다. 훌륭한 수준의 효율성을 달성하기 위해서는 태양 전지판을 설치할 넓은 땅과 비용이 필요합니다. 태양 에너지 시스템을 갖추기로 결정했다면, 투자 가치를 판단하기 위해 투자 대비 수익을 계산해야 할 것입니다.

Sample Response

First, the lecturer claims that solar energy is more economical and cost-efficient as it helps to get lots of energy without other fuels or additional costs. This disagrees with the point of the article that solar energy ultimately requires greater expense than fossil fuels because it entails high installation costs for a level of efficiency comparable to the traditional electricity.

Sample Response Translation

첫째, 강의자는 태양 에너지가 다른 연료나 추가적인 비용 부담 없이 많은 에너지를 얻는 데 유용하기 때문에 보다 경제적이고 비용 효율적이라고 주장한다. 효율성 수준에서 전통적인 전기와 비교해볼 때 태양 에너지는 설치 비용이 많이 들어가기 때문에 궁극적으로는 화석 연료보다 더욱 큰 비용이 필요하다고 지적함으로써 기사가 지적한 사항에 반대한다.

:: 두 번째 본론 쓰기

Reading Translation

더욱이 태양 에너지는 깨끗하고, 재생 가능하고, 지속적이면서 환경 보호에 유익하다. 전기 세대의 많은 전통적인 형태처럼 유해한 기체를 방출하지 않고 대기를 전혀 오염시키지 않는다. 따라서 태양 에너지는 지구 온난화나 산성비, 스모그 등을 유발하지 않는다. 태양 에너지는 해로운 온실 가스의 방출을 줄이는 데 적극적으로 기여한다.

Lecture Script

Another thing! Uh... there's also an environmental disadvantage of solar energy that must be addressed before the solar panels in use now reach the end of their life. As of right now, most solar cells are partially composed of cadmium. Cadmium is highly toxic to the environment and all of its inhabitants. That means it has fatal impacts on humans as well. The eventual disposal of the cadmium could create a serious environmental damage if handled inappropriately.

Lecture Translation

또 다른 점은 어... 태양 에너지에는 현재 사용되고 있는 태양 전지판이 생명을 다하기 전에 대처해야만 하는 환경적 단점이 있다는 것입니다. 현재를 기준으로 살펴보자면, 대부분의 태양 전지는 부분적으로 카드뮴으로 이뤄져 있습니다. 카드뮴은 환경과 그 환경에 서식하는 동물 모두에게 매우 유독합니다. 이는 인간에게도 치명적인 영향을 미친다는 뜻이죠. 카드뮴의 최종적인 폐기는 적절하게 다뤄지지 않는다면 심각한 환경 손상을 초래할 수 있습니다.

Sample Response

Next, the speaker contradicts the point of the reading that solar energy helps to preserve the environment. According to the lecture, solar energy damages rather than protect the environment. Excessive expose to solar cadmium emitted from solar cells has destructive impacts on humans as well as on the environment.

Sample Response Translation

다음으로, 강의자는 태양 에너지가 환경 보존에 유익하다는 지문의 주장을 반박한다. 강의에 따르면 태양 에너지는 환경을 보호하기보다 손상을 입힌다. 태양 전지에서 방출되는 태양 카드뮴에 지나치게 노출되면 환경뿐만 아니라 인간도 파괴적인 영향을 입는다.

:: 세 번째 본론 쓰기

Reading Translation

마지막으로 태양 에너지 시스템은 휴가용 별장과 같은 외딴 장소에 설치될 수 있다. 태양 에너지 시스템은 전적으로 독립해서 작동할 수 있어서, 전력이나 가스 배관망에 연결할 필요가 전혀 없기 때문이다. 태양 에너지를 사용하면 자연 재해나 국제적인 사건의 영향을 받는 에너지의 외부 원천이나 중앙 집중된 원천에 대한 의존성이 줄어들어서 지속 가능한 미래를 보장받을 수 있다.

Lecture Script

Last, um... adequate access to sunshine for a good part of the day is another consideration. Well... if you are situated in a part of this beautiful planet where there is not much sunlight, then this could be a problem. In other areas, the sunrays are almost always covered in clouds making solar energy collectors less efficient. You should first know if the sunshine in your area is abundant for the greater part of the year. In other words, solar electric modules produce electricity intermittently only when the sun shines. Their output therefore varies with the weather and disappears altogether at night.

Lecture Translation

마지막으로, 음... 하루에 상당 시간 동안 적당하게 태양 광선에 접근할 수 있는지가 고려해야 할 또 다른 점입니다. 자... 만약 우리가 아름다운 지구에서 태양 광선이 그리 많지 않은 지역에 살고 있다면 문제가 될 수 있습니다. 어떤 지역에서는 태양 광선이 거의 항상 구름에 가려져 있기 때문에 태양 에너지 수집의 효율성이 떨어집니다. 자신이 사는 지역에 태양 광선이 일년 중 대부분 기간 동안 풍부한지 여부를 먼저 알아야 합니다. 달리 표현하자면, 태양 전기 장치는 태양이 비출 때만 주기적으로 전기를 생산합니다. 그러므로 태양 전기 장치의 전기 생산은 날씨에 따라 변하고 밤에는 모두 사라집니다.

Sample Response

Lastly, the point made in the lecture contrasts with the viewpoint of the reading that a solar energy plant may be situated anywhere as the production of solar energy can be achieved independently without other energy resources. The speaker asserts that the production of solar energy is weather-dependent. A solar energy system should be placed in the area which guarantees a large amount of sunlight to keep the system operating for energy generation.

Sample Response Translation

마지막으로, 강의에서 지적한 요점은 태양 에너지의 생산이 다른 에너지원 없이 독립적으로 달성될 수 있기 때문에 어느 곳에도 태양 에너지 공장을 세울 수 있다는 지문의 관점에 상반된다. 강의자는 태양 에너지의 생산이 날씨에 의존적이라고 주장한다. 태양 에너지 시스템은 에너지 생산을 위해 계속 작동하기 위해서는 많은 양의 태양 광선이 보장되는 지역에 설치되어야 한다.

Reading Translation

약품 광고

미국에서는 의사에게만 약품을 광고해왔다. 최근 제약 업계는 TV나 신문을 통해 환자에게 약품을 광고하기 시작했다. 약품 광고는 환자들로 하여금 의료 치료에 대해 정보에 입각한 결정을 내리는 데 도움이 되고 의학적 치료의 발전에 기여한다.

첫째, 약품 광고는 환자들에게 약품에 대해 알려준다. 사람들은 광고된 약품으로 어떤 질병을 치유할 수 있는지 알게 되고 그 약품의 반응이 무엇인지 알게 된다. 또한 이런 광고는 환자들에게 최근 새롭게 개발된 약품뿐만 아니라 정부가 공식적으로 승인한 약품에 대해 보다 신뢰할 수 있는 정보를 제공한다.

둘째, 약품 광고의 또 다른 이점은 자가 치료이다. 환자들은 의사가 제안하는 치료에 대한 대안으로서 광고에서 얻은 의학적 지식을 활용할 수 있다. 이외에도 광고가 제공한 정보의 도움을 받아 스스로 적절한 약품을 선택할 수 있다. 따라서 환자들은 과거에는 의학적인 치료에 대한 통제 문제에서 수동적인 입장을 취해왔지만, 앞으로는 건강 관리를 더 이상 의사에게 의존하지 않는다.

마지막으로, 최근에 개발된 약품들은 대부분 광고된다. 보다 진보된 의학적 치료는 광고되는 최신 약품을 통해 발견될 가능성이 더욱 크다. 그러나 대부분의 의사들은 환자를 치료하는 데 너무 바빠서 최신 의학 치료법을 검토하고 추적 검사하지 못한다. 그러므로, 의사들은 자신이 자주 처방해왔고 최고라고 잘 알려진 약품에 집착한다. 약품 광고는 의학 발달에 대한 환자들의 인식을 증가시켜서 가장 효과적인 의학적 치료법을 얻게 해준다.

Lecture Script

As you've discussed in the previous class, many doctors say direct-to-consumer advertising exposure has its advantages, increasing patients' awareness about conditions and treatments. But some physicians believe the advertising leads patients to be confused about the effectiveness of the drug. Today, let's talk about the negative influences of drug advertising on their patients and practice.

First, many believe that drug advertisements may increase awareness about certain health conditions and expose people to different types of treatment options. Drug advertising may also help a patient to identify symptoms of a medical problem. However, the advertisers are not required to print side-effects and risks nor the degree and severity of the possible side effects, so they tend to exaggerate the effectiveness of drugs, making false claims that one drug is superior to another.

Second, direct-to-consumer ads are greatly conducive to the self-treatment, but a little knowledge can be a dangerous thing. A magazine reports 40 percent of doctors surveyed believe that direct-to-consumer ads of the pharmaceutical industry are a disservice to the public. It also reported that 40 percent of patients turn to the Internet to research for medical conditions. Patients should take full responsibility for the side effect of self-order, while they used to be completely dependent upon doctors. Furthermore, the stress of choosing drugs on one's own could put a burden on those who are free from the responsibility for treatments.

Lastly, the newest drugs are not always the best. In reality, there are so many good medicines which are rarely advertised, which has proved to be true. Drug companies convince doctors to prescribe their latest drugs in order to make a good profit. Some drug companies routinely provide doctors with expensive gifts such as show tickets, golf clubs or free dinners.

Lecture Translation

우리가 지난 수업 시간에 토론했던 것처럼, 다수의 의사들은 광고를 소비자에게 직접 노출시키면 상태와 치료에 대한 환자의 인식을 증가시키는 장점이 있다고 말합니다. 그러나 일부 의사들은 환자들이 광고 때문에 약품의 효능에 대해 혼란스러워한다고 생각합니다. 오늘은 환자와 진료에 미치는 약품 광고의 부정적인 영향에 대해 얘기해보죠.

첫째, 많은 사람들은 약품 광고가 건강 상태에 대한 인식을 증가시키고 사람들에게 여러 가지 다른 유형의 치료 방법을 알려준다고 믿습니다. 또한 약품 광고는 환자로 하여금 의학적 문제의 증상들을 알아차리게 도와줍니다. 그러나 광고주는 부작용과 위험성뿐만 아니다 기능한 부작용의 경보와 심각성 또한 만째일 의무가 없기 때문에 한 약품이 다른 약품보다 우월하다는 그릇된 주장을 하면서 약품의 효능을 과장하는 경향이 있습니다.

둘째, 소비자에게 직접 전달하는 광고는 자가 치료에 상당한 도움이 되지만 자그마한 지식은 위험할 수 있습니다. 한 잡지에 따르면, 소비자를 직접 겨냥한 제약 회사의 광고가 대중에게 해가 된다고 믿는 의사들이 40%에 달한다고 합니다. 또한 환자의 40%는 의학적 상태를 연구하기 위해 인터넷을 참고한다고 보고했습니다. 과거에 환자들은 의사들에게 완전히 의존했지만 이제는 스스로 처방한 약품의 부작용에 대해 전적으로 책임을 져야 합니다. 더욱이 스스로 약품을 선택하는 데 따르는 스트레스는 치료에 대한 책임이 없는 사람에게 부담을 줄 수 있죠.

마지막으로, 가장 최신 약품이 항상 최선은 아닙니다. 현실적으로 볼 때, 좋은 약품 중에는 광고를 거의 하지 않는 약품이 많다는 것이 사실로 밝혀지고 있습니다. 제약 회사는 이윤을 많이 남기기 위해 의사들에게 최신 약품을 처방하도록 설득합니다. 일부 제약 회사는 의사들에게 공연 티켓, 골프채, 공짜 식사 등 값비싼 선물을 정기적으로 제공합니다.

Sample Response

In the passage, the author contends that direct-to-patient advertising of drugs contributes to medical treatments. This is directly refuted by the speaker's claim that the argument is not convincing and such direct advertising brings some problems.

First of all, the reading passage suggests that patients are able to obtain a variety of the latest information on medications through drug advertisements. The lecturer, however, contradicts this point by asserting that drug advertising does not necessarily present all of its side-effects and just put emphasis only on the effectiveness and even exaggerates it instead of informing its possible side-effects or risks.

Another point the author stresses is that drug advertising makes it possible for patients to cure themselves with the use of alternative medical treatments. On the contrary, this is directly challenged by the lecturer's position that drugs chosen based upon the information gained from advertising could be dangerous, and those who are used to relying on doctors are likely to be stressed out at the thought of being fully responsible for their own medical treatments.

Finally, the article suggests that it is good for patients to be aware of new medicines which are considered to be the most effective. However, this point is directly refuted by the lecturer's claim that not all the effective medications are advertised and well-known drugs are rarely advertised. Also, the purpose of drug advertising is not to inform its effectiveness but to raise revenues.

Sample Response Translation

지문에서 저자는 환자에게 직접 약품을 광고하는 것이 의학적 치료에 기여한다고 주장한다. 강의자는 그런 주장은 설득력이 없고 직접적인 광고가 문제를 야기할 수 있다고 강조함으로써 지문의 주장을 직접적으로 반박한다.

무엇보다도 지문에서는 환자가 약품 광고를 통해 약품에 대한 다양한 최신 정보를 획득할 수 있다고 제안한다. 그러나 강의자는 약품 광고가 반드시 모든 부작용을 제시하는 것이 아니고 단순히 효능만을 강조할 뿐만 아니라 심지어는 가능한 부작용이나 위험성을 알리지 않으면서 효능을 강조한다고 주장함으로써 지문에서 지적한 요점을 반박한다.

지문의 저자가 강조한 또 다른 점은 환자들은 약품 광고를 통해 대체 의료 치료를 사용함으로써 자가 치료가 가능하다는 것이다. 이와는 반대로 강의자는 광고에서 얻은 정보를 바탕으로 선택한 약품은 위험할 수 있고, 의사에 의존하는 데 익숙했던 사람은 자가 의료 치료에 대해 스스로 전적인 책임을 져야 한다는 것이 무척이나 부담스러울 가능성이 크다는 입장을 내세움으로써 저자의 주장에 직접적으로 맞선다.

마지막으로, 지문 기사에서는 가장 효과적이라고 생각되는 새로운 약품에 대해 환자가 아는 것이 좋다고 주장한다. 그러나 강의자는 효과적인 약품 모두가 광고되는 것은 아니고 유명한 약은 거의 광고되지 않는다고 주장함으로써 지문 기사의 관점에 직접적으로 반론을 제기한다. 또한 약품 광고의 목적은 약의 효능을 알리는 것이 아니라 수입을 올리는 것이다.

Actual Test 2: Magnet School

Reading Translation

Magnet School: 뛰어난 설비와 교육과정을 갖춘 공립학교

미국 정부와 교육부는 최근 공립학교의 과학 교육으로 관심을 돌렸다. 그러나 정부는 다수의 유능한 과학 교사를 영입하고 유지하는 데 어려움을 겪고 있다. 이런 문제에는 몇 가지 원인이 있다.

공립학교 교사로 근무하는 것의 부정적인 측면 중 하나는 바로 낮은 급료이다. 과학 교사의 급료는 과학을 전공하고 교직이 아닌 분야에 종사하는 다른 대학 졸업생의 급료보다 훨씬 적다. 달리 표현하자면, 연구직이나 기술직에 종사하는 사람들이 과학 교사보다 높은 급료를 받는다. 결과적으로 뛰어난 교수 능력을 가진 사람들이 높은 급료를 받는 직업 쪽으로 기우는 것은 당연하다.

덧붙여서, 공립학교 교사는 자격을 갖추기 위해 상당한 시간과 노력을 투자해야 한다. 또한 과학 교사가 되려면 학부 과정을 밟으면서 교사 교육과정을 이수해야 한다. 학생들이 교사 교육 프로그램을 이수하려면 일반적인 과학 과목 외에도 추가로 많은 과목을 들어야 한다. 이런 교직 이수 프로그램은 잠재적인 과학 교사와 그들의 시간과 노력을 혹사시켜서 궁극적으로는 전공 교과 이수를 지연시킨다.

마지막 문제는 핵심 교육과정에 있다. 많은 고등학교에 개설된 생물학, 화학, 물리학과 같은 기본적인 과학 수업은 일반적인 주제와 한물간 자료를 바탕으로 하는 학교 교재를 통해 진행된다. 따라서, 당연한 얘기지만, 교사들은 가르치는 일에 열정을 잃고 교직이 그다지 흥미진진한 일도, 해볼 만한 일도 아니라는 부정적인 태도를 갖게 된다. 더욱이 많은 학교는 기본적인 지식이 우선하는 환경에서 연구와 기술을 소개하는 것이 학생들의 이해를 넓히는 효과적인 수단이 아니라 장애물로 간주된다고 생각한다. 그러므로 과학을 전공한 학생들은 교직에 끌리지 않는다. 최신 기술의 도움없이 단지 기본적인 지식만을 가르치는 것은 매력이 없을 뿐만 아니라 단조롭다고 확신하기 때문이다.

Lecture Script

As you've read in the article, the writer puts the issue in a negative way. Today, let's talk about this matter from another perspective. As stated on the article, it's not easy to maintain qualified teachers in public schools. However, magnet schools can be the alternatives to the neighborhood school for families seeking a nontraditional focus in curriculum and methods of teaching. Now, we're going to see whether the issue of quality of science teachers can be dealt with the magnet school.

First, magnet schools are better financially sponsored than non-magnet schools by the U.S. government. In fact, districts finance magnet schools basically the similar way they finance other public schools. However, on the average, magnet schools spend about $200 more per student than traditional public schools. Some magnet schools receive extra funds from the state government. Federal funding under the magnet schools assistance program is also available. So, teachers' salaries cannot be big problem.

Second, requirements for magnet school teachers are different compared to those for non-magnet school teachers. All the science teachers of magnet schools must meet the same certification requirements as teachers in other public schools, but they don't have to complete additional teacher training programs or internship programs, as long as they maintain a minimum of five years of successful science teaching experience in public schools. So, the potential science teachers can be encouraged to engage themselves in teaching without any waste of time and effort.

Third, magnet school teachers are allowed to adjust the curriculum for better education. Magnet school teachers take advantage of an enrichment program with the aid of a wide variety of instructional media and updated materials underscoring math, science, technology, and the arts, whereas non-magnet teachers rely on more textbooks and short answers. Moreover, hands-on experiences provided in the classroom, in the laboratory or in the field serve to broaden understanding of basic concepts. These advanced features of magnet schools are what attract teachers as well as students from throughout the area.

Lecture Translation

기사를 읽어보아 알 수 있듯이, 저자는 해당 주제를 부정적으로 쓰고 있습니다. 오늘은 이 문제를 다른 관점에서 얘기해보기로 하죠. 기사에서 주장했듯이, 공립학교에서 자질 있는 교사를 유지하는 것은 쉽지 않습니다. 그러나 교육 과정과 교수 방법에 있어서 비전통적인 접근 방법을 찾는 가정을 위해서는 마그넷 스쿨이 이웃한 학교의 대안이 될 수 있습니다. 이제 과학 교사의 자질 문제가 마그넷 스쿨 개념으로 다뤄질 수 있는지 살펴봅시다.

첫째, 마그넷 스쿨은 비마그넷 스쿨에 비해 미국 정부로부터 보다 나은 재정적 후원을 받습니다. 실제로 교육구는 기본적으로 다른 공립학교와 유사한 방식으로 마그넷 스쿨을 재정적으로 지원합니다. 그러나, 평균적으로 볼 때 마그넷 스쿨은 전통적인 공립학교에 비해서 학생 한 명 당 200달러 가량을 더 사용합니다. 일부 마그넷 스쿨은 주정부로부터 별도의 자금을 지원받습니다. 마그넷 스쿨 지원 프로그램을 통한 연방 지원 자금 또한 가능하죠. 따라서 교사의 급료는 큰 문제가 되지 않습니다.

둘째, 마그넷 스쿨 교사가 갖춰야 할 요건은 비마그넷 스쿨 교사와는 다릅니다. 마그넷 스쿨에 재직하는 모든 과학 교사는 다른 공립 학교 교사와 동일한 자격 요건을 갖춰야 하지만, 공립학교에서 최소 5년 동안 성공적으로 과학 과목을 가르친 경험이 있다면 추가적인 교사 교육 프로그램이나 교생 프로그램을 이수할 필요가 없습니다. 따라서 과학 교사 지망생들로 하여금 시간과 노력을 낭비하지 않고 교직에 종사하도록 장려할 수 있습니다.

셋째, 마그넷 스쿨 교사는 보다 나은 교육을 위해 교육과정을 조절할 수 있습니다. 비마그넷 스쿨 교사는 보다 많은 교재와 단기 해답에만 의존하는 반면, 마그넷 스쿨 교사는 수학, 과학, 기술, 예술 등의 과목을 강조하면서 다양한 교수 매체와 최신 자료를 사용한 심화 프로그램을 활용할 수 있습니다. 더욱이 교실이나 연구실, 현장에서 제공되는 실제 경험은 기본적인 개념의 이해를 증폭시키죠. 마그넷 스쿨의 이런 진보된 특징은 해당 지역의 학생들뿐만 아니라 교사들의 관심을 끕니다.

Sample Response

According to the reading passage, it is challenging to maintain qualified science teachers of public schools in the Unite States. However, the points made in the article totally disagree with the lecturer's claim that the argument is not convincing by describing the effective functions of a magnet school.

Most of all, the article says that science graduates tend to avoid teaching jobs because of the low pay. On the contrary, the speaker expresses doubt on this point by asserting that the overall costs of managing magnet schools are apparently differentiated, and more government subsidiaries are given to magnet schools than general public schools. Therefore, a low pay cannot be a barrier.

Besides, the reading argues that a great amount of time and effort needs to be spent completing all the requirements to be a science teacher. However, this perspective is challenged by the lecturer's claim that it is not time-consuming because a wealth of experience in science field can replace all the requirements for science teachers. In other words, experienced applicants today do not need to meet all the requirements such as teacher training program or internship program.

The last point made in the reading that science graduates tend to believe teaching to be boring due to the curriculum based upon only basics differs from the lecture's claim. The professor asserts that magnet school science teachers are allowed to arrange flexible teaching plans and curriculum. To be more specific, highly advanced educational aids of magnet schools help students to get more extensive knowledge, and the flexible curriculum centered on hands-on experience allows teachers to instruct more than basics.

지문 글에 따르면, 미국 공립학교에서 자질 있는 과학 교사를 유지하는 것은 힘들다고 한다. 그러나 강의자는 마그넷 스쿨의 효과적인 기능들을 묘사하면서 지문의 주장이 설득력이 없다고 주장함으로써 지문이 지적한 점에 전적으로 반대한다.

무엇보다도, 지문에서는 과학 전공 졸업생들이 낮은 급료 때문에 교직을 회피하는 경향이 있다고 말한다. 그러나 강의자는 마그넷 스쿨의 전반적인 운영 비용이 분명하게 분리되어 있고, 일반 공립학교보다 마그넷 스쿨에 더 많은 정부 보조금이 주어진다고 강조하며 지문의 주장에 의구심을 드러낸다. 그러므로 낮은 급료는 장애가 될 수 없다는 것이다.

이외에도 지문에서는 과학 교사가 되기 위한 요건을 갖추려면 많은 시간과 노력이 소요된다고 주장한다. 그러나 강의자는 과학 분야에서의 풍부한 경험으로 과학 교사의 자격 요건을 대체할 수 있기 때문에 시간 소모적이지 않다고 주장하며 지문의 관점을 반박한다. 달리 표현하자면, 오늘날 경험이 풍부한 지원자들은 교사 교육 프로그램이나 교생 실습 등과 같은 모든 자격 요건을 충족시킬 필요가 없다는 것이다.

과학 전공 졸업생들이 단지 기본적인 지식을 바탕으로 하는 교과과정 때문에 교직이 지루하다고 생각하는 경향이 있다는 지문의 마지막 요점은 강의자의 주장과 다르다. 교수는 마그넷 스쿨의 과학 교사가 융통성 있는 교수 계획과 교과과정을 마련할 수 있다고 주장한다. 보다 구체적으로 말하면, 미그넷 스쿨의 고도로 발달된 교육 보조 도구를 통해 학생들은 보다 포괄적인 지식을 습득할 수 있고, 교사들은 현장 경험 중심의 실제 경험을 위주로 하는 융통성 있는 교육과정을 통해서 기본적인 지식 이상을 가르칠 수 있다.

Actual Test 3: A Zoo

Reading Translation

동물원

동물원 방문은 매년 수백만 명이 즐기는 활동이다. 동물원은 멸종 위기에 처한 동물의 보호, 연구와 교육적 자원 제공이라는 세 가지 역할을 담당한다. 동물원은 여러 가지 방식으로 지구의 야생 생물에게 크게 기여했다.

첫째, 사람들은 동물원에서 직접 동물을 관찰함으로써 야생에서 멸종이 되어 가고 있는 동물 종들을 구할 수 있는 여러 가지 방법을 찾는다. 다양한 동물 공원은 위기에 처한 동물의 개체 수를 증가시키고, 멸종 위기에 처한 동물을 보호하기 위한 프로그램의 최전선에 있다. 이런 프로그램은 대부분 멸종 위기에 처한 종의 유전적 다양성을 보존하는 데 중점을 두고 있다.

둘째, 동물 행동에 대한 많은 연구가 동물을 관찰하는 방법을 통해 이뤄진다. 동물원은 특별한 동물 관리를 제공하고 보다 효과적인 동물 관리 계획을 수립하는 데 중요한 역할을 담당한다. 동물의 욕구에 대한 이해가 증가하면서, 수년에 걸쳐 별도의 동물 관리 분야에 놀랄 만한 향상이 이뤄졌다. 많은 연구가들은 가능한 최선의 과학적 동물 관리 방법과 동물원 서식 동물의 보다 나은 이해를 위해 노력하고 있다.

마지막으로, 동물원은 최선의 교육 자원을 제공한다. 동물원은 사람들에게 야생 생물을 가깝게 관찰할 수 있는 기회를 제공하고 야생에서의 동물의 배열에 대해 경험하고 배울 수 있는 유일한 장소이다. 이와는 대조적으로, 비디오와 텔레비전은 살아있는 동물을 가깝게 경험하는 것과 같은 교육적 효과는 거의 거두지 못한다. 동물원은 자연 세계에 대해 배울 수 있는 보다 나은 기회를 제공하고 사람들로 하여금 야생 생물의 가치를 인정하도록 도와준다.

Lecture Script

Many of you might have often heard that a zoo is a modern day ark saving species from the brink of extinction, educating the world about wildlife and providing vital research into the lives of animals. But is the zoo really the shelter of animals? I don't think so. Now, let me tell you about some negative aspects of the zoo.

First, the idea that a zoo protects and breeds endangered animals does not seem to be convincing because the number of endangered animals is so small. In small populations, there can be problems associated with inbreeding, which can result in genetically weaker offsprings.

These animals are more vulnerable and less likely to survive in the wild. Consequently, inbreeding in the zoo leads to a loss of genetic diversity and increase the frequency of genetic problems in the population. So, captive animals have been the unfortunate victims of genetic malpractice by the zoo.

Second, research on confined animals in a cage is meaningless since they typically distort their behavior significantly and rarely show behavioral habits of animals in wildlife. In reality, the majority of people obtain knowledge on wild animal behavior from other resources such as television documentaries and publications with detailed descriptions, vivid pictures and movie clips of natural habitats. So, research conducted in the artificial environment like the zoo is quite ineffective in the study of the natural lives of animals in wildlife. Most scientific findings from the zoo are unlikely to bring about reliable results of animal research.

Lastly, the role of the zoo is believed to educate people about animals, but amusement was definitely an important factor for visiting the zoo. Many people, especially children go to the zoo in order to be entertained but not to learn from it. Actually, there are numerous ways to be educated at home such as reading animal science books, searching the Internet or watching television without visits to the zoo. Furthermore, many zoo officials focus on their revenues rather than the well-being of the animals, and force them to respect their trainers and learn tricks. So, a zoo leads people to think that it is acceptable to abuse animals.

Lecture Translation

동물원은 야생 생물에 대해 세상을 교육시키고 동물들의 삶에 대한 중요한 연구를 제공함으로써 동물 종을 멸종 위기에서 구원하는 현대판 방주라는 얘기를 종종 들어 왔습니다. 하지만 동물원이 진정으로 동물들의 피난처일까요? 저는 그렇게 생각하지 않습니다. 이제 동물원의 몇 가지 부정적인 측면에 대해 말하고자 합니다.

첫째, 동물원이 멸종 위기에 처한 동물을 보호하고 번식시킨다는 주장은 멸종 위기에 처한 동물의 수가 너무나 적기 때문에 설득력이 없습니다. 개체수가 적은 경우에는 근친 교배와 관련된 문제가 발생해서 유전적으로 약한 자손이 태어날 수 있습니다. 이러한 동물들은 약해서 야생에서 살아남기 힘들죠. 결과적으로 동물원에서의 근친 교배는 유전적 다양성의 상실을 초래하고 동물 집단에 빈번한 유전적 문제를 발생시킵니다. 따라서 포획된 동물은 동물원이 가하는 유전적 부정 행위에 불행하게 희생되어 왔습니다.

둘째, 우리에 갇혀 생활하는 동물을 연구하는 것은 무의미합니다. 전형적으로 이런 동물들은 행동을 상당히 왜곡시켜서 야생에서의 동물의 행동 습관을 거의 보이지 않기 때문이죠. 실제로 대다수의 사람들은 자세한 묘사를 포함한 텔레비전 다큐멘터리와 출판물, 자연 서식지를 담은 생생한 사진과 영화 장면과 같은 다른 수단을 통해 야생 생물의 행동에 대한 지식을 습득합니다. 그래서 동물원처럼 인위적인 환경에서 수행되는 연구는 야생에서의 동물의 자연스런 삶을 연구하는 데는 매우 비효과적입니다. 동물원에서 얻은 과학적 발견의 대부분은 동물 연구에 대한 신빙성 있는 결과를 가져오지 않는 것 같습니다.

마지막으로 사람들은 동물원의 역할이 사람들을 동물에 대해 교육시키는 것이라 생각합니다. 그러나 동물원을 방문하는 중요한 요소는 분명히 즐거움의 추구이죠. 많은 사람들, 특히 아이들은 배우기 위해서가 아니라 즐기기 위해서 동물원에 갑니다. 실제로 동물원을 방문하지 않고도 동물학 책을 읽거나, 인터넷을 찾거나, 텔레비전을 보는 등 집에서 교육을 받을 수 있는 방법은 많습니다. 더욱이 많은 동물원 관리원들은 동물들의 복지보다는 수입에 초점을 맞추고, 동물을 강요해서 조련사를 존중하고 묘기를 배우게 합니다. 그렇게 함으로써 동물원은 사람들에게 동물 학대가 용인될 수 있다는 생각을 심어줍니다.

Sample Response

In the reading, the writer indicates that a zoo has beneficial impacts on daily human lives as well as wild animals. On the other hand, the lecturers claims that it has several negative features, which contrasts with the reading.

The first point made in the passage is that the conservation programs of the zoo prevent endangered animals from going extinct. The lecturer, however, refutes this by arguing that due to the limited number of species in a zoo, generic problems likely occur, especially in inbreeding. To more specific, breeding in a cage in the zoo not only destroys generic diversity but also brings out problems with generic traits.

Another point the article puts an emphasis on is that a zoo contributes to animal behavior studies. In other words, through the direct observation of animals, researchers have been able to improve scientific ways of animal management. In contrast, this is directly rebutted by the lecturer's claim that going to the zoo does not help to study wild animal behavior at all. To be more specific, captive animals have somewhat different generic traits and show distorted behavior patterns, which is an obstruction to the development of animal science.

Lastly, the passage says that a zoo offers the most valuable and educational information by allowing people to observe wild animals in person. The speaker, however, contradicts this point by arguing that the major purpose of visiting a zoo is not to learn but to be entertained. Specifically, a zoo is not the only medium to study animals and people can get better educational resources from publications, television programs or the Internet.

Sample Response Translation

지문에서 저자는 동물원이 야생 동물뿐만 아니라 인간의 일상에 유익한 영향을 미친다고 지적한다. 반면에 강의자는 동물원이 여러 부정적인 속성을 갖는다며 지문과 대조적인 주장을 펼친다.

지문에서 주장한 첫째 요점은 동물원의 보호 프로그램이 멸종 위기에 처한 동물의 멸종을 예방한다는 것이다. 그러나 강의자는 동물원에 서식하는 동물 종의 수가 제한되어 있기 때문에 유전적인 문제, 특히 근친 교배에서 문제가 발생할 가능성이 있다고 주장함으로써 지문의 주장을 반박한다. 좀 더 구체적으로 설명하자면, 동물을 동물원 우리에서 번식시키는 것은 유전적인 다양성을 파괴할 뿐만 아니라 유전적 속성과 관련된 문제를 일으킬 수 있다는 것이다.

기사에서 강조한 또 다른 점은 동물원이 동물 행동 연구에 기여한다는 것이다. 달리 표현하자면, 연구가들이 동물의 직접적인 관찰을 통해 과학적인 동물 관리 방법을 향상시킬 수 있었다는 것이다. 이와는 대조적으로, 강의자는 동물원에 가는 것이 야생 동물의 행동을 연구하는 데 전혀 도움이 되지 않는다고 주장함으로써 이런 견해를 직접적으로 반박한다. 좀 더 구체적으로 설명하자면, 포획된 동물은 다소 다른 유전적 특성을 가지고 왜곡된 행동 방식을 보여서 동물학 발전에 장애물이 되기 때문이다.

마지막으로, 지문에서는 동물원이 사람들로 하여금 야생 동물을 직접 관찰할 수 있게 하기 때문에 가장 귀중하고 교육적인 정보를 제공한다고 주장한다. 그러나 강의자는 동물원을 방문하는 주요 목적은 학습에 있는 것이 아니라 즐기는 것에 있다고 주장함으로써 이런 의견에 반박한다. 구체적으로는 동물원은 단지 동물을 연구하는 매개체가 아니고, 사람들은 출판물이나 텔레비전 프로그램, 인터넷에서 보다 바람직한 교육적 자원을 획득할 수 있다.

Actual Test 4: Prescribed Burning

Reading Translation

사전 입화

사전 입화는 미국의 국립 공원과 야생 생물을 보호하는 유용한 방법으로 여겨져 왔다. 야생 생물 관리 전문가들은 일부 식물을 통제하고 다른 식물의 신속한 성장을 촉진시키기 위해 의도적으로 숲에 불을 질러 숲 바닥에 있는 죽은 풀이나 가지를 제거한다. 사전 입화는 20세기에 효과적인 생태계 관리 방법으로 간주되어 왔다. 그러나 일부 사람들은 사전 입화가 숲 관리에 도움이 되지 않는다고 주장한다.

첫째, 사전 입화는 야생 생물 관리를 위한 유일한 방법은 아니다. 디스킹 또한 야생 생물의 서식지를 향상시키는 가장 간단하면서도 효과적인 방법의 하나이다. 디스킹은 농부들이 토양을 써레로 고르고 뒤섞는 방법과 비슷하다. 디스킹은 숲 입화의 가장 효과적인 대안 중 하나이다. 오래된 식물을 잘라냄으로써 식물이 무성한 관목으로 자라는 것을 방지할 뿐만 아니라 어린 식물이 자랄 수 있도록 북돋기 때문이다. 또한 디스킹은 화재가 번지는 것을 막는 지역을 형성하는 데 도움이 된다.

사전 입화에 대한 또 다른 관심사는 조절 방법이다. 이 방법은 산불을 조절에 상대적으로 어려운 방법으로 간주되고 있다. 기온, 습도, 풍속, 가연물 함수량 등과 같은 요소가 안전하게 충족되어야 한다. 발생 가능한 사고와 재앙에 대비하기 위해서는 지리적 특징과 기타 날씨와 관련된 요소를 고려하면서 화재 전문가가 책임을 져야 한다.

셋째, 사전 입화는 효과적인 야생 생물 관리 방법으로 알려졌지만 경제적이지 않다. 통상적인 예산으로는 모든 비용을 거의 감당할 수 없다. 화재 담당 직원을 고용해야 하고 장비를 구입해야 하는데 이런 방법은 다른 야생 생물 관리 방법보다 결코 싸지 않다. 이외에도 바람직한 결과를 달성하려면 입화를 몇 년에 걸쳐서 지속적이고 규칙적으로 수행해야 한다. 이는 사전 입화가 예산을 초과하고 정부가 더욱 많은 돈을 쓰게 된다는 뜻이다.

Lecture Script

Some people show negative attitudes toward forest fires because of some hazardous features of burns. But it's clear that prescribed burning has brought about changes in forest ecosystems. Now let's discuss whether the prescribed fires are unrealistic and problematic.

First, one of the major benefits of prescribed fires is to keep the soil fertile. There are no other substitutes for prescribed burning. Burning plants on a regular basis improves quality and quantity for plants in the forest. After burning, young grass sprouts and plants can take in plentiful nutrients released from the grounds and wild animals which are burned. Fires eventually help plants produce flowers, seeds, and fruits better, so the number of available nuts and fruits for wildlife is drastically growing.

Second, a team of professionals prepares the burning progress. Those experts are well trained and experienced in prescribed fires. Fire management professionals arrange the staffing and equipment required for the burn, and safety precautions are also prepared against the unexpected disasters. Also, highly advanced equipment makes it easier to make a decision in the proper amount of time for the prescribed burning. A well-equipped team of specialists set up the specific burn plans accordingly. This system makes the processing of burning simpler.

Lastly, prescribed burning is practical and cost-efficient. Other wildlife treatments such as chemical applications are generally 10 times more expensive than prescribed fire; besides, other alternative treatments such as disking, chopping, or raking cost more than 20 times as much as forest burning. On top of that, the damage to the houses and personal properties caused by the suppression of prescribed burning could not be made up for with the cost of burns.

Lecture Translation

화재의 몇 가지 위험한 속성 때문에 숲 입화에 대해 부정적인 태도를 취하는 사람이 있습니다. 하지만 사전 입화가 숲 생태계에 변화를 가져오고 있는 것은 분명합니다. 이제 사전 입화가 비현실적이고 문제점이 많은지 여부를 토론해보기로 하죠.

첫째, 사전 입화가 가져다 주는 주요 이익 중의 하나는 토양을 비옥하게 유지시킨다는 것입니다. 사전 입화를 대체할 다른 방법은 없습니다. 규칙적으로 식물을 태우는 것은 숲 속 식물의 양과 질을 향상시킵니다. 숲 입화 후에 어린 풀 싹과 식물은 토양과 불에 탄 야생 동물로부터 방출된 영양분을 받아들일 수 있습니다. 산불은 궁극적으로 식물이 꽃과 씨와 열매를 보다 잘 생산하도록 도와줍니다. 따라서 야생 생물이 취할 수 있는 열매의 수가 급격하게 증가하고 있습니다.

둘째, 전문가 집단이 화재 진척 상태를 준비합니다. 그런 전문가들은 사전 입화에 대해 제대로 교육을 받고 경험을 쌓았죠. 화재 관리 전문가들이 입화에 필요한 인원과 장비를 배열하고 예상치 못했던 재앙에 대비해서 사전 안전 조치를 강구합니다. 또한 고도로 발전된 장비를 사용하기 때문에 적절한 사전 입화 시기를 결정하기가 한결 수월합니다. 장비를 잘 갖춘 전문가 팀이 그에 따라 구체적인 입화 계획을 수립합니다. 이런 체계로 입화 과정은 더욱 간단해지죠.

마지막으로, 사전 입화는 실용적이고 비용 효율적입니다. 화학 물질을 사용하는 등의 다른 야생 생물 관리 방법은 비용 면에서 일반적으로 사전 입화보다 10배 정도의 비용이 더 듭니다. 이외에도 디스킹, 베어내기, 긁어내기 등과 같은 다른 대안은 숲 입화보다 20배 정도 비용이 더 듭니다. 게다가 사전 입화의 금지에 의해 초래되는 집과 개인적인 재산에 미치는 손해는 입화에 따른 비용보다 훨씬 큽니다.

Sample Response

   In the lecture, the speaker argues that prescribed burning has been greatly helpful for wildlife management. This contradicts the perspective of the reading that forest burning has unexpected negative aspects which need to be considered before implementing it.

   The first point made by the lecturer is that prescribed burning makes the soil even more nutritious. In other words, trees and plants grow better with the intake of abundant nutrients from burned plants and animals. This contrasts with the viewpoint of the passage that prescribed burning is not the only method of wildlife management and it can be replaced with disking.

   Additionally, the speaker contends that managing prescribed burning is not challenging at all and rather much safer and simpler than is expected. This is because well trained fire managers prepare for unpredicted accidents. Moreover, burning programs are thoroughly designed by fire professionals with the aid of advanced equipment. This opposes the point made in the reading that burning is hard to manage since there are many things to be concerned such as weather-related factors and precautions for possible accidents.

   The last point of the lecture is that prescribed burning is basically economical compared to other ways of wildlife management such as the use of chemicals and disking, and the costs of burning cannot be said to be expensive, compared to the cost of recovering the damage caused by the control of forest burning. This perspective challenges the writer's claim that forest burning does not reduce expenses as the continuous investment into burns should be required to be more effective.

Sample Response Translation

강의에서 강의자는 사전 입화가 야생 생물 관리에 상당히 유용하다고 주장한다. 이런 주장은 숲 입화에는 이를 수행하기 전에 고려해야 하는 예상치 못한 부정적인 측면이 있다는 지문의 관점에 상반된다.

강의에서 주장하는 첫째 요점은 사전 입화가 토양을 훨씬 영양이 풍부한 토양으로 만든다는 것이다. 달리 표현하자면 나무와 식물은 불에 탄 식물과 동물로부터 풍부한 영양분을 공급받아서 더욱 잘 자란다는 것이다. 이런 주장은 사전 입화가 야생 생물 관리의 유일한 방법은 아니고 디스킹으로 대체될 수 있다는 지문의 관점에 상반된다.

덧붙여서 강의자는 사전 입화의 운영이 전혀 어렵지 않고 예상보다 훨씬 안전하고 간단하다고 주장한다. 교육을 제대로 받은 입화 관리자들이 예측하지 못했던 사고에 대비하기 때문이다. 더욱이 입화 프로그램은 첨단 장비의 도움을 받아서 화재 전문가들이 철저하게 고안한다. 이는 날씨와 관련된 요소와 일어날 수 있는 사고에 대한 예방 조치처럼 신경써야 할 일이 많기 때문에 입화는 실시하기가 어렵다는 지문의 관점에 상반된다.

강의에서 지적한 마지막 요점은 사전 입화가 화학 물질 사용과 디스킹과 같은 다른 야생 생물 관리 방법보다 근본적으로 경제적이고 입화 비용은 숲 입화 통제에 의해 초래되는 손상의 복구 비용과 비교해 볼 때 결코 비싸다고 말할 수가 없다는 것이다. 이런 관점은 숲 입화가 좀 더 효과를 발휘하려면 지속적으로 투자가 이뤄져야 하기 때문에 경비가 절감되지는 않는다는 저자의 주장에 상반된다.

Actual Test 5: Eco-certified Products

Reading Translation

친환경 인증 제품

인증서 발행의 주요 목적은 환경의 질을 향상시키고 지속 가능한 숲 관리를 증진시키는 것이다. 정식 인가를 받은 조직으로부터 자원 보존에 기여한 공으로 인증서를 받는 기업이 점차 늘고 있다. 이런 기업은 자사 제품이 친환경 인증을 받았다는 사실을 강조함으로써 소비자들이 자사의 친환경 인증 제품에 끌리도록 부추긴다. 그러나 미국의 목재 회사는 몇 가지 이유에서 이런 경향을 따르지 않는 것 같다.

첫째, 많은 기업이 제품의 질보다는 친환경 인증 스티커에 면밀한 주의를 기울이기 때문에 소비자들은 호기심을 유발하는 일련의 광고에 노출되어 있다. 대부분의 친환경 인증 제품은 대중 매체를 통해 가장 혁신적이고 진보적인 제품으로 과대 선전되기 때문에 소비자들은 이런 광고를 거의 신뢰하지 않는다.

둘째, 인증을 받은 목재 제품은 비 인증 목재 제품에 비해 상대적으로 비싸다. 미국 목재 회사들이 정식 인가를 받은 조직의 평가를 받기 위해서는 추가 비용을 지불해야 하기 때문이다. 회사들은 이런 손실을 보충하기 위해 소비자들이 구매할 제품에 추가적인 비용을 부과하지 않을 수 없다. 따라서 제품의 가격은 올라간다. 그러므로 소비자들은 인증서를 받아서 가격이 비싼 제품보다는 저렴하게 구매할 수 있는 제품을 선호한다. 결과적으로 대부분의 회사는 친환경 인증보다는 가격에 더욱 많은 관심을 기울이는 것 같다.

셋째, 많은 미국 사람들은 기업이 국내 사업체뿐만 아니라 국제 사업체와 경쟁을 하려면 세계적인 경향을 쫓아가야 한다고 믿는다. 하지만 친환경 인증을 받은 목재 산업은 다른 관점에서 보여져야 한다. 친환경 인증을 받은 제품이 국제 시장에서 팔린다 하더라도 인증을 획득하는 것은 미국 목재 산업의 발전에 크게 기여할 것이다. 그러나 친환경 인증 제품이 단지 국내 소비자의 필요를 충족시킬 뿐이기 때문에 친환경 인증제는 미국 목재 회사에 중요한 역할을 하지 않는다.

Lecture Script

Uh... some of you might have heard of the negative aspects of eco-certified products as we read in the article I just gave you. But do they really reflect pessimism? Some American wood companies have committed to these programs by giving preferences to certified wood products by purchasing specific proportions from firms or organizations that have had their forest management and production practices monitored and certified. Now we're talking about beneficial aspects of eco-certified wood products.

First, even if advertisements for eco-certified products are somewhat exaggerated, consumers are definitely able to tell whether the advertising is reliable or not. This acquired knowledge reflects their purchasing decisions. Many independent consumer agencies in the United States protect consumers, and these organizations make a judgment on the truthfulness and fairness in the advertising. So, consumers are aware that certified wood products are much better than non-certified ones.

Second, price is not the most important factor in making a purchase. In other words, consumers do not necessarily hesitate to buy eco-certified products just because they are a little more expensive than uncertified. They are willing to pay a price premium if there is no significant price difference between certified and uncertified products. Also, consumers are never reluctant to spend additional costs on certified items at the thought of preserving and protecting the environment.

Lastly, eco-certified products are in great demand as a growing number of people are much more concerned about the environment than before, and it is certain that eco-certified businesses have contributed to the national economy. There are tremendous opportunities for U.S. businesses to make a good business sense through the involvement in foreign companies. American eco-certified wood companies have a vested business interest in market-development. Those with a stake in developing environmental markets can be in a partnership with solid international certified wood businesses and eventually have private investments necessary for national markets to grow.

Lecture Translation

어... 여러분 중의 일부는 내가 나눠줬던 기사를 읽고 친환경 인증 제품의 부정적인 측면에 대해 들었을 겁니다. 그러나 그런 제품이 정말로 비관론을 반영하나요? 몇몇 주요 목재 기업은 이런 프로그램에 헌신해서 인증을 받은 목재 제품을 선호하고 자사의 숲 관리와 생산 업무를 감시하고 인증을 거치는 회사나 조직으로부터 특정 비율을 구매합니다. 이제 친환경 인증 목재 제품의 유익한 측면에 대해 얘기해보도록 하죠.

첫째, 친환경 인증 제품을 위한 광고가 어느 정도 과장되기는 하지만 소비자들은 그 광고의 신뢰성 여부를 확실하게 구별할 수 있습니다. 이렇게 습득한 지식은 소비자들의 구매 결정에 반영됩니다. 미국에 존재하는 다수의 독립 소비자 단체들이 소비자를 보호하고 광고의 진실성과 공정성에 대해 판단을 내립니다. 따라서 소비자들은 인증 목재 제품이 비인증 제품보다 훨씬 좋다는 사실을 인식하고 있죠.

둘째, 구매에 있어서 가격은 가장 중요한 요소가 아닙니다. 달리 표현하자면, 소비자들은 친환경 인증을 받지 않은 제품보다 약간 더 비싸다는 이유만으로 친환경 인증 제품의 구매를 꺼리지는 않습니다. 소비자들은 인증 제품과 비인증 제품 사이의 가격 차가 크지 않다면 기꺼이 추가 비용을 지불합니다. 또한 소비자들은 환경을 보존하고 보호한다는 생각을 하기 때문에 결코 망설이지 않고 인증 제품에 추가 비용을 지불합니다.

마지막으로, 점점 더 많은 수의 사람들이 전보다 훨씬 더 환경에 관심을 기울이기 때문에 친환경 인증 제품에 대한 수요가 많고, 친환경 인증을 받은 사업체가 국가 경제에 기여하는 것이 확실합니다. 미국 사업체의 측면에서 보자면 외국 기업과의 접촉을 통해 사업을 운영할 기회가 엄청나게 많습니다. 미국의 친환경 인증 목재 회사는 이미 시장 개발에 사업적인 관심을 갖고 있습니다. 환경 시장 개발에 관심을 가진 기업은 탄탄한 국제적 인증 목재 기업과 협력 관계를 형성할 수 있고, 궁극적으로는 국내 시장 성장에 필요한 사적인 투자를 유치할 수 있습니다.

Sample Response

The passage says that being approved as eco-certified products is not considered to be important to wood companies in the United States, which is directly rebutted by the points made in the lecture. The lecturer argues that obtaining certifications is greatly beneficial to American companies.

First, the lecturer claims that consumers today can distinguish exaggerated advertising with the support of some independent consumer agencies. Those consumer agencies provide useful information on eco-certified products by evaluating a greater variety of advertising. This disagrees with the point of the article that the majority of consumers are unlikely to trust exaggerated advertising that are focused on eco-certification.

Next, the speaker contradicts the point of the reading that eco-certified products are expensive. According to the lecture, however, price has no impacts on consumer behavior. To be more specific, many consumers still adhere to eco-certified items although they are expensive because they are not concerned the price but the conservation of nature.

Lastly, the point made in the lecture contrasts with the viewpoint of the reading that marketing eco-certified merchandise does not mean anything and is hardly conducive to making business sense since certified products are mostly sold abroad. The speaker asserts that promoting eco-certified products definitely helps to develop the national economy. In other words, national certified wood companies would give many opportunities to do business in partnership with a large number of foreign companies that have great interests in the environment, which would obviously contribute to economic growth in America.

지문에서는 미국 목재 회사가 친환경 인증 제품으로 승인받는 것을 중요하게 생각하지 않는다고 말한다. 강의는 몇 가지 요점을 지적함으로써 지문의 이런 주장을 직접적으로 반박한다. 강의자는 인증을 받는 것이 미국 기업에 크게 유익하다고 주장한다.

첫째, 강의자는 오늘날의 소비자가 일부 독립적인 소비자 단체의 도움을 받아서 과장 광고를 구별할 수 있다고 주장한다. 그런 소비자 단체들은 다양한 광고를 평가함으로써 친환경 인증 제품에 대한 유용한 정보를 제공한다. 이는 소비자의 대다수가 친환경 인증에 초점을 맞춘 과장 광고를 신뢰하지 않는 경향이 있다는 지문의 요점에 상반된다.

다음으로, 강의자는 친환경 인증 제품이 비싸다는 지문의 지적에 반대한다. 강의에 따르면 가격은 소비자 행동에 영향을 미치지 않는다. 보다 구체적으로 말하자면, 많은 소비자들은 가격이 비싼 데도 불구하고 여전히 친환경 인증 제품을 고집한다. 소비자들이 가격보다는 자연 보호에 관심을 기울이기 때문이다.

마지막으로, 강의에서 지적한 요점은 친환경 인증 제품을 광고하는 것은 아무런 의미가 없고 인증 제품은 거의 해외에서 판매되기 때문에 사업에 도움이 거의 되지 않는다는 지문의 관점에 상반된다. 강의자는 친환경 인증 제품을 광고하는 것은 틀림없이 국가 경제 발달에 유익하다고 주장한다. 달리 표현하자면, 국내 인증을 받은 목재 회사는 환경에 커다란 관심을 갖고 있는 많은 수의 외국 회사와 협력 관계를 유지하며 사업을 수행할 기회를 많이 갖게 될 것이고, 이것은 분명히 미국의 경제 성장에 기여하리라는 것이다.

Actual Test 6: Computerized Voting System

Reading Translation

컴퓨터 투표 방식

오늘날 많은 나라들이 컴퓨터 투표 방식에 관심을 기울이고 있다. 미국 정부는 기술의 부상으로 그런 기술을 선거 방식에 적용하고 있다. 온라인 투표 방식에는 몇 가지 긍정적인 특징이 있다.

첫째, 원격 인터넷 투표 방식은 상당히 불안정하다고 생각되고 있다. 부재자 투표의 경우에 유권자가 바뀌지 않으리라는 보장이 없다. 다른 한편으로 회계 감사 목적으로 개인의 투표 용지를 인쇄하는 경우를 제외하고는 인터넷 기반 투표 방식에서는 종이로 된 투표 용지가 필요하지 않다. 이는 종이 기반 투표 방식과 비교해서 온라인 투표 방식이 안정성을 보장한다는 뜻이다.

둘째, 온라인 투표 방식은 투표율의 급진적인 증가에 유용하다. 실제로 인터넷 투표에서 유권자는 어느 장소에서든 투표를 할 수 있다. 이런 편리성이 좀 더 젊고 기술 지식을 갖춘 장래의 유권자들을 투표소로 끌어들인다. 또한 외국에 거주하거나 군대에 복무하는 시민을 위한 부재자 투표의 좀 더 간단한 대안이 될 수 있다. 특히 노인, 장애인, 환자, 투표소까지 갈 수 없는 사람들을 위한 대안이다.

셋째, 가장 분명한 장점 중의 하나는 거의 즉각적인 표의 계수와 집계가 가능하다는 것이다. 기계는 인간이 동일한 일을 하는 데 걸리는 시간의 일부만으로 더욱 효율적이고 보다 정확하게 표를 합산할 수 있다. 투표가 전자식으로 이뤄지기 때문에, 사람을 써서 투표 용지에 애매하게 표시된 타원형 표식을 해독할 필요가 없다.

Lecture Script

As we discussed last week, the idea of voting online is quite desirable, but the internet-based voting system is still in the trial phase. Many claim that the system has to be improved before they are utilized in reality. Today, let's consider some downsides of the online voting system.

The first point we have to focus on is that Internet voting, especially absentee voting, entails casting a vote from remote locations, and um... it also raises a possibility of bribery or vote tampering that does not exist with in-person voting. Establishing public trust in the security features of Internet voting systems may take time and require an independent auditing organization. So, negative public perceptions of Internet voting security could be significant in the early stages of a transition to online voting.

Well... another issue of the online voting system is its reliability. If a member attempts to log in after having already voted, he will be notified that he cannot cast multiple ballots. But, it's impossible to make sure whether the person voting is an authorized voter even if non-members try to gain access to the system using members' identifications and passwords. So, it's hard to expect reliable results from the voting, while the turnout would increase.

Third, even in cases where computers or machines are already used to tally votes, there are problems that have developed. In Florida, for instance, the devices that resemble Scantron machines were used to count the ballots. But, these types of voting devices possess flaws, and online system's errors sometimes occur or the servers are down. This requires people to record votes or hand-count the ballot cards in a process that seemingly takes ages.

Lecture Translation

우리가 지난 주에 토론했듯이 온라인 투표는 매우 바람직하지만 인터넷 기반 투표 방식은 여전히 시험 단계에 있습니다. 온라인 투표 방식은 실제로 사용하기 전에 개선되어야 한다고 주장하는 사람이 많습니다. 오늘은 온라인 투표 방식의 몇 가지 단점에 대해 생각해보도록 하죠.

우리가 중점을 둬야 하는 첫 번째 요점은 인터넷 투표, 특히 부재자 투표는 벽지에서 투표하는 과정이 포함된다는 것이고, 음... 또한 직접 투표에는 존재하지 않는 뇌물이나 투표 변조의 가능성이 높아진다는 것입니다. 인터넷 투표 방식의 안전성에 대한 대중의 신뢰를 확립하기 위해서는 시간이 소요되고 독립적인 감사 기관이 필요합니다. 그러므로 인터넷 투표 안정성에 대한 대중의 부정적인 인식은 온라인 투표 방식으로 전환하는 초기 단계에 중요할 수 있습니다.

그리고... 온라인 투표 방식의 또 다른 문제는 신뢰성입니다. 회원이 이미 투표를 한 후에 로그인을 시도하면 중복 투표를 할 수 없다는 공지를 받게 될 것입니다. 투표를 하는 사람이 승인받은 유권자인지 확신하기란 불가능하죠. 비회원이 회원의 아이디와 패스워드를 가지고 시스템에 접근하는 경우라도 말입니다. 따라서 투표율은 증가하는 반면에 신뢰성 있는 투표 결과를 기대하기 어렵습니다.

셋째, 컴퓨터나 기계가 이미 표 집계에 사용되고 있는 경우에도 발생하는 문제점이 있습니다. 예를 들어, 플로리다 주에서는 스캔트론과 비슷한 기구가 표를 계수하는 데 사용됩니다. 그러나 이런 형태의 투표 기구에는 결함이 있고, 온라인 방식에는 때로 에러가 발생하거나 서버가 다운될 수 있습니다. 이렇게 되면 사람들은 겉보기에 너무나 오랜 시간이 걸리는 과정을 거치면서 표를 기록하거나 투표 용지를 손으로 계수해야 합니다.

Sample Response

In the lecture, the speaker contends that the internet-based voting system still has some drawbacks to be dealt with. This is directly refuted by the author's claim that the online voting system has been replaced with traditional paper-based voting system for its advantages.

First of all, the reading passage suggests that the Internet-based voting system is more secure since absentee voting prevents voters from being changed. The lecturer, however, contradicts this point by asserting that remote voting is not always safe. Online voters cast ballots in remote areas without proper supervision, and they are readily exposed to many unrighteous acts such as bribery or vote tampering.

Another point the article stresses is that the online system encourages more voters to cast ballots as they do not have to visit polling stations. On the other hand, the speaker argues that the results of the poll are not always reliable under the Internet-based voting system since it is hard to believe that only qualified voters would be involved in the voting even if the turnout increases.

Finally, the passage points out that the Internet-based voting system saves lots of time and human efforts counting or recording ballots. In contrast, this viewpoint is rebutted by the lecturer's assertion that an online voting system delays the voting process because system errors and problems occurring on the web eventually lead people to count or record ballots manually.

Actual Test 7: Homeschooling

Reading Translation

홈 스쿨링

홈 스쿨링 체계가 전통적인 학교 교육보다 나은 이유는 무엇일까? 최근에 가정에서는 몇 가지 이유로 인해 자녀를 학교에 보내지 않고 홈 스쿨링을 선택하는 경향이 늘고 있다. 전통적인 학교 교육과 비교해서 홈 스쿨링이 가진 몇 가지 장점은 이렇다.

우선, 학교에 출석하면 결국 시간을 낭비하게 되는 일이 많다. 학교에 오가는 통학 시간, 수업과 수업 사이의 쉬는 시간, 각 수업 시간마다 출석을 부르는 데 할당된 시간은 학생이 학습할 수 있는 시간을 낭비한다. 집에서 학습하면 그런 일이 없어지기 때문에 시간을 절약해서 휴식 시간에 독서를 하는 것과 같은 좀 더 귀중한 선택을 하거나 심지어는 학습 종료 시간을 약간 앞당길 수도 있다.

이 밖에도 학생들은 집에서 학습함으로써 주의를 산만하게 하는 여러 가지 일로부터 차단될 수 있다. 달리 말하자면, 다른 학생의 방해로부터 자유롭기 때문에 더욱 보호받을 수 있다. 공립 교육의 바람직하지 않은 측면을 겪도록 강요되지 않기 때문에 공립학교 학생들 만큼 자주 흡연, 마약, 섹스 등의 현실 세계 문제에 노출되지 않을 것이다.

마지막으로, 부모들이 대부분의 시간을 자녀와 함께 보낼 것이다. 부모들은 자녀들의 필요와 흥미에 적합한 교과과정을 융통성 있게 수립할 수 있을 것이다. 부모들이 집에서 자녀를 가르치기 위해 사용할 수 있는 도구들이 시중에 많이 나와 있다. 부모들은 이런 도구나 주위의 사물을 활용함으로써 자녀를 위해 이를 학습에 적용할 수 있고 학습을 통제할 수 있다.

Lecture Script

Well... some of you will agree that the one-on-one tutoring of homeschooling has some distinct advantages for the students. But, um.... others believe students should be educated with their peers in a traditional school. Now, let's take a deeper look into some of the pitfalls of homeschooling.

First, homeschoolers rarely have time to keep a schedule, which causes them to become inherently lazy. As home educators teach specific subjects and hold classes every day, students do not have to manage their time on their own. Furthermore, they do not have to get up by a certain time each morning, rush to catch the bus, or have assignments done by a due date. It would be like having the dreaded summer break. So children are likely to neglect assigned tasks and become indolent as getting used to flexible schedules at home. This eventually brings about a large waste of time.

Well... another disadvantage of homeschooling is that uh... it hinders socialization for children. Homeschooled students are primarily only-children whose families live in remote areas and never visit anyone. So, since these homeschoolers have no opportunities to attend promenades or participate in team sports or vocal musical groups, they will obviously rarely meet members of the opposite gender, and therefore, never engage in casual dating.

The last critical part of homeschooling is the time that parents have to spend with their children. Most parents may have to give up their friends, shopping and other entertainments and dedicate all these to their children. This can become frustrating at times. A parent who is dedicated to tutor his or her child single handedly does not realistically have much time left over for a career, which may lead to stress over finances.

Lecture Translation

자... 여러분 중 몇몇은 홈 스쿨링의 일대일 지도가 학생 편에서 분명한 몇 가지 장점을 갖고 있다는 점에 동의할 것입니다. 그러나 음... 학생들이 전통적인 학교에서 동년배와 교육받아야 한다고 믿는 사람도 있습니다. 이제 홈 스쿨링의 일부 단점을 좀 더 깊이 살펴보기로 하죠.

첫째, 홈 스쿨 학생은 일정표를 지킬 필요가 거의 없기 때문에 본질적으로 게을러집니다. 홈 스쿨 교사는 특정 과목을 가르치고 매일 수업을 진행하기 때문에 학생들이 스스로 시간을 관리할 필요가 없습니다. 더욱이 학생들은 매일 아침 일정 시간에 일어나 급히 버스를 타거나 정해진 날짜에 숙제를 제출할 필요가 없죠. 이것은 마치 염려하는 여름방학을 맞는 것과 같습니다. 따라서 학생들은 부과된 과제를 등한시하고 집에서의 융통성 있는 일정에 익숙해져서 게을러지기 쉽습니다. 이는 결국 상당량의 시간을 낭비하는 결과를 가져옵니다.

자... 홈 스쿨링의 또 다른 단점은 어... 학생의 사회화를 방해한다는 것입니다. 홈 스쿨 학생은 주로 원거리 지역에 살거나 다른 사람을 방문하는 일이 없는 가족의 독자입니다. 따라서 이런 홈 스쿨 학생에게는 무도회에 참석하거나 팀 스포츠나 합창단에 참여할 기회가 없기 때문에 반대 성을 가진 사람을 거의 만나지 못하고 따라서 스스럼 없는 데이트를 즐길 수 없을 것입니다.

홈 스쿨링의 마지막 결정적인 문제는 부모들이 자녀와 보내야만 하는 시간입니다. 대부분의 부모들은 친구를 만나거나 쇼핑을 하거나 기타 오락 활동을 포기하고 모든 것을 자녀들에게 헌신해야 할지 모릅니다. 이것은 때때로 좌절을 안겨줄 수 있습니다. 단독으로 자녀를 가르치는 데 헌신하는 부모는 현실적으로 경력을 위해 투자할 시간이 많지 않기 때문에 재정적으로 압박을 받을 수 있습니다.

Sample Response

In the passage, the author contends homeschooling has highly been recommended to students for its advantageous features. However, this is directly refuted by the speaker's claim that homeschooling has negative influences on students.

First of all, the reading suggests that students can save lots of time as homeschooling does not require commuting to school or being present in class. The lecturer, however, contradicts this point by asserting that homeschooling prevent students from managing their time efficiently even if there is extra time for studies. This is mainly because students are completely free of pressure for schoolwork and daily routines and become indolent.

Another point the article stresses is that students can be protected from various misconducts such as smoking and drugs by studying at home. On the other hand, the speaker argues that students can hardly be socialized as they would have fewer opportunities to attend parties or join sports teams, being isolated from social groups.

Finally, the passage points out that homeschooling allows parents to teach their children, spending as much time as possible with their children. In contrast, this viewpoint is rebutted by the lecturer's assertion that parents would have to give up their lives and even their careers since they need to pay full attention to child education at home.

Sample Response Translation

지문에서 저자는 홈 스쿨링은 그 장점으로 인해 학생들에게 매우 추천할 만하다고 주장한다. 그러나 강의자는 홈 스쿨링이 학생들에게 부정적인 영향을 미친다고 주장함으로써 지문의 주장을 직접적으로 반박한다.

무엇보다도 지문에서는 홈 스쿨링을 하게 되면 학생들이 학교에 통학하거나 수업에 출석할 필요가 없기 때문에 많은 시간을 절약할 수 있다고 제안한다. 그러나 강의자는 홈 스쿨링을 하게 되면 학생들은 비록 공부할 수 있는 여분의 시간이 있더라도 시간을 효율적으로 관리하지 못한다고 주장함으로써 지문의 지적을 반박한다. 이는 주로 학생들이 학업과 매일의 일과에 따른 압박감에서 완전히 자유로워서 나태해지기 때문이다.

기사가 강조하는 또 다른 점은 학생들이 집에서 공부함으로써 흡연과 마약과 같은 여러 가지 비행으로부터 보호받을 수 있다는 것이다. 반면에 강의자는 학생들이 파티에 참석하거나 스포츠 팀에 가입할 기회가 더욱 적고 사회 그룹에서 소외되기 때문에 거의 사회화될 수 없다고 주장한다.

마지막으로, 지문은 홈 스쿨링을 하게 되면 부모가 자신의 자녀와 최대한 많은 시간을 보내면서 자녀들을 가르칠 수 있다고 지적한다. 이와는 대조적으로 강의자는 부모들이 집에서 자녀를 교육하는 데 전력을 기울여야 하기 때문에 자신의 삶을 포기하고 심지어는 직업까지도 포기해야만 한다고 주장함으로써 지문의 관점을 반박한다.

Actual Test 8: Wind Farms

Reading Translation

풍력 발전 시설

풍력은 세상에서 가장 빨리 성장하고 있는 자원이다. 그야말로 수천 개의 새로운 풍력 터빈이 유럽과 북아메리카에 걸쳐 들판과 뒤뜰에 매년 세워지고 있다. 이런 폭발적인 성장과 더불어 터빈이 어떻게 생겨야 하는지, 어디에 설치해야 하는지, 문제가 있는 속성 때문에 설치하지 말아야 하는지 여부를 둘러싼 의문이 자연적으로 발생하고 있다.

첫째, 풍력 발전 시설은 소동, 서식지 상실이나 손상, 충돌 등의 문제를 일으킬 수 있다. 예를 들어, 새들이 건설과 보수 기간 동안 발생하는 건축 소음이나 차량 소음 때문에 무서워서 평상시 자신이 서식하는 지역을 떠날지도 모른다. 풍력 발전 시설 자체나 이와 관련이 있는 도로나 건물은 새가 먹고 번식하고 묵는 장소를 물리적으로 파괴할지 모른다. 새들이 터빈 탑이나 날로 날아들어가 부상을 입거나 죽을 수도 있다.

풍력 발전 시설의 또 다른 문제는 터빈의 초기 작동 비용이 비싸다는 것이다. 풍력은 비용 면에서 기존의 동력 발전 원천과 경쟁해야 한다. 풍력 발전 시설이 들어선 지역이 얼마나 강력한지에 따라서 풍력 발전 시설은 비용 면에서 경쟁적일 수도 있고 그렇지 못할 수도 있다. 비록 풍력 발전 비용이 과거 10년 동안 극적으로 감소하고는 있지만 풍력 발전 기술에는 화석 연료를 바탕으로 하는 발전기보다 더 높은 초기 투자가 필요하다.

마지막 문제점은 풍력 터빈이 경치의 시각적인 면과 심미적인 면을 파괴한다는 것이다. 실제로 사람들 또한 풍력 터빈의 등장에 대해 불평을 하기 때문에 설계 개발이 진행되고 있다. 그러나 경치를 압도하는 500피트 높이의 구조물을 좋아하지 않는 사람들은 여전히 존재한다. 더욱이 풍력 터빈은 회전하는 기계로 이뤄져 있기 때문에 소음이 발생한다. 이는 거주민들의 사적인 평화를 방해하는 또 다른 요인이다.

Lecture Script

Well... as we've discussed, there are some problems of having wind farms, while it is also an incredibly clean renewable power source. However, to capture the energy in wind, varied solutions to these problems have been suggested. Now, let's talk about effective alternatives to cope with negative aspects of wind farms.

Firstly, the impacts of wind turbines on animals can be reduced by installing them in remote areas away from the residential districts. In fact, no studies have been conducted on the effects of livestock from living beneath turbines. The potential effects on birds is often cited as an issue, but many countries support the increased use of wind power as long as wind farms are sited, designed and managed so they do not harm birds or their habitats.

Another thing... um... wind farms that might be manufactured locally could further reduce costs. In the long-term, if manufacture and production of other wind turbine parts are localized, further cost reductions should accrue. In addition, wind power has no hidden costs, and it has become more cost-effective with each new round of technological advancements. Since wind is free, the price of wind power is stable, unlike electricity from fossil fuel powered sources which depends on fuels whose prices are costly and may vary considerably.

Lastly, increased concerns over noise and physical features of wind farms have led to some solutions. Many people think that a wind farm is another modern intrusion on the last few bits of wilderness that still remain. But tolerance of other large structures such as pylons, utility towers and telephone poles suggests that negative opinions may be more a matter of habituation than the appearance of the objects involved. Therefore, wind farms are usually built some distance from residential properties, so the issues of noise and sight pollutions rarely arise at present.

Lecture Translation

자... 우리가 토론했듯이, 풍력 발전 시설은 엄청나게 깨끗하고 재생 가능한 동력원인 반면에 이런 시설을 갖추는 데는 몇 가지 문제점이 있다. 바람에서 에너지를 얻기 위해서는 이런 문제점에 대한 다양한 해결책을 강구해야 합니다. 이제 풍력 발전 시설의 부정적인 측면에 대처하는 효과적인 대안에 대해 토의해보고자 합니다.

첫째, 풍력 터빈을 거주 지역에서 멀리 떨어진 곳에 설치하면 풍력 터빈이 동물에게 미치는 영향을 줄일 수 있습니다. 실제로 터빈 아래서 서식하는 가축에 미친 터빈의 영향에 대한 연구는 이뤄지지 않았습니다. 새에 미치는 잠재적인 영향이 문제점으로 자주 인용되었지만 새나 새의 서식지를 파괴하지 않도록 풍력 발전 시설의 자리를 설정하고 설계하고 관리하는 한도 내에서 많은 국가들이 풍력 사용의 증가를 지지하고 있습니다.

또 다른 점은... 음... 풍력 발전 시설은 지역에서 생산될 가능성이 있기 때문에 더욱 비용을 절감할 수 있습니다. 장기적인 관점에서 기타 풍력 터빈 부품의 제조와 생산이 지역화된다면 더 많은 비용 절감이 발생할 것입니다. 더욱이 풍력에는 감춰진 비용이 없고 새로운 기술적인 진보로 비용 면에서 더욱 효과적으로 되어가고 있습니다. 가격이 비싸고 상당히 변화가 심한 화석 연료를 동력원으로 하는 전기와는 달리 바람은 공짜이기 때문에 풍력 사용에 따른 가격은 안정적입니다.

마지막으로, 풍력 발전 시설의 물리적인 속성과 소음에 대한 우려의 증가가 일부 해결책을 낳았습니다. 많은 사람들은 풍력 발전 시설이 아직 남아 있는 약간의 마지막 황무지에 대한 또 다른 현대적 침입이라고 생각합니다. 그러나 탑문, 다용도 탑, 전신주 등과 같은 커다란 구조물을 묵인하는 것은 부정적인 견해가 시설과 관련된 물체가 야기하는 외관의 문제라기보다는 서식지의 문제일지 모른다는 점을 시사합니다. 그러므로 풍력 발전 시설은 주로 거주지에서 어느 정도 떨어진 곳에 건설되기 때문에 소음과 시야 공해의 문제는 현재로서는 거의 일어나지 않습니다.

Sample Response

In the passage, the author contends there are some problematic aspects of wind farms to be dealt with. However, this is directly refuted by the speaker's claim that those drawbacks can be made up for with some efficient methods.

First of all, the reading suggests that wind turbines threaten birds' lives because of dangerous blades. The lecturer, however, contradicts this point by asserting that the fatal impact of turbines on birds can definitely be eliminated because wind farms are usually situated in a remote area and the design of blades have been improved not to harm birds.

Another point the article stresses is that wind farms require lots of initial investment for installment and technology development for better sites. On the other hand, the speaker argues that a wind farm contribute to local economy as wind is a free source which does not require additional costs. Besides, the local manufacture of wind turbines would ultimately be great cost-saving.

Finally, the passage points out that wind turbines bring about noise and sight pollutions to the residents. In contrast, this viewpoint is rebutted by the lecturer's assertion that the issue of noise and physical features of wind farms have been dealt with modification of the installation locations.

Actual Test 9: Televisions

Reading Translation

텔레비전

아이들에게 미치는 텔레비전 영향의 역사는 1920년대와 1930년대에 수행된 연구까지 거슬러 올라간다. 부모들은 텔레비전 프로그램과 영화가 자녀의 행동에 미치는 영향력에 대해 의문을 제기했다. 비록 텔레비전 시청이 세상에서 현재 벌어지고 있는 상황을 사람들에게 알려주는 한 방법이기는 하지만, 어린아이들의 삶에 미치는 텔레비전의 부정적인 영향이 몇 가지 있다.

첫째, 아이들은 텔레비전 화면 앞에서 너무나 많은 시간을 소비하는 경향이 있다. 연구 결과에 따르면 전 세계 반 이상의 어린이들이 하루에 4시간 이상 텔레비전을 시청한다. 비디오테이프나 DVD로 영화를 보고 비디오 게임을 하는 것도 텔레비전 화면 앞에서 소비하는 시간을 늘린다. 아이들을 늘 바쁘게 만들기 위해 텔레비전, 영화, 비디오 게임을 사용하는 것은 무척 구미가 당기는 일일지는 모르나 아이들은 가능한 한 탐험하고 학습하는 데 많은 시간을 보낼 필요가 있다.

또 다른 걱정거리는, 아이들이 텔레비전 앞에 앉아 있는 동안 무수히 많은 폭력적인 행동을 매일 본다는 것이다. 최근의 연구 결과에 따르면 미국 아이들은 텔레비전을 통해서 매년 1천 건 이상의 폭력적인 장면을 본다고 추정된다. 이런 폭력적인 장면에는 강간, 살인, 무장 강도, 공격 등이 포함된다. 그러므로 아이들은 폭력이 문제 해결에 허용되는 방법이라는 메시지를 받을 것이다.

셋째, 텔레비전의 빠른 장면 변화는 아이들의 집중력을 떨어뜨린다. 아동 심리학자는 텔레비전에 보조를 맞추면 충동 통제가 억제되고 보다 느린 속도의 학교 교육에 집중하는 능력이 억제된다고 설명한다. 또한 연구 보고에 따르면 텔레비전에서 한 장면의 평균 길이는 3.5초에 불과하다고 한다. 따라서 눈이 결코 쉬지 못하고 새로운 무언가가 등장해서 항상 봐야 한다. 그러므로 빠른 장면으로 구성된 짧은 부분을 포함하는 프로그램은 아이들의 집중을 쉽게 분산시키고 주제에 대한 흥미를 쉽게 잃게 하고 따라서 집중 기간을 단축시키는 결과를 초래할지도 모른다.

Lecture Script

As we've discussed, television is by far the most popular and somewhat harmful medium to which children are exposed. However, many programs do have positive themes behind them.

First, television viewing should not be a time consuming activity. The research found that there is evidence to suggest that educational television programs, such as Sesame Street and Mister Rogers, can aid in the acquisition of general knowledge and improve overall cognitive knowledge among young children. Also, children's imaginative play can be positively affected by television content, and educational television programming that emphasizes cultural diversity can improve children's racial attitudes.

Besides, uh... television violence does not necessarily cause all children to behave violently. Some children have inherent violent tendencies that may be intensified by viewing violence.

Willingness to accept real life violence and aggression as the norm after viewing mediated violence is related to the home environment. Also, participation with parents in the form of discussion and explanation of television images could definitely prevent a child from picking up the violence.

Lastly, there is no clear evidence that television reduces the attention spans of children. In fact, heavy viewers of educational programs are rated as being slightly better prepared for school and as having a more positive attitude toward school than infrequent viewers. A study showed that children who were exposed to rapid segments compared to long ones did not show any differences in several attention tests. Surprisingly, television greatly contributes to learning and socialization of children not only in the present, but also in the future.

Lecture Translation

우리가 토론했던 것처럼, 텔레비전은 아이들이 노출되어 있는 가장 인기가 있으면서 어느 정도 해로운 매체입니다. 그러나 많은 프로그램들은 그 이면에 긍정적인 주제를 담고 있습니다.

첫째, 텔레비전 시청은 시간 소비 활동이 되어서는 안 됩니다. 연구 결과에 따르면 '세서미 스트리트'와 '미스터 로저스'처럼 교육적인 텔레비전 프로그램은 일반적인 지식의 습득을 돕고 어린아이들의 전반적인 인지적 지식을 향상시킬 수 있습니다. 또한 아이들의 상상 놀이가 텔레비전 내용에 의해 긍정적인 영향을 받을 수 있고, 문화적인 다양성을 강조하는 교육적 텔레비전 프로그램은 아이들의 인종적 태도를 향상시킬 수 있습니다.

이외에도, 음... 텔레비전 폭력이 모든 아이들을 폭력적으로 행동하게 만드는 것은 아닙니다. 일부 아이들에게는 내재된 폭력적 성향이 있어서 이런 성향이 폭력을 시청하면서 강화되는 것일 수도 있습니다. 전달 매체가 전달하는 폭력을 보고 난 후에 현실의 폭력과 공격성을 규범으로 기꺼이 받아들이는 것은 가정 환경과 관계가 있습니다. 또한 부모가 토론과 텔레비전 이미지에 대한 설명 등에 참여한다면 아이들이 폭력을 선택하지 못하도록 분명히 막을 수 있죠.

마지막으로, 텔레비전이 아이들의 집중 기간을 감소시킨다는 점을 입증할 수 있는 명백한 증거는 없습니다. 실제로 교육 프로그램을 많이 보는 시청자들은 자주 보지 않는 시청자에 비해 학업에 대한 준비가 약간 더 잘 되어 있고 학교에 대해 좀 더 긍정적인 태도를 갖습니다. 연구 결과에 따르면 긴 장면과 비교할 때 신속한 장면에 노출된 아이들은 일부 집중 실험에서 아무런 차이점도 보이지 않았습니다. 놀랍게도 텔레비전은 현재뿐만 아니라 미래에도 아이들의 학습과 사회화에 크게 기여합니다.

Sample Response

In the passage, the author contends that television has been believed to be a harmful medium to young children. However, this is directly refuted by the lecturer's claim that television has positive impacts on child education in many ways.

To begin with, the writer of the article mentions that young children tend to neglect studying by putting most of their time in front of the television. The speaker, however, rebuts this point by asserting that television leads children to invest their time in learning things more valuable through a variety of educational programs on television which helps children enhance cognitive and imaginative ability and form an unbiased way of thinking.

Another point the author stresses in the reading is that young children are likely to get aggressive tendencies by being often exposed to violent contents of television programs. On the other hand, this perspective is challenged by the lecturer's assertion that young children's aggressive tendencies are not necessarily caused by violence features of television programs and absolutely influenced by their home environment and parents' care.

Finally, the reading passage mentions that television decrease a child's attention span due to the rapid scene shifts of television. However, this point of the reading is completely contradicted by the speaker's perspective that television definitely improves a child's concentration as instructive programs are greatly helpful not only to be prepared for schoolwork but also to be socialized.

지문에서 저자는 텔레비전이 어린아이들에게 해로운 매체로 생각된다고 주장한다. 그러나 강의자는 텔레비전이 많은 면에서 아이들의 교육에 긍정적인 영향을 미친다고 주장함으로써 지문의 주장을 직접적으로 반박한다.

우선, 기사의 저자는 어린아이들이 대부분의 시간을 텔레비전 앞에서 보냄으로써 학습을 등한시하는 경향이 있다고 언급한다. 그러나 강의자는 텔레비전이 아이들로 하여금 다양한 교육적 프로그램을 통해 더욱 귀중한 것을 배우는 데 시간을 투자하게 해서 아이들의 인지력과 상상력을 향상시키고 편견 없는 사고방식을 형성하는 데 도움을 준다고 주장함으로써 저자의 관점을 반박한다.

저자가 지문에서 강조한 또 다른 핵심은 어린아이들이 텔레비전 프로그램의 폭력적인 내용에 자주 노출됨으로써 공격적인 성향을 띠게 될 가능성이 있다는 것이다. 반면에 강의자는 어린아이들의 공격적인 성향은 반드시 텔레비전 프로그램의 폭력적 특징에 의해 유발되는 것은 아니고 아이들의 가정 환경과 부모의 보살핌에 의해 절대적인 영향을 받는다고 주장함으로써 지문의 관점을 반박한다.

마지막으로 지문은 텔레비전의 빠른 장면 변화가 아이들의 집중시간을 감소시킨다고 언급한다. 그러나 강의자는 교훈적인 프로그램이 학업을 준비시키고 사회화시키는 데 매우 유용하기 때문에 텔레비전은 아이의 집중력을 향상시키는 것이 틀림없다고 주장함으로써 지문의 관점을 철저하게 반박한다.

Actual Test 10: Home-based Businesses

Reading Translation

가정 기반 사업

현대적인 기술 발전 덕택에 사람들은 생활 양식을 변화시키기로 결정하고 가정 기반 사업을 시작하기 위해 모여든다. 만약 직업에서 해방되어 자신의 사업을 시작하고 싶은 경우에 안전한 선택은 가정 기반 사업을 시작하는 것이다. 많은 미국 사람들이 집에서 일하는 것에 관심을 쏟게 만드는 요소가 몇 가지 있다.

첫째, 매일 통근하는 것을 피할 수 있다. 고용되어 일하는 데 있어서 가장 성가신 것은 매일 통근하는 것이다. 아침에 일찍 일어나도 매일 러시아워에 막혀 옴짝달싹 못한다. 하지만 집에서 일하면 러시아워에 통근하는 소모적인 삶의 일상을 없앨 수 있다. 그저 아침에 일어나서 가정 사무실이나 업무 공간으로 가서 즉시 일을 시작하면 된다.

집에서 일하는 커다란 장점 중의 또 하나는 가족이나 친구와 좀 더 많은 시간을 보낼 수 있다는 것이다. 보다 오랜 업무 시간을 주장하는 직장이 많기 때문에 다수의 사람들이 자신이 가장 사랑하는 사람과 뜻 깊게 시간을 보낼 수 없는 것은 의외가 아니다. 하지만 집에 있으면서 아침에 자녀를 학교에 데려다 주고 싶다면 약간 늦게 일을 시작하고 가족 중심으로 일정을 짜서 일할 수 있다.

마지막으로 언급할 장점은 사업의 우두머리가 될 수 있다는 것이다. 가정 기반 사업을 갖는다는 것은 결국 자신이 우두머리이기 때문에 일할 수 있는 자유를 누릴 수 있고 자기 삶에 가장 중요한 것에 우선순위를 둘 수 있다는 뜻이다. 사람들은 누구나 자기 삶을 스스로 통제하고 싶어한다. 만약 자신에게 리더가 될 잠재력이 있다면 스스로 무엇을 할 수 있는지 보여줄 수 있는 기회이다. 최소한 사업에서 자신의 운명과 궁극적인 목적에 대한 통제권을 갖게 될 것이다.

Lecture Script

As we've discussed, home-based businesses can definitely afford greater flexibility over our lives and can really give us a sense of freedom. But um... there are also several pitfalls of working from home. Now, let's talk about the negative aspects that home based business owners need to consider.

Most of all, the reality is that just because you don't have to commute doesn't mean you can slack off and work when you feel like it. The reality is that, unlike in the workplace where you can work to the barest minimum expectation and still get paid, here if you don't work hard you don't get paid. Eventually your sloppiness is going to catch up and you are going to struggle to pay the bills. So before you get excited you need to realize that you are going to have to work harder than you did for your boss, only this time you will reap the rewards.

Not only that, family privacy and lifestyle patterns may be disturbed. For instance, your child may resent having to keep the stereo low because you're meeting with a client in the next room. Besides, your wife may be irritated to have to cook in the backyard so your office won't smell of food. Furthermore, neighbors may complain about the extra traffic your customers create on their quiet street.

Finally, it's hard for you to deal with all the work by yourself when working from home. Without the deadlines imposed by supervisors or peers, it would be impossible to do the least appealing jobs on your list. As there is no one to advise or help you out, you are the one who must set limits and plan your time. Also, you're the one who would be blamed for the incomplete work if you don't meet the deadline.

Lecture Translation

우리가 토론했던 것처럼, 가정 기반 사업은 명백하게 우리 삶에 보다 큰 융통성을 제공하고 진정으로 자유를 느끼게 해줍니다. 하지만 음... 집에서 일하는 것에는 몇 가지 단점 또한 도사리고 있습니다. 이제 가정 기반 사업주들이 고려해야 할 필요가 있는 부정적인 측면에 대해 얘기해봅시다.

무엇보다도, 통근할 필요가 없다고 해서 기분 내키는 대로 일하거나 일을 게을리할 수 없는 것이 현실입니다. 가까스로 최소한의 기대치만을 충족시키면서 일하고도 여전히 급여를 받는 직장과는 달리 가정 기반 사업의 현실은 열심히 일하지 않으면 급여를 받을 수 없다는 것이죠. 궁극적으로 태만에 걸려들어 청구서를 지불하는 데 허덕이게 됩니다. 따라서 흥분하기 전에 상사를 위해 일했던 것보다 더욱 열심히 일해야만 하고 그럴 때만이 보상을 거두게 된다는 사실을 깨달을 필요가 있습니다.

뿐만 아니라, 가족의 사생활과 생활 양식이 방해를 받을지도 모릅니다. 예를 들어, 자녀들은 여러분이 옆 방에서 고객과 회의를 하고 있기 때문에 전축의 볼륨을 낮게 유지해야 하는 것이 싫을지도 모릅니다. 이외에도, 아내는 사무실에 음식 냄새가 배지 않게 하기 위해서 뒤뜰에서 요리하는 것에 화가 날지도 모릅니다. 더욱이 이웃은 그들의 조용한 거리에 여러분의 고객이 차로 들락날락하는 것을 불평할지도 모르죠.

마지막으로, 집에서 일하면 혼자서 모든 업무를 처리해야 하기 때문에 힘이 듭니다. 상사나 동료가 부과한 마감 시간이 없는 상태에서 목록에 적힌 가장 하기 싫은 일을 하기란 불가능할 것입니다. 조언을 해주거나 도와줄 사람이 없기 때문에 스스로 한계를 정하고 시간 계획을 세워야 합니다. 또한 마감 시간을 맞추지 못하는 경우에는 완성하지 못한 일에 대해 스스로 책임을 져야 합니다.

Sample Response

The points made in the lecture strongly disagree with the perspective of the reading. According to the passage, a home based business is beneficial to those who want to have their own business. On the other hand, the speaker directly contradicts this point by claiming that there are also some negative aspects to working from home to be dealt with.

Most of all, the writer of the article asserts that a home-based business saves a large amount of valuable time as it does not require commuting. By contrast, the professor in the lecture totally disagree with this point by asserting that home business owners are likely to slack off and neglect their own work as they do not have to travel to the workplace.

Another important point claimed in the reading is that working from home enables business owners to have much time to enjoy with their family members. However, this is directly challenged by the position of the lecturer that a home based business likely disturbs the privacy of the owner's family by staying at home long hours because it is easy to lose sight of the fact that both family and visitors have to control themselves not to bother each other at home.

Finally, the article states that business owners can set up their own goals in business and show their potential by having their own business at home. On the contrary, this point of the passage is directly refuted by the lecturer's claim that it is imperative for home business owners to manage and take full responsibility for the given tasks without others' assistance whatever may happen.

Actual Test 11: Franchising

Reading Translation

프랜차이즈 사업

프랜차이즈 가맹점이 되면 많은 혜택이 따른다. 프랜차이즈 사업이 가장 급속도로 성장하는 경제 분야의 하나인 것도 그런 이유일 것이다. 프랜차이즈 사업이 독립적인 소기업 형태보다 유리한 세 가지 점을 간단하게 열거해보자.

첫째, 소비자가 프랜차이즈 사업으로부터 이익을 얻을 것이다. 프랜차이즈 사업은 경영의 대상이 되는 판매 대리점과 비교해 볼 때 보다 높은 수준의 개인적인 서비스를 제공하는 경향이 있다. 예전에 제품, 기구, 시스템이 이미 시장의 실험을 거쳤기 때문이다. 그러므로 소비자가 받아들일 수 있을 정도의 인지도를 가지고 프랜차이즈 사업을 시작하게 된 것이다. 다수의 소비자들은 신뢰할 수 있는 기준의 서비스와 품질을 겸비한 친숙한 이름의 제품과 서비스를 구매하고 싶어한다. 사업주가 상점에 나와 있는 사업체와 거래하고 싶어하기 때문이다.

둘째, 프랜차이즈는 비용을 절약할 수 있는 사업체이다. 실제로 프랜차이즈 가맹점은 광고, 마케팅, 연구와 개발과 같은 분야에서 본부의 활동을 통해 혜택을 입는다. 더욱이 가맹점은 가장 비용 효과적인 방식으로 본부의 경험을 활용하고 자본 투자를 사용할 수 있다. 대량 구매와 사업체의 효과적인 광고를 통해 비용을 절감할 수도 있다.

마지막으로, 가맹점이 누리는 최대 장점은 사업 실패의 위험성이 줄어든다는 것이다. 프랜차이즈 사업이 다른 사업과 다른 점은 가맹점이 완전한 교육, 사업을 시작하고 운영하는 데 따르는 모든 영역, 필요한 자료와 필수품을 갖춘 전체 사업 컨셉을 본부로부터 얻는다는 것이다. 근본적으로 가맹점은 무엇을 해야 할지 어떻게 해야 할지 등을 고민할 필요가 없이 단순히 개발된 컨셉을 따라가기만 하면 된다고 할 수 있다. 이렇게 되면 실패 가능성은 훨씬 낮아진다.

Lecture Script

As we've discussed, franchising has numerous advantages. But you should be aware of both the pros and cons of the franchise system and weigh them up carefully before coming to an informed decision on the merits of franchising, taking your existing circumstances into account. So, we need to talk about some negative aspects of a franchise.

First, one disadvantage to franchise ownership is that um... a franchisee must follow a franchiser's rules such as which employees to hire, what products to sell, what services to offer, and the layout of the store. Although franchisees feel products sold are not quite satisfactory or qualified enough to meet customers, they have no choice but to stick to the agreement. An independent business operator is free to sell his business whenever he wants and to whomever he chooses. Franchisees, on the other hand, will find that the franchise agreement places restrictions on them in this regard.

Not only this, franchising actually costs a lot more than expected. Because of principles established by the franchiser, the franchisee often has no alternative as to equipment, shop fitting, and uniforms, which may not be allowed to source less expensive alternatives. Furthermore, a franchisee must pay royalties and sometimes a marketing fee to the franchiser on a regular basis. The franchisee may also be contractually bound to spend money on upgrading or remodeling as demanded by the franchiser from time to time.

Lastly, in reality, there are a variety of clear risk factors of business failure. Once the business is franchised there is a risk that proper management and resources not being allocated to it by the franchiser and the small business franchisee not getting a fair share of financial aids and investment. Besides, if the franchisee is not satisfactorily capitalized, the franchiser might be unsuccessful in preserving long-lasting support services or it may make blunders or strategy pronouncements that damage the franchisee.

Lecture Translation

우리가 토론했듯이, 프랜차이즈 사업에는 장점이 많습니다. 그러나 프랜차이즈 사업의 장점에 대해 이미 알려진 결정을 내리고 기존의 환경을 고려하기 전에 프랜차이즈 체계의 장단점을 모두 인식하고 이를 주의깊게 평가해야 합니다. 따라서 프랜차이즈 사업의 일부 부정적인 측면에 대해 얘기해볼 필요가 있습니다.

첫째, 프랜차이즈 사업이 가진 단점의 하나는 음... 직원의 고용, 판매 제품의 종류, 제공하는 서비스의 종류, 매장의 배치 등에서 가맹점이 본부가 정해놓은 규칙에 따라야 한다는 것입니다. 가맹점은 판매 제품이 고객을 충족시킬 정도로 만족스럽지 못하거나 품질이 떨어진다고 느끼더라도 계약을 지킬 수밖에 없습니다. 독립적인 사업 운영자는 언제든 자신이 선택한 사람에게 자유롭게 사업체를 팔 수 있습니다. 그러나 가맹점은 프랜차이즈 계약이 이런 문제에 있어서 제한을 가한다는 사실을 깨닫게 될 것입니다.

이뿐만 아니라, 프랜차이즈 사업은 실제로는 예상보다 비용이 많이 듭니다. 가맹점은 본부가 정해놓은 원칙 때문에 도구, 점포 장식, 유니폼 등에서 대안이 없는 경우가 많아서 좀 더 저렴한 대안을 선택할 수 없을지도 모릅니다. 더욱이 가맹점은 정기적으로 본부에 로열티와 때로는 마케팅 수수료를 지불해야 합니다. 또한 계약에 의해서 때때로 본부의 요구에 따라 점포를 개선하거나 개조하는 데 비용을 지출해야 할지도 모릅니다.

마지막으로, 실제로는 사업에 실패할 여러 가지 위험 요소가 분명히 있습니다. 사업체가 프랜차이즈에 가입하고 난 후에 발생할 수 있는 위험성은 본부가 적절하게 관리와 자원을 분배하지 않아서 소규모 사업체 가맹점이 공정한 몫의 재정적 지원과 투자를 받지 못하는 것입니다. 이외에도 가맹점의 자본 상태가 만족스럽지 못한 경우에는 본부가 지속적인 지원 서비스를 제공하는 데 실패할지도 모르고, 가맹점에 손해를 입히는 실수를 범하거나 그런 전략을 선언할지도 모릅니다.

Sample Response

In the lecture, the speaker contends that there are some negative aspects to be considered when purchasing a franchise by refuting the perspective of the passage that franchising is getting popular among business owners for its numerous benefits.

First of all, the reading passage suggests that a franchise offers more reliable and quality productions than managed outlets. In the lecture, however, the professor directly contradicts this point by asserting that a franchisee does not have control over product quality because they are supposed to follow the agreement with the franchisor.

Another point of the author make in the reading is that a franchisee can saves a variety of expenses by benefiting from the franchisor's marketing and research development without additional costs. On the contrary, this is directly challenged by the lecture's claim that purchasing a franchise requires lots of cost for initial investment and ongoing expenses such as royalties and advertising fees.

Finally, the article states that the franchisor's full assistance ensures success in franchising by reducing the possibilities of a business failure However, this perspective is directly refuted by the lecturer's claim that it is hard for the franchisee to expect impartial share of revenues from the franchisor and long lasting supports in case that the franchisee is not financially stable.

Actual Test 12: Chimpanzee Language

Reading Translation

침팬지의 언어

인간의 말은 통상적으로 인간과 동물을 분리시키는 선으로 인식된다. 그러나 많은 연구가들은 침팬지가 풍부한 사회 생활과 훌륭한 의사소통 기술을 가졌을 뿐만 아니라 자신의 의사소통을 통해 말을 시작하는 단계로까지 발전하고 있다고 느낀다. 이런 가설을 뒷받침하는 몇 가지 증거가 있다.

우선 1960년대와 1970년대에 침팬지가 언어를 사용해서 감정과 욕구를 표현할 수 있다는 발견이 이뤄졌다. 그때 이후로 어휘적 개념을 나타내는 유색 플라스틱 모양이나 컴퓨터 키보드 그림을 사용하는 등의 도구를 사용해서 신호를 보내거나 상징을 사용하는 방법을 많은 수의 유인원에게 가르쳐왔다. 이러한 동물 언어를 Yerkish라고 부른다.

이 밖에도 침팬지는 의도적으로 의사소통 할 수 있다. 한 연구 결과에 따르면 침팬지는 여러 가지 풍부한 몸짓과 얼굴 표정을 사용해서 상호 작용한다. 보다 중요하게는 그러한 상호 작용의 이면에 다른 동물 세계에서는 볼 수 없는 수준의 이해가 가능한 지능이 있다. 침팬지는 소음과 몸짓으로 이뤄진 간단한 소통 수단을 가지고 있을지는 모르지만 이런 신호를 사용하고 해석하는 지능은 커다란 변화를 이룬다.

셋째, 침팬지는 언어 범주를 창출하는 능력을 보여준다. 과학자들은 침팬지가 몸짓 언어를 사용할 뿐만 아니라 무언가 다른 의미를 은유적으로 표현하기 위해 새로운 신호를 고안해내기도 하고 신호를 결합하기도 함으로써 의사소통 한다는 사실을 입증하고 있다. 달리 표현하자면 연구자들은, 침팬지가 새로운 전치사구를 이해하고 만들어낼 수 있고, 음성 영어를 이해할 수 있고, 단어를 몸짓 언어로 옮길 수 있고, 심지어는 인간이 개입하지 않아도 자신의 노래 기술을 다음 세대에 전달할 수 있다는 결론을 내렸다.

Lecture Script

Today we're going to discuss different perspectives about the language ability of chimpanzees. Some linguists still believe that chimpanzees are definitely able to use language. But is it really possible for a chimpanzee to understand and reproduce a human language? Let's think about this.

First, some researchers insist that chimpanzees in general are incapable of acquiring language. Several studies have showed some evidence that chimpanzees can acquire language; however, such animal language is not as complex or expressive as human language, and it may better be described as animal communication. Therefore, some scientists argue that there are significant differences separating human language from the communication of other animals, and that the underlying principles are unrelated.

Second, chimpanzees are not able to communicate vocally, but are merely imitating their human companions. Attempts were made to teach chimpanzees a spoken language; which were largely unsuccessful. One example of a study that had limited success is one that involved a chimpanzee. She was raised by two human psychologists and in the experiment she acquired a limited vocal vocabulary of four words; mama, papa, cup, and up. These words were hard to understand with her heavy chimpanzee accent and were largely voiceless. It has also been found that chimpanzees' physical attributes made vowel pronunciation difficult.

Lastly, chimpanzees have no real grasp of grammar and are incapable of reproducing sentences. Some scientists insist that while apes may understand individual symbols or words, they do not understand the concepts of syntax, or how words are put together to form a complete idea. In other words, animals have been taught to understand certain features of non-human language. For example, chimpanzees have been taught hand signs based on American Sign Language. However, they have never been successfully taught its grammar.

Lecture Translation

오늘 침팬지의 언어 능력에 대한 다른 관점에 대해 토의해보고자 합니다. 일부 언어학자들은 침팬지가 언어를 사용할 수 있는 것이 확실하다고 여전히 믿고 있습니다. 그러나 침팬지가 인간의 언어를 이해하고 재생하는 것이 정말 가능할까요? 이에 대해 생각해보기로 합시다.

첫째, 일부 연구자들은 일반적으로 침팬지가 언어를 습득할 수 없다고 주장합니다. 일부 연구 결과는 침팬지가 언어 습득 능력을 가지고 있다는 증거를 제시하고 있습니다. 그러나 이러한 동물 언어는 인간 언어만큼 복잡하지도 표현력을 갖추고 있지도 않기 때문에 동물의 의사소통으로 묘사하는 것이 더 나을지도 모릅니다. 그러므로 일부 과학자들은 인간의 언어와 다른 동물의 의사소통 사이에는 중대한 차이점이 있고, 차이점의 기본적인 원칙은 서로 관계가 없다는 것이라고 주장합니다.

둘째, 침팬지는 음성으로 의사소통 할 수 없고 단순히 인간의 목소리를 모방합니다. 침팬지에게 음성 언어를 가르치려는 시도가 있었지만 대부분 실패로 돌아갔습니다. 제한적인 성공을 거두었던 한 연구 사례에는 한 마리의 침팬지가 개입되어 있습니다. 그 침팬지는 두 명의 인간 심리학자의 손에 키워졌고 실험을 통해 '엄마, 아빠, 컵, 위'라는 네 단어로 이뤄진 제한된 음성 어휘를 습득했습니다. 이런 단어는 이 침팬지의 거센 침팬지 억양 때문에 이해하기가 어려웠고 대부분은 무성이었습니다. 또한 침팬지의 신체적 특징으로는 모음을 발음하는 것이 어렵다는 사실이 밝혀졌죠.

마지막으로 침팬지는 문법을 이해할 수 없고 문장을 재생할 수 없습니다. 일부 과학자들은 유인원이 개별적인 상징과 단어를 이해할지는 모르지만 구문론, 즉 단어가 어떻게 조합되어 완벽한 하나의 개념을 형성하는지를 이해할 수 없다고 주장합니다. 달리 표현하자면, 동물들은 비인간 언어의 일정 특징을 이해하도록 배워왔다는 것입니다. 예를 들어, 침팬지에게 미국 수화를 기초로 수화를 가르쳤지만 문법을 가르치는 데는 결코 성공할 수 없었습니다.

Sample Response

The speaker's lecture expresses doubts about several points suggested in the passage. In the reading, the author contends that chimpanzees maintain the ability to use language. However, this is directly refuted by the lecturer's claim that there are some evidences showing that chimpanzees are not actually able to use language.

First, the author of the article mentions that chimpanzees are able to express their feelings and desires with the use of language, so-called Yerkish. The lecturer, however, refutes this point by asserting that human language is impossible for chimpanzees to acquire and employ as it is more complex and expressive than non-human language.

Another point the author of the reading stresses is that chimpanzees are able to communicate in a particular way by means of their intelligence that other animals do not have. On the other hand, this perspective is directly challenged by the speaker's assertion that chimpanzees actually do not have the ability to articulate a repertoire of language for communication, but they are just able to imitate vocal features of human language.

Lastly, the author of the passage suggests that chimpanzees are also capable of creating new meaningful language categories by using signals. On the contrary, this point is completely contradicted by the speaker's claim that chimpanzees can just combine familiar symbols or signs for communication, but they are not able to understand neither the concept of syntax nor sentence structures of language.

Actual Test 13: Fish Farming

Reading Translation

물고기 양식업

세계 인구가 물고기 양식에 의존하는 정도는 높다. 사실상 전 세계에서 소비되는 물고기 4마리 중의 한 마리는 물고기 양식을 통해 생산되고 있다. 물고기 양식이 점점 증가하는 인구에 식량을 제공하는 데 도움을 주고 있지만 세계 생태계에 놀랄 만한 대가를 치르게 하는 경우가 많다는 것은 아이러니이다.

첫째, 물고기 양식이 지닌 문제점 중의 하나는 양어장 근처에 서식하는 야생 물고기에게 해를 끼친다는 것이다. 대부분의 물고기 양식에서 많은 수의 물고기는 작은 지역에서 양식되어 질병을 앓거나 기생충의 피해를 입는다. 양어장 주인들은 이를 방지하기 위해서 양식하는 물고기에게 약물을 사용할 수 있지만 야생 물고기는 위험한 바이러스에 감염될 가능성이 많고 궁극적으로는 멸종될 수 있다. 더욱이, 양식되는 물고기는 인간 소비자의 건강에 치명적인 영향을 미친다. 실제로 양어장 주인들은 단기간에 보다 큰 물고기를 길러내기 위해 물고기에 화학 약품을 주입한다. 이런 물고기를 소비하는 인간에게 이런 물질이 얼마나 해로운지는 아직 입증되지 않고 있다. 그러나 이런 사람들이 원인 불명의 치명적인 질병에 감염될 가능성이 높은 것은 분명하다.

양어장의 마지막 부정적인 측면은 양어장에서 양식된 물고기가 가지고 있는 것보다 더 많은 것을 바다로부터 얻는 경우가 많다는 것이다. 양식되는 물고기가 청어, 고등어, 정어리, 기타 여러 야생 물고기를 포획해서 만든 가공 식품을 먹기 때문이다. 가공된 식품으로 양식되는 물고기 1파운드를 생산하려면 거의 2파운드에 달하는 야생 물고기가 필요하다. 따라서 물고기를 양식하게 되면 바다에서 얻을 수 있는 단백질의 양이 감소하게 된다.

Lecture Script

Well... as we went over some problems of fish faming last week, many people believe fish farming should be stopped to preserve the environment. However, some scientists still don't agree that fish farming is harmful. Now, let's discuss whether fish farming is really as destructive as mentioned in the article.

First, a fish farm is not the only factor in endangering wild fish. Many kinds of wild fish have already been in danger of extinction even before having fish farms. As the number of aquarium hobbyists in the world continues to grow, more fish are being taken from the ocean. Popular species are all near extinction because too many have been taken out of the ocean. Since certain fish have specific food and environment requirements in order to live well, it is very difficult for these fish to live outside of the ocean. So, it's hard to say that fish farming leads wild fish to be endangered.

Furthermore, the use of growth inducing-chemicals shouldn't be the reason for stopping a fish farm. Those medicines have widely been used on animals as well as fish. Uh... in reality, intensively confined animals are given high doses of antibiotics to keep them alive long enough to yield milk or meat. Also no scientific evidence has been found that such chemicals have adverse health effects on people who consume the meat if administered properly. So, chemicals for farmed fish are not as dangerous as expected.

To wrap this up, let me tell you one more thing. Um... fish farming helps to remove wild fish, which are useless to humans. In fact, fish meal is made from wild fish with little value for use. The largest ships in the ocean often search exclusively for small fish once considered inedible and turned into food pellets for farmed fish. So, fish farming helps to take advantage of useless resources in the ocean.

Lecture Translation

자... 지난 주에 물고기 양식이 지닌 몇 가지 문제점에 대해 검토했듯이, 환경보존을 위해 물고기 양식을 중단해야 한다고 믿는 사람이 많습니다. 그러나 일부 과학자들은 물고기 양식이 해롭다는 의견에 여전히 동의하지 않죠. 이제, 물고기 양식이 기사에서 언급한 것만큼 정말 파괴적인지에 대해 토의해보기로 합시다.

첫째, 물고기 양식은 야생 물고기를 멸종시키는 유일한 원인이 아닙니다. 물고기 양식을 시작하기 전부터 이미 많은 종류의 야생 물고기가 멸종 위기에 처해 있었습니다. 전 세계적으로 수족관 애호가의 숫자가 계속해서 늘고 있기 때문에 보다 많은 물고기들이 바다에서 포획되고 있습니다. 너무 많은 양을 바다에서 포획했기 때문에 인기 있는 종은 거의 멸종 상태에 놓여 있습니다. 어떤 물고기는 제대로 생존하는 데 특정 음식과 환경 조건을 필요로 하기 때문에 바다 밖에서 사는 것이 매우 어렵습니다. 그러므로 물고기 양식이 야생 물고기의 멸종을 초래한다고는 말하기 어렵죠.

더욱이, 성장 촉진 화학 물질의 사용 때문에 물고기 양식을 중단해야 한다는 것은 이유가 되지 않습니다. 이런 약품은 물고기뿐만 아니라 동물에게도 널리 사용되고 있습니다. 어... 실제로 상당히 좁은 장소에 갇혀 있는 동물은 우유나 고기를 생산할 수 있을 정도로 오래 살기 위해서 많은 양의 항생제를 섭취합니다. 또한 적당히 투여되는 경우라면, 이런 화학 물질이 고기를 소비하는 사람들의 건강에 역효과를 미친다는 것을 입증하는 과학적인 증거는 전혀 없습니다. 따라서 양식된 물고기에게 투여되는 화학 물질은 예상하는 만큼 위험하지 않습니다.

정리하는 측면에서 한 가지 더 언급하려 합니다. 음... 물고기 양식은 인간에게 무익한 야생 물고기를 제거하는 데 유용합니다. 실제로 물고기 사료는 사용 가치가 거의 없는 야생 물고기로 만들어집니다. 바다에 출항해 있는 커다란 배들은 예전에는 먹을 수 없다고 여겨졌던 작은 물고기를 집중적으로 찾아서 양식 물고기에게 주기 위한 알약형 음식으로 만듭니다. 따라서 물고기 양식은 바다의 무용한 자원을 활용하는 데 한몫을 하고 있습니다.

Sample Response

In the lecture, the speaker suggests some solutions to the problems mentioned in the reading. According to the passage fish faming has destructive impacts on our lives. However, the lecturer totally contradicts some points indicated in the reading about features of fish farming by asserting that it has been conducive to ecosystem.

Most of all, the writer of the article asserts that medicines used to prevent diseases in a fish farm could kill many wild fish and make them endangered. By contrast, the professor in the lecture completely contradicts this point by asserting that a large number of wild fish has already been endangered because of fish fanciers who take popular fish out of the ocean even before breeding them.

Another major point made in the reading is that humans eating farmed fish raised with growth-inducing chemicals are likely to get fatal diseases. On the contrary, the professor in the lecture challenges this point by arguing that there is no clear evidence that shows destructive impacts of growth-inducing medicines on humans although many people have long consumed livestock fed with such medications.

The last point the author makes in the passage is that a large amount of wild fish is required to feed farmed fish, which leads to wastefulness of wild fish. However, this position is strongly rebutted by the speakers' claim that a fish farm has no influences on the number of wild fish because fish meal for farmed fish is made of wild fish which are not edible and have no other purposes.

강의에서 강의자는 지문에서 언급한 문제점에 대한 몇 가지 해결 방법을 제안한다. 지문에 따르면 물고기 양식은 인간 생명에 파괴적인 영향을 미친다. 그러나 강의자는 물고기 양식이 생태계에 유익하다고 주장함으로써 지문이 물고기 양식의 속성에 대해 지적한 몇 가지 점에 전적으로 반대한다.

무엇보다도 지문의 저자는 양식 물고기에게 질병이 발생하는 것을 방지하기 위한 약물이 많은 야생 물고기를 죽이고 이들을 멸종시킨다고 주장한다. 이와는 대조적으로 강의를 하는 교수는 많은 수의 야생 물고기가 이미 멸종하고 있는 이유는 물고기 애호가들이 물고기가 번식하기도 전에 바다에서 인기 있는 물고기를 포획하기 때문이라고 주장함으로써 지문의 이런 지적을 전적으로 반박한다.

지문에서 지적하는 또 다른 주요 사항은 성장 촉진 화학 물질로 양식된 물고기를 섭취하는 인간이 치명적인 질병에 걸릴 가능성이 있다는 것이다. 이와는 반대로 강의를 하는 교수는 비록 많은 사람들이 이런 약물을 주입한 가축을 오랫동안 섭취해왔지만 이런 성장 촉진 약물이 인간에게 파괴적인 영향을 미쳤다는 분명한 증거는 없다고 주장함으로써 지문의 주장에 반대한다.

저자가 지문에서 제기한 마지막 사항은 양식 물고기를 먹이기 위해서는 많은 양의 야생 물고기가 필요함으로 야생 물고기를 낭비하게 된다는 것이다. 그러나 강의자는 양식 물고기에게 주기 위한 물고기 사료는 먹을 수 없고 다른 용도로 사용될 수 없는 야생 물고기로 만들어지기 때문에 물고기 양식이 야생 물고기의 수에 전혀 영향을 미치지 않는다고 주장함으로써 지문의 관점에 강하게 반대한다.

Actual Test 14: Tunguska Explosion

Reading Translation

퉁구스카 폭발

1908년 6월 30일에 시베리아 퉁구스카 공중에서 폭발이 발생했다. 이 돌풍으로 800평방 마일이 넘는 지역에 서식하는 동물이 죽었고 나무가 쓰러졌다. 폭발의 원인은 아마도 소행성의 공중 폭발 때문이겠지만, 이 이론에 대해서는 몇 가지 불가사의한 점이 있어서 수십 년 동안 과학자들에게 고민거리로 남아 있다.

첫째, 퉁구스카 폭발은 소행성에 의해 유발된 것으로 보이지 않는다. 소행성을 이루는 물질로 밝혀진 어떤 입자도 발견되지 않았기 때문이다. 퉁구스카 폭발은 지난 세기 동안 지구를 강타한 최대 폭발로 보고되고 있다. 그러나 태양 주위에는 너무나 많은 소행성 파편이 발견되고 있으나 퉁구스카 지역에는 소행성 파편이 전혀 없다. 그러므로 소행성이 인구가 살고 있는 지역에 떨어졌는지 여부는 분명하지 않다.

소행성 가설의 또 다른 난점은 돌로 이뤄진 물체는 땅에 떨어지면 커다란 분화구를 만들어야 하는데 이런 분화구가 발견되지 않았다는 것이다. 행성 사이의 공간에는 서로 다른 크기의 작은 물체가 많이 존재하고 그 물체의 궤도가 행성의 궤도를 가로지르기 때문에 충돌이 발생한다. 충분히 커다란 물체는 지구와 달의 표면에서 볼 수 있는 것처럼 행성이나 위성에 커다란 분화구를 남긴다.

폭발이 메탄에 의해 유발되었을 수 있다는 설명이 있다. 만약 혜성과 유성이 작다면 별똥별처럼 대기 중에서 타버릴 것이다. 만약 혜성과 유성이 중간 크기라면 주변에서 타버린 후에 과학자들이 수집해서 조사할 수 있는 돌의 형태로 떨어질 것이다. 유성 파편이나 흙이 없다는 것은 유성의 폭발이 아니라는 증거이다. 메탄은 일단 대기 중에서 타거나 소비되면 아무런 흔적도 남기지 않는다. 유성은 흔적을 남기지만 메탄은 그렇지 않다.

Lecture Script

As we've discussed, the asteroid theory has still been discredited by some modern studies which show that cometary fragments evaporate far above the surface of the earth, without doing any damage. However, here are some details regarding several questionable phenomenon unexplained in the asteroid theory.

First, a study explained why any particles could not be seen. The object was a stony asteroid that rammed through the atmosphere until it was pressured and temperatures reached a point that caused it to abruptly disintegrate in a huge explosion. The destruction was so complete that no remnants of substantial size survived. The material scattered into the upper atmosphere from the event that would have caused the sky to glow.

Second, Italian scientists said that they found the right answer. They said that an asteroid of low density blew up under high pressure in the atmosphere of the Earth. The Tunguska meteorite was apparently similar to the Matilda asteroid, and its density was close to that of water. Such an object could explode and fall to little pieces in the atmosphere, but the air-blast could reach the Earth, which explained the absence of craters.

Last, the conflagration was in full swing in the area of explosion, but the trees in the epicentre remained alive. Judging by the strength of the blast wave, radiation burn, pine-tree mutations and other parameters, the event did not seem to be caused by methane gas. The only evidence left by the Tunguska bolide was toppled and burned trees, and the holes on the trees thought to be from gas explosion proved to be natural depressions.

Lecture Translation

우리가 토론했듯이, 소행성 이론은 혜성의 파편이 아무런 손상을 입히지 않고 지구 표면 훨씬 위에서 증발한다고 주장하는 일부 현대 연구에 의해 여전히 거부되고 있습니다. 그러나 소행성 이론으로 설명되지 않는 미심쩍은 현상에 대해 자세하게 살펴보기로 하죠.

첫째, 연구 결과는 어떤 파편도 발견될 수 없는 이유를 설명했습니다. 돌로 이뤄진 소행성이 대기 중에서 충돌한 후에 압력을 받고 온도가 특정 지점에 도달하면 갑작스럽게 큰 폭발이 일어나면서 분해됩니다. 파괴가 너무나 완벽하게 일어나서 웬만한 크기의 잔해도 남지 않습니다. 사건이 일어난 후에 대기 중에 흩어진 물질은 산란광을 일으킬 것입니다.

둘째, 이탈리아 과학자들은 자신들이 해답을 찾았다고 말했습니다. 그들은 밀도가 낮은 소행성이 높은 압력을 받아 지구의 대기 중에서 폭발했다고 주장했습니다. 퉁구스카 운석은 분명하게 마틸다 소행성과 비슷했고 그 밀도는 물에 가까웠죠. 이런 물체는 대기 중에서 폭발해서 산산조각이 날 수 있지만 공기 돌풍은 지구에 도달할 수 있습니다. 이것이 분화구가 없는 것에 대한 이유입니다.

마지막으로, 커다랗고 파괴적인 불이 폭발 지역에서 커다란 위력을 발휘하지만 진원지에 있는 나무들은 살아 있습니다. 돌풍, 방사선 화재, 소나무의 변형, 기타 변수로 판단해 볼 때 사건은 메탄 기체에 의해 발생한 것으로 보이지 않습니다. 퉁구스카의 불덩이가 유성이 남긴 유일한 증거는 쓰러지고 타버린 나무이고, 가스 폭발로 생겨났다고 생각되었던 나무 구멍은 자연적인 원인에 의한 것으로 밝혀졌습니다.

Sample Response

The speaker's lecture expresses doubts about several points suggested in the reading. In the passage, the author contends that the argument that Tunguska explosion must be caused by an asteroid is not convincing. However, this is directly refuted by the lecturer's claim that there are some clear evidences showing the asteroid theory is credible.

To begin with, the writer of the article mentions that any particles should have been found near Tunguska area if the cause of the explosion was an asteroid. The speaker, however, rebuts this point by asserting that the abrupt explosion under high pressure was so complete that any particles from an asteroid could not be found.

Another point the author stresses in the reading is that the absence of craters does not make the asteroid argument convincing. On the other hand, this perspective is challenged by the lecturer's assertion that the density of the asteroid which struck Tunguska was so low that asteroidal segments scattered in the air and traces of craters could not be seen.

Finally, the reading passage mentions that Tunguska explosion was probably caused by methane as gas explosion usually does not leave any craters or particles. However, this point of the reading is completely contradicted by the speaker's perspective that the power of blast wave was so great that the explosion could not be said to be caused by gas, and other traces of trees left behind were not consistent with theory that Tunguska blast was led to by methane gas.

Sample Response Translation

강의자는 지문에서 제시한 몇 가지 점에 의문을 제기한다. 지문에서 저자는 퉁구스카 폭발이 소행성에 의해 초래되었다는 것은 신빙성이 없는 주장이라고 말한다. 그러나 강의자는 소행성 이론이 신뢰할 만하다는 것을 보여주는 명백한 증거가 몇 가지 있다고 주장함으로써 지문의 주장을 직접적으로 반박한다.

우선, 기사의 저자는 폭발의 원인이 소행성이었다면 퉁구스카 지역 근처에 파편이 발견되었어야 한다고 말한다. 그러나 강의자는 높은 압력 아래서 일어난 갑작스런 폭발은 너무나 완벽해서 소행성의 파편이 결코 발견될 수 없다고 주장함으로써 기사가 지적한 사항을 반박한다.

저자가 글에서 강조하는 또 다른 점은 분화구가 없기 때문에 소행성 이론은 신빙성이 없다는 것이다. 다른 한편으로 강의자는 퉁구스카를 강타했던 소행성의 밀도가 너무 낮아서 소행성 조각이 대기 중에 흩어지고 분화구의 흔적을 남기지 않는다고 주장함으로써 지문의 관점에 반대한다.

마지막으로 지문에서는 가스 폭발은 주로 분화구나 파편을 남기지 않기 때문에 퉁구스카 폭발이 메탄에 의해 일어났다고 언급한다. 그러나 강의자는 돌풍의 힘이 너무나 세서 폭발이 가스에 의해 일어났다고는 말할 수 없고, 뒤에 남겨진 나무의 기타 흔적은 퉁구스카 폭발이 메탄 가스에 의해 발생했다는 이론과 일치하지 않는다는 관점을 제시함으로써 지문의 관점에 완전히 반대한다.

Actual Test 15: Self-checkout System

Reading Translation

셀프 서비스 계산대

다수의 인기 있는 식료품 체인점은 바쁜 미국인을 위해 고안한 셀프 서비스 계산대를 설치해 시험 운행하고 있다. 대형 매장에서 셀프 서비스 계산대를 활용하면 여러 가지 이점이 있다.

첫째, 소매업자가 계산대에서 시간을 절약하기 위해 하는 일은 무엇이든 고객을 만족시킨다. 셀프 서비스 계산대는 고객이 쇼핑을 할 때 가장 좋아하지 않는 부분인 계산을 하기 위해 줄을 서서 기다리는 시간을 상당량 줄여준다. 미국에서는 500개 이상의 상점이 셀프 서비스 계산 시스템을 사용해서 고객으로 하여금 물품을 스캔하고 가격을 점검하고 합계를 낼 수 있게 하고 있다. 이런 새로운 시스템을 사용함으로써 고객은 많은 시간을 소비하지 않으면서도 상점에 와서 자신이 필요로 하는 것을 즉시 구매할 수 있다.

덧붙여서 셀프 계산대 시스템은 개인화된 쇼핑을 위해 유용한 정보를 제공한다. 고객은 무선 스캐너나 이동식 계산 장치를 사용할 때마다 매장에서 보내는 시간, 선택한 제품, 쇼핑 순서, 소비한 총액 등과 같은 개인적인 정보를 얻을 수 있다. 구매한 중심 물품을 바탕으로 이런 정보는 고도로 개인화된 쇼핑 서비스를 매주 제공할 수 있다. 각 개인에게 특유하게 필요한 물품이 고객이 매장에 도착할 시각에 맞춰 미리 포장되어 준비된다.

마지막으로, 셀프 계산대 시스템은 노동비를 절감시킨다. 이 새로운 시스템은 계산원을 대체함으로써 노동력 공급 부족에 대처하는 데 유용하다. 더욱이 다음 고객을 돕는 것이 언제나 가능하고, 훈련을 시킬 필요가 없고, 아프다고 결근하지도 않을 것이고, 임금이 낮다고 불평하지도 않을 것이다.

Lecture Script

As we've covered, self-checkout lane systems can offer significant advantages to consumers. Unfortunately, most of these sophisticated electronic cashiers have serious inefficiencies and defects. So, many business owners believe that simpler systems that can replace cashiers are inconvenient and time-consuming. Now, let's talk about drawbacks of the self-checkout system we haven't thought about.

First, customers have never found self-checkout time-saving. In fact, self-checkout systems have not significantly improved the customers' experience. Many criticize such efforts to shorten lines, such as having customers manually scan their purchases in person to be frustrating and time-consuming, especially to those who are not familiar with using scanners or computing devices. Therefore, this new system ultimately does not shorten the customer's wait.

Second, self-checkout systems sometimes provide inaccurate information on products. In fact, there is a possibility of scanning a product for a wrong price, with the systems needing to track three price points: on the shelf, in the store's database and in the self-checkout system's database. When that price update doesn't go through, the customer is shown a price different than what might be on the shelf. The checkout process must be halted while the clerk has to ask another clerk to check the price of the item.

Lastly, it is costly to install the system, even though it can save more money in the long run. A report says that it costs $100,000 to install the machine with four checkout lanes. This means that in order to install it, the grocers must have enough money in the first place. However, they can save more than 200 labor hours a week for the price they pay. The prerequisite is that the grocers cannot earn money until they invest money into installing the system to survive through the year.

Lecture Translation

우리가 학습했듯이, 셀프 계산대 시스템은 소비자들에게 상당한 이점을 제공할 수 있습니다. 불행하게도 이런 복잡한 전자 계산대의 대부분은 상당히 비효율적이고 심각한 결함을 갖고 있습니다. 따라서 많은 사업체 소유주들은 수납원을 대체할 수 있는 더욱 간단한 시스템이 불편할 뿐만 아니라 시간 소비적이라고 믿습니다. 이제 우리가 생각해보지 않았던 셀프 계산대 시스템의 단점에 대해 얘기해보기로 하죠.

첫째, 고객은 셀프 계산대가 시간을 절약해줄 수 있다고 결코 생각하지 않습니다. 실제로 셀프 계산대 시스템은 고객의 경험을 상당한 정도로 향상시키지 못합니다. 많은 사람들은 대기 줄을 줄이려는 이런 노력을 비판합니다. 고객이 손으로 직접 자신이 산 물건을 스캔하면 좌절하기 쉽고 오히려 시간을 허비하기가 쉬울 수 있습니다. 특히 스캐너나 계산 장치를 사용하는 데 익숙하지 않은 사람에게는 더욱 그렇죠. 그러므로 이런 새로운 시스템은 궁극적으로는 고객의 대기 시간을 단축시키지 않습니다.

둘째, 셀프 계산대 시스템은 때로 제품에 대해 부정확한 정보를 제공합니다. 실제로 진열대, 매장의 데이터베이스, 셀프 계산대 시스템의 데이터베이스 등 세 가지 지점에서의 가격을 추적할 필요가 있기 때문에 한 제품을 틀린 가격으로 스캔할 가능성이 있습니다. 가격의 업데이트가 이뤄지지 않으면 고객에게는 진열대에 표기된 것과 다른 가격이 부과됩니다. 수납원이 제품의 가격을 점검하기 위해 다른 수납원에게 물어보는 동안 계산 과정이 중단되어야 합니다.

마지막으로, 셀프 계산대 시스템은 장기적으로는 더욱 많은 비용을 절약할 수 있다 하더라도 당장 설치하는 비용이 비쌉니다. 한 보고서에 따르면, 네 개의 계산 줄에 기계를 설치하는 데 10만 달러가 소요된다고 합니다. 셀프 계산대 시스템을 설치하려면 식료품상들이 우선적으로 충분한 자금을 마련해야 한다는 뜻이죠. 그러나 그들이 지불하는 돈이면 일주일에 200시간 이상의 노동력을 절약할 수 있습니다. 식료품상이 갖춰야 할 필수 조건은 일 년을 버틸 수 있도록 셀프 계산대 체계를 설치하기에 충분한 비용을 준비하는 것입니다.

Sample Response

In the lecture, the speaker disagrees with the points made in the reading. According to the passage, many supermarkets have gradually adopted self-checkout system for its advantages. However, the lecturer refutes this by arguing that there are some disadvantages to self-checkout system that need to be considered.

First of all, the author of the reading claims that consumers do not have to waste time waiting in line to check out through the self-checkout system. In the lecture, however, the professor directly contradicts this point by asserting that customers end up waiting in line because they are not used to using the self-checkout system scan and they would ultimately waste time scanning all of their purchases in person.

Another point of the author make in the reading is that personalized information for each consumer saved on the computing device helps existing customers to shop more easily. On the contrary, this is directly challenged by the position of the lecture that consumers do not have reliable and updated information due to system errors of the self-checkout system.

Finally, the article states that self-checkout system helps to save labor costs because it does not require employees at all. However, this point is directly refuted by the lecturer's claim that setting up the system costs a lot more than to hire employees, which means that employing self-checkout system is not profitable since grocers end up spending more maintaining the system.

Sample Response Translation

강의에서 강의자는 지문이 지적한 사항에 반대한다. 지문에 따르면, 많은 슈퍼마켓은 그 이점 때문에 점차 셀프 계산대 시스템을 채택하고 있다. 그러나 강의자는 셀프 계산대 시스템에는 고려해야 할 몇 가지 단점이 있다고 주장함으로써 지문의 주장을 반박한다.

무엇보다도 지문의 저자는 소비자가 셀프 계산대 시스템을 이용하면 계산을 하기 위해 줄을 서느라 시간을 낭비할 필요가 없다고 주장한다. 그러나 강의에서 교수는 소비자가 셀프 계산대 시스템을 이용하는 데 익숙하지 않고, 궁극적으로는 자기가 구매한 모든 제품을 직접 스캔하느라 시간을 낭비하게 될 것이므로 결국 줄을 서서 기다리게 될 것이라고 주장함으로써 지문의 주장을 직접적으로 반박한다.

지문에서 저자가 지적한 또 다른 사항은 계산 장비에 저장된 각 소비자를 위한 개인화된 정보 덕택에 기존 소비자가 더욱 쉽게 쇼핑할 수 있다는 것이다. 이와는 반대로 강의자는 소비자가 셀프 계산대 시스템의 에러 때문에 신뢰할 수 있고 업데이트된 정보를 확보할 수 없다는 입장을 취함으로써 이런 지문의 주장에 직접적으로 반대한다.

마지막으로 기사에서는 셀프 계산대 시스템을 사용하면 직원을 전혀 쓸 필요가 없기 때문에 노동 비용을 절약하는 데 도움이 된다고 주장한다. 그러나 강의자는 직원을 고용하는 것보다 시스템을 수립하는 데 더 많은 비용이 들고, 당분간 그 시스템을 유지하는 데 많은 비용이 든다고 주장함으로써 기사가 지적한 사항을 직접적으로 반박한다.

Part 2 Independent Writing

Essay Structure

서론 (Introduction)

고등학생들로 하여금 본인들이 들을 수업을 직접 고르는 것을 허용할지 말지를 결정하는 것은 쉽지 않다. 그러나, 기본적으로는 고등학교가 학생들 스스로 본인들의 교육을 관리하도록 해야 한다는 입장에 동의한다. 나의 주장에 두 가지 구체적인 이유를 제시한다. 그것은 학생들로 하여금 더 열심히 공부하게 하고, 그들의 적성을 개발하는 데 도움이 된다는 것이다.

본론 (Body)

무엇보다도, 학생들은 그들이 선호하는 수업을 들음으로써 상당이 동기가 부여될 것이다. 사실, 대부분의 학생들은 그들이 가장 좋아하는 수업에 열정적으로 참여하는 경향이 있다. 따라서, 그들은 거의 모든 숙제를 할 것이고 거의 결석하지 않을 것이다. 결과적으로, 학생들은 학업에 대해 보다 긍정적인 자세를 가지고 더 열심히 공부하게 될 것이다. 예를 들어, 내가 고등 학생이었을 때, 나는 수학 과목이 너무 복잡하고 어려워서 싫어했었다. 그래서, 수업 시간에 수학 선생님이 복잡한 수학 공식들을 설명할 때마다, 좌절감을 느끼고 지루해져서 가끔 수학 수업을 빼먹고는 했다. 이러한 경험으로부터, 나는 학생들에게 수업을 스스로 고를 수 있는 권리를 부여하는 것이 더 열심히 공부하도록 장려한다는 것을 깨달았다.

결론 (Conclusion)

요약하자면, 나는 학생이 관리하는 교육이 필요하다는 관점을 전적으로 지지한다. 이것은 학생들로 하여금 배우고 그들의 재능을 계발시키려는 동기가 보다 부여되기 때문이다. 그러므로, 학생이 관리하는 교육은 학습에 있어서 긍정적인 영향을 미친다.

Mini Test 1

Agree

1 다른 사람들에게 웃음을 줘서 기쁘게 해 준다.
2 다른 사람들과 잘 어울릴 수 있도록 사교성을 키울 수 있도록 해 준다.

Possible ideas

Agree	Disagree
1. 현명하고 이성적인 판단을 할 수 있다. 좋은 idea로 시간을 절약 할 수 있다.	1. 스트레스를 해소해 준다. 마음 편히 얘기할 수 있다.
2. 학습적 또는 직업적으로 배울 수 있다.	2. 다양한 사람들과 친해질 수 있다.

Sample Response

In modern society, it has been controversial whether having intelligent friends is better than having humorous friends. However, I disagree with the position that being with intelligent friends are more helpful than friends with a good sense of humor because they give laughter and help to improve social skills.

Most of all, humorous friends enjoy making others happy and delighted. As a matter of fact, most people consult their friends to take comfort from them whenever faced with difficulties. Also, they expect to feel better by hanging out with friends who tell funny stories and make jokes. Accordingly, friends who give enjoyment with a sense of humor would contribute to dealing with any worries or concerns. For example, I once considered quitting my job due to my demanding supervisor a couple of years ago. After work, best friend of mine took me to a cocktail bar and began to crack jokes and tell funny anecdotes about her coworkers and bosses. I felt gradually better thanks to my friend's funny jokes, and this was greatly helpful in making the final decision on my job. From this experience, I learned that friends who can give pleasure are more valuable to those who are in trouble.

In addition, people are likely to become sociable when hanging out with friends with a sense of humor. Generally, those who are outgoing and humorous are usually sociable as they enjoy talking to others. Therefore, people can learn how to socialize with others and maintain good human relationships with them as spending a lot of time with humorous friends. Thus, friends with a good sense of humor help to live with others in harmony in this society.

To sum up, I absolutely oppose the perspective that intelligence is more important than a sense of humor in making friends. This is because humorous friends encourage others to get over a difficulty and get along well with others.

Sample Response Translation

현대 사회에서는 유머가 풍부한 친구를 사귀는 것보다 지적인 친구를 사귀는 것이 더 나은지의 여부를 놓고 논란이 일고 있다. 그러나 나는 지적인 친구를 사귀는 것이 유머 감각이 좋은 친구를 사귀는 것보다 유익하다는 입장에 반대한다. 유머 감각이 좋은 친구는 웃음을 선사하고 사교 기술의 향상에 도움을 주기 때문이다.

무엇보다도, 유머가 풍부한 친구는 다른 사람을 행복하고 즐겁게 해주는 것을 좋아한다. 실제로 대부분의 사람들은 어려움에 처할 때마다 친구와 의논하면서 위로를 받는다. 또한 재미있는 이야기를 들려주고 농담을 하는 친구와 어울림으로써 기분이 한결 나아지기를 기대한다. 따라서 유머 감각으로 즐거움을 선사하는 친구가 걱정이나 염려를 없애는 데 도움을 줄 것이다. 예를 들어, 나는 2년 전에 너무 엄격한 상사 때문에 직장을 그만두려고 생각했었다. 당시 직장이 끝나고 가장 친한 친구가 나를 칵테일 바에 데리고 가서 자기 동료와 상사에 얽힌 재미있는 이야기와 농담을 해줬다. 나는 친구의 재미있는 농담 덕택에 점차 기분이 좋아졌고, 내 직장에 대해 최종적인 결정을 내리는 데 큰 도움을 받았다. 나는 이런 경험을 통해서 곤경에 처한 사람에게는 기쁨을 줄 수 있는 친구가 더욱 소중하다는 사실을 배웠다.

더욱이, 사람들은 유머 감각을 가진 친구와 함께 어울릴 때 사교성이 좋아질 가능성이 크다. 일반적으로 외향적이고 유머가 풍부한 사람은 다른 사람에게 말 거는 것을 좋아하기 때문에 대부분 사교적이다. 그러므로, 유머가 풍부한 친구와 많은 시간을 함께 보내면 다른 사람과 사귀고 좋은 인간 관계를 유지하는 방법을 배울 수 있다. 따라서 유머 감각이 좋은 친구는 사회에서 다른 사람과 조화를 이루며 사는 데 유익하다.

정리하면, 나는 친구를 사귈 때 지성이 유머 감각보다 중요하다는 관점에 절대적으로 반대한다. 유머가 풍부한 친구는 어려움을 극복하고 다른 사람과 잘 지낼 수 있도록 친구를 격려하기 때문이다.

Mini Test 2

Agree

1 경력적으로 발전할 기회가 많이 주어진다.

2 직업적으로 보다 안정성이 있어서 재정적인 안도감을 가질 수 있다.

Possible ideas

Agree	Disagree
1. 복리후생 혜택이 많다.	1. 계층간의 친밀감이 있다.
2. 경쟁이 있어 자기 발전에 도움이 된다.	2. 다양한 업무 처리 능력을 기를 수 있다.

Sample Response

People often discuss whether a large company is better than a small one to work for. However, I agree with the position that a larger company is better for two reasons. Employees can get more career opportunities and economic stability.

Most of all, a larger company enables employees to advance quickly in their careers. As a matter of fact, workers in a small company are rarely given career opportunities as the managers are usually the owners' acquaintances. By contrast, those working for a large company can have many chances to be promoted according to their performance. As a result, they would be more encouraged to work hard at a large company for better career. For example, I used to work for a company with seven employees that sold shoes, where I was the only sales person. Thus, I had to spend most of my time working outdoors even without meals, but I could never be rewarded with any promotions or incentives, so I eventually left the company. From this experience, I realized that a small company prevents workers from making career challenges.

In addition, large companies are usually better able to overcome financial crisis. Generally, large companies have some of their assets to sell in order to keep a business going when faced with serious financial problems. Furthermore, they can convince international banks or aid agencies to give them loans. Accordingly, large companies are likely to offer employees a lot more job security and financial stability. For instance, it was reported in 2003 that 78.8% of the small businesses in Korea declared bankruptcy when the great financial crisis hit Korea in 1997. Besides, I have read that 45.7 of employees in Seoul were laid off as part of business restructuring. Therefore, a large company guarantees job security for employees.

To sum up, I strongly support the perspective that working for a large company is more beneficial. This is because it is much easier to make career challenges and deal with economic difficulties.

Sample Response Translation

사람들은 대기업이 소기업보다 일하기 좋은지 아닌지를 놓고 자주 토론을 벌인다. 그러나 나는 다음 두 가지 이유에서 대기업이 더 좋다는 입장에 찬성한다. 직원이 경력상의 기회와 경제적 안정성을 더욱 확보할 수 있기 때문이다.

무엇보다도, 직원들은 대기업에서 경력상의 발전을 빨리 이룰 수 있다. 실제로 소기업에서 관리인은 대부분 기업주의 지인이 되기 때문에 직원은 경력상의 기회를 거의 가질 수 없다. 이와는 대조적으로 대기업에서 일하는 사람들은 자신의 업무 성과에 따라 승진할 기회가 많다. 결과적으로 직원들은 대기업에서 보다 나은 경력을 위해 열심히 일하도록 자극을 받을 것이다. 예를 들어, 나는 일곱 명의 직원을 고용해서 신발을 판매하는 회사에서 일한 적이 있었는데 그곳에서 유일한 판매원이었다. 따라서 식사도 하지 못하고 대부분의 시간을 바깥에서 보내야 했지만 승진이나 장려금은 한 번도 받아본 적이 없다. 따라서 결국은 그 회사를 그만두고 말았다. 나는 이런 경험을 통해서 소기업에서는 직원들이 경력상의 도전을 받을 수 없다는 사실을 깨달았다.

더욱이, 대기업은 대부분 재정적인 위기를 극복하는 능력이 더 낫다. 일반적으로 심각한 재정 문제에 직면했을 때 사업 운영을 위해 판매할 수 있는 자산을 소유하고 있기 때문이다. 게다가 대기업은 국제적 은행이나 원조 기관에 대출을 해주도록 설득할 수 있다. 따라서 대기업은 직원에게 보다 큰 직업상의 안정과 재정적 안정을 제공할 가능성이 크다. 예를 들어, 2003년의 보고서에 따르면, 1997년에 한국에 커다란 재정 위기가 닥쳤을 때 78.8%의 소기업이 파산을 선언했다. 이외에도 서울에서 일하는 피고용인의 45.7%가 사업 구조조정의 일환으로 해고당했다는 글을 읽은 적이 있다. 그러므로 대기업은 직원에게 직업상의 안정을 보장한다.

정리하자면, 나는 대기업에서 일하는 것이 더욱 이익이라는 관점을 강력하게 지지한다. 경력상의 도전을 받고 경제적 어려움에 대처하기가 더욱 쉽기 때문이다.

Mini Test 3

Agree

1 대중 매체들이 유명인들에 대한 소식을 자주 보도하기 때문이다.

2 유명인들의 사생활이 자주 침해되는 것은 과도한 관심을 증명해 준다.

Possible ideas

Agree	Disagree
1. 흔한 대화의 소재가 된다.	1. 유명인들의 업적이나 활동에 대한 관심이 증가되는 추세이다.
2. 유명인의 생활을 동경하는 사람들이 많다.	2. 유명인들의 사생활에 대한 관심은 인기의 척도이므로 과도한 것은 아니다.

Sample Response

It has recently been controversial whether working for the same company for the entire life is advantageous or not. However, I disagree with the position that working for a same company is undesirable because it provides more career opportunities and economic stability.

Most of all, it is much easier to advance in their careers if working at the same company. As a matter of fact, it takes a plenty of time for new workers to adapt themselves to a new working environment and be acknowledged by their supervisors. However, by working for the just one company, they are better able to acquire a sense of business under the familiar environment and eventually learn more. Consequently, they would have more opportunities to move up to the higher positions without wasting time and too much effort. For example, a friend of mine has been working for his company for about fifteen years since his college graduation. He had a hard time learning to deal with practical tasks and made mistakes. However, he has built up a good career by listening to senior workers and coming up with creative and innovative ideas. From this experience, I realized that remaining at the same company is conducive for one's career.

In addition, working for lifetime ensures financial stability. Generally, employees get paid on a regular basis as long as they are employed at a company. On the other hand, they might have to worry about affording living expenses and financially supporting their family while searching for another job. Therefore, it is likely to have more financial relief without any anxiety or concerns if devoting oneself to the only company with enthusiasm. For instance, when I was young, my father used to have difficulty making a living. This was because he kept switching from one job to another, and he could not be paid on a regular basis. From this experience, I learned that employees are likely to become financially stable by working for a company for a long period of time.

To sum up, I strongly agree with the perspective that it is advantageous to be employed at just one company for lifetime. This is because it helps to move up the career ladder faster and ensure job security.

Sample Response Translation

최근에 평생 같은 회사에서 일하는 것이 이로운지 여부를 놓고 논란이 일고 있다. 그러나 나는 같은 회사에서 평생 일하는 것이 바람직하지 않다는 입장에 반대한다. 같은 회사에서 일하면 경력 개발의 기회를 더욱 많이 가질 수 있고 경제적 안정을 누릴 수 있기 때문이다.

무엇보다도, 같은 회사에서 일하면 승진하기가 훨씬 쉽다. 실제로 신입 사원이 새로운 작업 환경에 적응하고 상사에게 능력을 인정받기까지는 오랜 시간이 걸린다. 그러나 한 회사에서 일하면 친숙한 환경에서 일에 대한 감각을 훨씬 잘 익힐 수 있고 결국 더욱 많은 것을 배울 수 있다. 그 결과 같은 회사에서 일한 직원은 시간과 노력을 낭비하지 않고 더 높은 지위로 승진할 기회를 더욱 많이 갖게 된다. 예를 들어, 내 친구 중 하나는 대학을 졸업하고 약 15년 동안 한 회사에서 일했다. 그는 실무 처리 방법을 배우느라 고생을 했고 실수도 했다. 그러나 그는 선배 사원의 말에 귀를 기울이고 창의적이고 혁신적인 아이디어를 생각해냄으로써 훌륭한 경력을 쌓았다.

나는 이런 경험을 통해서 같은 회사에 남아 일하는 것이 한 개인의 경력을 위해 유익하다는 사실을 깨달았다.

더욱이, 평생 같은 직장에서 일하면 재정적인 안정성을 보장받을 수 있다. 일반적으로 직원들은 한 회사에 고용된 동안은 정기적으로 급여를 받는다. 하지만 다른 직장을 찾아야 하는 경우에는 그 동안 생활비를 충당하고 가족을 재정적으로 부양하는 문제로 걱정을 해야 할지 모른다. 그러므로 열정을 가지고 한 회사에 헌신해서 일하면 불안해 하거나 염려할 필요 없이 재정적인 안정을 확보할 수 있다. 예를 들어, 내가 어렸을 때 아버지는 생계를 꾸려 나가는 데 어려움을 겪곤 했다. 아버지가 계속 직업을 바꿔서 정기적으로 급여를 받을 수 없었기 때문이다. 나는 이런 경험을 통해서 오랫동안 한 회사에서 일하면 재정적으로 안정될 가능성이 크다는 사실을 배웠다.

정리하자면, 나는 평생 동안 한 회사에서 고용되어 일하는 것이 이롭다는 관점을 강력하게 지지한다. 경력의 사다리를 더욱 빨리 올라가고 직업상의 안정성을 확고하게 다질 수 있기 때문이다.

Mini Test 4

Disagree

1 학생들이 실망하고 낙담할 수도 있다.
2 자신이 공부하고자 하는 분야에 집중하여 공부하는 것을 방해한다.

Possible ideas

Agree	Disagree
1. 열심히 공부한 것에 대한 보람을 느낀다.	1. 급우들간의 치열한 경쟁으로 학습 의욕이 상실될 수 있다.
2. 자신의 부족한 과목을 확인할 수 있는 척도가 된다.	2. 성적을 높이기 위한 부정한 방법이 동원되어 학습 의욕이 상실될 수도 있다.

Sample Response

It has been controversial whether students are motivated to learn by their grades. However, I basically disagree with the position that grades help students to be motivated to learn because they can be easily discouraged and difficult to concentrate on learning.

Most of all, students likely have negative attitudes towards learning if they receive low grades. As a matter of fact, most students tend to actively take part in their classes when they are satisfied with their schoolwork or praised by their teachers. However, low grades would make students frustrated and discouraged, which might affect students to lose interests in their academic tasks. Accordingly, students are likely to lose all incentives to self-esteem and damage their confidence, as disappointed in their grades. For example, when I was a high school student, I did very well in school and always did my best in class. However, I lost my interest after my school grades gradually went down. Besides, all the school teachers and even my parents blamed me for the neglect of my grades. From this experience, I found that students are likely to be discouraged from receiving grades.

In addition, grades could be a distraction in studying. Generally, to get higher grades, students at school have to not only deal with a big load of schoolwork but also follow school regulations and teachers' guidance. Thus, they have to pay more attention to miscellaneous tasks influencing grades than to subjects which they really like to study. Therefore, grades block students from devoting themselves to the fields they are really interested in. For instance, my younger sister was talented in playing the violin and graduated from junior high school with honors. However, she did not have any opportunity to study music and she had to invest all of her time studying for all the required classes in order to get higher grades. As a result, she not only lost interest in her study but also missed the opportunity to develop her talents.

To sum up, I strongly oppose the perspective that marks are conducive to students' learning. This is because grades could damage students' morale and prevent them from focusing on their studies.

Sample Response Translation

성적이 학생의 학습 동기를 부추기는지를 놓고 논란이 일고 있다. 그러나 나는 근본적으로 성적이 학생의 학습 동기를 부추긴다는 입장에 반대한다. 학생은 성적으로 인해 쉽게 좌절하고 학습에 집중하기 힘들어 하기 때문이다.

무엇보다도, 학생들은 낮은 성적을 받으면 학습에 대해 부정적인 태도를 갖게 될 가능성이 크다. 실제로 대부분의 학생은 학습 활동에 만족하고 선생님에게 칭찬을 받을 때 수업에 적극적으로 참여하는 경향이 있다. 그러나 성적이 낮으면 좌절하고 낙담하게 되고 학업에 흥미를 잃을지 모른다. 따라서 성적 때문에 낙심하면서 자부심을 북돋고자 하는 모든 동기를 잃고 자신감 또한 상처를 입는다. 예를 들어, 나는 고등학교에 다닐 때 학교 성적이 꽤나 좋았고 수업시간에 항상 최선을 다했다. 하지만 학교 성적이 점차 떨어지자 공부에 대한 흥미를 잃었다. 게다가 학교 선생님들과 심지어 부모님까지도 성적을 등한시한다며 꾸짖었다. 이런 경험을 통해서 나는 학생들이 성적을 받게 되면 낙담하게 될 가능성이 크다는 사실을 깨달았다.

더욱이, 성적은 공부에 집중할 수 없게 만들 수 있다. 일반적으로 더 높은 성적을 거두려면 많은 양의 학업을 감당해야 할 뿐만 아니라 학교 규칙과 선생님의 지도에 따라야 한다. 따라서 자신이 정말 공부하고 싶어하는 과목보다는 성적에 영향을 미치는 잡다한 학업에 보다 큰 관심을 기울여야 한다. 그러므로 성적은 학생들이 정말 관심을 두는 분야에 전념해서 공부하는 것을 방해한다. 예를 들어, 내 여동생은 바이올린 연주에 재능이 있고 중학교를 우등으로 졸업했다. 하지만 음악을 공부할 기회가 전혀 없었고, 좀 더 높은 성적을 올리기 위해서 필수 과목을 공부하는 데 모든 시간을 투자해야 했다. 결과적으로 여동생은 공부에 흥미를 잃었을 뿐만 아니라 자신의 재능을 계발할 기회를 놓쳤다.

정리하자면, 나는 점수가 학생들의 학습에 유익하다는 관점에 강력하게 반대한다. 성적은 학생들의 사기를 저하시키고 공부에 집중하지 못하게 하기 때문이다.

Mini Test 5

Disagree

1 TV는 때때로 검증되지 않은 신뢰성 없는 정보를 제공하기도 한다.
2 몇몇 TV 프로그램들은 비교육적이다.

Possible ideas

Agree	Disagree
1. 동영상을 통해서 이해가 빠른 학습이 가능하다.	1. 전문적 지식이나 정보를 얻을 수 있다.
2. 최신의 시사성 있는 정보를 얻을 수 있다.	2. TV와 달리 책은 혼자 보기 때문에 더 잘 집중할 수 있다.

Sample Response

In modern society, it has been controversial whether television is more helpful than books when it comes to learning. However, I basically disagree with the position that television provides more valuable information than books because information in the books is more reliable and educational.

Most of all, publications provide more authentic resources. As a matter of fact, television often focuses on unproven facts or fictional stories without the process of proving to be true to attract as many television viewers as possible. On the contrary, most published books provide more accurate and truthful information thoroughly verified by many experts. Accordingly, a variety of reliable information gained from books would definitely help to broaden knowledge in various fields and enhance expertise in one's profession. For example, I have read that about 78.8% of news or information on celebrities provided by television in Korea was groundless and turned out to be false, and a survey showed that 67.5% of television viewers in Korea did not believe that the news on television is quite dependable. From this, I found that people hardly get reliable information from television.

In addition, information from books is much more valuable to adults as well as students in terms of education. Generally, there are a wide variety of TV programs such as dramas, comedies, news, and educational programs. However, not all the programs provide valuable information, and parents' guidance is often required, especially to young students. Therefore, people, especially students can learn more and develop themselves by reading books consisting of educational and professional contents. For instance, a report stated that 78.8% of the students in Korea believe that they obtain useful academic information and ideas from books not from television and a study also showed that 63.5% of juvenile delinquency has been caused by aggressive television programs. Thus, books are greatly conducive to learning by providing more educational resources.

To sum up, I strongly oppose the perspective that watching television is more helpful in learning than reading books. This is because books provide us with more authentic and educative contents.

Sample Response Translation

현대 사회에서는, 학습할 때 책보다 텔레비전이 더욱 유용한지를 놓고 논란이 일고 있다. 그러나 나는 책보다 텔레비전이 보다 귀중한 정보를 제공한다는 입장에 기본적으로 반대한다. 책 속에 담긴 정보가 좀 더 믿을 만하고 교육적이기 때문이다.

무엇보다도, 출판물은 더욱 신뢰할 만한 자원을 제공한다. 실제로 텔레비전은 가능한 한 많은 시청자를 끌어 모으기 위해 진실 여부를 입증하는 과정 없이 증명되지 않은 사실이나 허구적인 이야기에 초점을 맞추는 경우가 많다. 이와는 반대로 출판된 책의 대부분은 많은 전문가에 의해 철저하게 입증된 보다 정확하고 진실한 정보를 제공한다. 따라서 책에서 획득한 여러 믿을 만한 정보는 다양한 분야의 지식을 넓히고 자기 직업에 필요한 전문 지식을 향상시키는 데 분명히 유용하다. 예를 들어, 나는 텔레비전에서 제공하는 유명 인사에 대한 뉴스나 정보의 약 78.8%가 근거가 없는 거짓으로 판명되었다는 글을 읽은 적이 있다. 또한 조사 결과에 따르면 한국 텔레비전 시청자의 67.5%는 텔레비전에서 방영하는 뉴스가 매우 신뢰성이 있다고는 믿지 않는다. 이를 통해서 나는 사람들이 텔레비전에서 믿을 만한 정보를 거의 획득하지 못한다는 사실을 깨달았다.

더욱이, 책에 실린 정보는 교육적 측면에서 학생뿐만 아니라 성인에게도 훨씬 소중하다. 일반적으로 텔레비전 프로그램은 드라마, 코미디, 뉴스, 교육 프로그램 등 다양하다. 그러나 모든 프로그램이 귀중한 정보를 제공하지는 않기 때문에, 특히 어린 학생에게는 부모의 지도가 종종 필요하다. 그러므로 사람들 특히나 학생들은 교육적이고 전문적인 내용으로 구성된 책을 읽음으로써 더욱 많은 것을 배우고 자신을 계발할 수 있다. 예를 들어, 한 보고서에 따르면 한국 학생의 78.5%는 텔레비전이 아니라 책에서 유용한 학문적 정보와 아이디어를 얻는다고 믿는다. 또한 한 연구 결과를 보면 청소년 비행의 63.5%는 공격적인 텔레비전 프로그램에 의해 유발된다고 한다. 따라서 책은 좀 더 많은 교육적 자원을 제공함으로써 학습에 상당히 유익하다.

정리해보면, 나는 책을 읽는 것보다 텔레비전을 시청하는 것이 학습에 좀 더 유용하다는 관점에 강하게 반대한다. 책은 우리에게 보다 신뢰할 수 있고 교육적인 내용을 제공하기 때문이다.

Mini Test 6

Agree

1 일상 생활에서 명확한 의사소통의 주요 수단은 말하기이다.

2 사회 생활 속에서 원만한 인간관계를 위해서는 말하기 능력이 중요하다.

Possible ideas

Agree	Disagree
1. 빠르고 간략한 의사소통 방법이다.	1. 논리 정연한 설명으로 보다 설득력 있다.
2. 말의 톤과 어조로 더욱 설득력 있는 의사 전달이 된다.	2. 전문적 지식이나 정보의 전달에 효과적이다.

Sample Response

In modern society, it has been controversial whether the ability to speak is more essential than the ability to write. However, I basically agree with the position that speaking skills are more important than writing skills because it is a vital tool for both verbal communication and social interactions.

Most of all, verbal communication skills make the meaning much clearer without misunderstanding. As a matter of fact, speaking and writing are both significant means of communication as they have long been considered to be the best ways to use language. However, it is challenging and cumbersome to convey one's intention or ideas by writing every single word no matter how convincing the writings would be. Accordingly, it is important to learn how to express one's thoughts orally in any communication context. For example, I mistakenly purchased a defective vacuum cleaner a couple of months ago. As the idea of complaining in writing bothered me very much, I brought it back to the store immediately and explained the problem in details. Fortunately the kind sales clerk seemed to clearly understand the problem and gave me a new one right away. From this experience, I found that excellent speaking skills are crucial for clear communication.

In addition, speaking ability helps to keep a good human relationship with others. Generally, people in a group get to know and get closer by talking about their common interests and sharing their experiences with each other. On the other hand, good writing skills are not helpful in getting along with or interact with friends in school or coworkers in the office. Therefore, speaking skill is much more valuable than writing when it comes to being in a social group.

To sum up, I strongly support the perspective that speaking skills are considered to be more essential than writing skills. This is because it is the major medium of communication and helps develop social skills.

Sample Response Translation

현대 사회에서 말하는 능력이 쓰는 능력보다 더 필요한지 여부를 놓고 논란이 일고 있다. 그러나 나는 말하는 기술이 쓰는 기술보다 중요하다는 입장에 기본적으로 찬성한다. 말하는 기술은 언어 의사소통과 사회 상호 작용의 중요한 도구이기 때문이다.

무엇보다도, 언어 의사소통 기술은 오해를 일으키지 않고 의미를 훨씬 분명하게 만든다. 실제로 말하기와 쓰기는 모두 의사소통의 중요한 수단이다. 두 가지 모두 언어를 사용하는 최고 방법으로 오랫동안 여겨져 왔기 때문이다. 그러나 글이 아무리 설득력이 있더라도 단어를 하나하나 써서 자신의 의도와 아이디어를 전달하는 것은 간단하지 않고 거추장스럽다. 따라서 자신의 생각을 의사소통의 상황에서 구두로 표현하는 방법을 배우는 것이 중요하다. 예를 들어, 나는 두 달 전에 실수로 결함이 있는 진공청소기를 샀다. 글로 항의를 하는 것이 매우 귀찮았기 때문에 즉시 상점에 가져가서 문제점을 자세하게 설명했다. 다행스럽게도, 친절한 판매원은 문제점을 분명하게 이해했고 내게 새 제품을 즉시 내주었다. 나는 이런 경험을 통해서 훌륭한 말 기술이 분명한 의사소통에 결정적으로 중요하다는 사실을 발견했다.

더욱이, 말하는 능력은 다른 사람과 좋은 인간 관계를 유지하는 데 유용하다. 일반적으로 집단에 속한 사람은 자신의 공통 관심사에 대해 얘기하고 자신의 경험을 서로 나눔으로써 서로 알게 되고 더욱 가까워진다. 반면에 훌륭한 쓰기 기술은 학교에서 친구와, 사무실에서 동료 직원과 잘 지내거나 상호 작용하는 데 도움이 되지 않는다. 그러므로, 사회 집단에 속하는 경우에는 말하는 기술이 쓰기 기술보다 훨씬 더 중요하다.

정리하자면, 나는 말하는 기술이 쓰는 기술보다 중요하다는 관점을 강력하게 지지한다. 말하는 기술은 의사소통의 주요 수단이고 사회 기술 계발에 유익하기 때문이다.

Mini Test 7

Agree

1 비용이 전혀 들지 않는 자연 자원이므로 경제적이다.

2 이산화탄소 분출이 없어서 환경 오염의 우려가 없다.

Possible ideas

Agree	Disagree
1. 화석 연료처럼 고갈될 염려가 없다.	1. 발전소 등의 개발 비용이 많이 든다.
2. 연료 효율성이 좋다.	2. 연료 저장 기술 등의 실생활에 활용할 수 있는 기술이 아직 부족하다.

Sample Response

In modern society, it has been controversial whether fossil fuels will be replaced with renewable energy. However, I basically agree with the position that the use of renewable energy will be more preferred because it is more affordable and clean.

Most of all, renewable power is much more cost-effective. As a matter of fact, fossil fuels require lots of money such as the cost of labor to mine for coal, labor to build plants, and transportation of coal and oil to the power plants. On the contrary, renewable sources like sun, wind and water are all a free source of energy and do not require additional costs at all. Accordingly, renewable power is the most efficient energy sources in terms of cost. For example, it is reported that renewable resources could produce 25% of the electricity and motor vehicle fuels used in the US by 2025 at little or no additional cost. From this data, I found that taking advantage of renewable energy saves lots of cost.

In addition, it does not cause air pollution. Generally, many important pollutants are produced by fossil fuels combustion. However, renewable energy does not pollute the air unlike power plants that rely on combustion of fossil fuels, such as coal or natural gas. Therefore, the use of renewable sources is the best choice to prevent environmental pollution. For instance, I have read that air pollution in Seoul has been reduced by 36.5% since the introduction of a solar house. Furthermore, a report stated that the number of wild animals plants in suburban areas of Seoul has gradually increased since the government prohibited the use of fossil fuels in the areas. Accordingly, alternative energy would be greatly effective in saving the environment.

To sum up, I strongly support the perspective that renewable energy should be the major source of energy. This is because it is cost-efficient and prevents environmental pollution.

Sample Response Translation

현대 사회에서 화석 연료가 재생 가능한 에너지로 대체될 것인지를 놓고 논란이 일고 있다. 그러나 나는 재생 가능한 에너지를 사용하는 것이 더 좋다는 입장에 기본적으로 찬성한다. 사람들은 더욱 값싸고 깨끗하다는 이유로 재생 가능한 에너지의 사용을 선호할 것이다.

무엇보다, 재생 가능한 동력은 비용 면에서 훨씬 더 효율적이다. 실제로 화석 연료를 사용하려면 석탄을 채굴하기 위한 노동력, 공장을 세우기 위한 노동력, 석탄과 석유를 동력 공장으로 옮기기 위한 운송비 등 많은 비용이 든다. 반면에 태양, 바람, 물 등과 같은 재생 가능한 자원은 모두 무료로 얻을 수 있는 에너지원이고 추가적인 비용이 전혀 들지 않는다. 따라서 재생 가능한 동력은 비용 면에서 가장 효율적인 에너지원이다. 예를 들어, 추가 비용을 거의 들이지 않거나 전혀 들이지 않고도 2025년까지 미국에서 사용될 전기와 자동차 연료의 25%를 생산할 수 있다는 보고가 있었다. 이런 자료를 통해서 나는 재생 가능한 에너지를 사용하면 비용을 많이 절약할 수 있다는 사실을 깨달았다.

더욱이, 재생 가능한 에너지는 공기 오염을 일으키지 않는다. 일반적으로 중요한 오염원은 화석 연료의 연소를 통해 생겨난다. 그러나 재생 가능한 에너지는 석탄이나 천연 가스 등 화석 연료의 연소에 의존하는 동력 공장과는 달리 공기를 오염시키지 않는다. 그러므로 재생 가능한 자원의 사용은 환경 오염을 방지하기 위한 최선의 선택이다. 예를 들어, 나는 태양열 집이 도입된 이후로 서울의 대기 오염이 36.5% 감소했다는 글을 읽은 적이 있다. 더욱이 보고에 따르면 정부가 해당 지역에서의 화석 연료 사용을 금지한 이후로 서울의 교외 지역에 서식하는 야생 동물이나 식물의 숫자가 점차 증가하고 있다. 따라서 대체 에너지는 환경을 구하는 데 매우 효과적일 것이다.

정리하자면, 나는 재생 가능한 에너지가 주요 에너지원이 되어야 한다는 관점에 강력하게 찬성한다. 재생 가능한 에너지가 비용 면에서 효율적이고 환경 오염을 방지하기 때문이다.

Mini Test 8

Disagree

1 젊은 사람들은 삶을 더욱 즐겁게 살 수 있는 시간적 여유가 많지 않다.

2 그들은 또한 삶을 즐겁고 풍요롭게 즐길 수 있는 재정적 기반이 약하다.

Possible ideas

Agree	Disagree
1. 보다 흥미로운 새로운 일에 도전할 패기가 있다.	1. 같이 즐길 수 있는 가족들이 많이 있다.
2. 신체적으로 건강하여 다양한 경험을 할 수 있다.	2. 자녀들이 성장하여 가족 부양의 부담이 적다.

Sample Response

In modern society, some people think that the young generation enjoys their lives more than the old generation. However, I basically disagree with the position that the youth have more fun lives than the aged because old people have more spare time to enjoy and, they have financial stability unlike the younger generation.

Most of all, the aged have more sufficient time to enjoy their lives. As a matter of fact, most young people are busy working or studying and have lots of tasks to complete at all times. On the other hand, most old people do not need to be concerned regarding work and can spare most of their time doing whatever they want such as traveling, shopping, and sporting. Accordingly, it would be easier for the old to enjoy their lives than the young. For example, before my father retired from his job, my parents hardly spent their time together and my father rarely stayed at home. However, they enjoy most of their time together by traveling abroad, going shopping, and climbing mountains. Besides, they seem to be much happier than before. From seeing this, I realized that the aged have more free time to relax and enjoy their lives.

In addition, the old are usually financially more stable than the young. Generally, many young people who are attending schools or looking for jobs are economically dependent upon their parents. On the contrary, the aged have the accumulated savings and assets which they have acquired during their middle age, which enables them to do any activities they want to do. Therefore, old people are much freer from restraint on finances when enjoying their lives than young people.

To sum up, I strongly oppose the perspective that the youth have more chances to enjoy lives than the old. This is because young people are neither free from work nor financially stable.

Sample Response Translation

현대 사회에서 일부 사람들은 젊은 세대가 늙은 세대보다 생활을 즐긴다고 생각한다. 그러나 나는 젊은 사람이 나이 든 사람보다 더욱 재미있게 생활한다는 입장에 근본적으로 반대한다. 나이 든 사람은 젊은 사람과는 달리 삶을 즐길 여가 시간이 좀 더 많고 재정적으로도 안정되었기 때문이다.

무엇보다도, 나이 든 사람에게는 자기 삶을 즐길 시간이 충분하다. 실제로 대부분의 젊은이들은 일하거나 공부하느라 바쁘고 완성해야 할 일이 언제나 많다. 반면에 나이 든 사람들 대부분은 일에 대해 신경 쓸 필요 없이, 여행, 쇼핑, 스포츠 활동 등 자신이 원하는 일에 자기 시간의 대부분을 사용할 수 있다. 따라서 젊은 사람보다는 나이 든 사람이 자신의 삶을 즐기기가 더욱 쉽다. 예를 들어, 나의 아버지가 직장에서 퇴직하기 전에는 부모님은 함께 보내는 시간이 거의 없었고 아버지는 거의 집에 있지 않았다. 그러나 지금은 함께 해외 여행을 하고, 쇼핑을 하고, 등산을 하는 등 대부분의 시간을 함께 보낸다. 게다가 부모님은 예전보다 더 행복해 하는 것 같다. 이를 보면서 나는 나이 든 사람이 더욱 많은 여가 시간을 누리면서 삶을 즐긴다는 사실을 깨달았다.

덧붙여서, 나이 든 사람은 젊은 사람보다 재정적으로 더욱 안정되어 있다. 일반적으로 학교에 다니거나 직업을 찾고 있는 다수의 젊은이들은 부모에게 재정적으로 의존한다. 반면에 나이 든 사람은 중년 시기에 획득한 자산과 모아놓은 저축이 있기 때문에 자신이 하고 싶은 활동을 할 수 있다. 그러므로 나이 든 사람은 삶을 즐기고자 할 때 젊은 사람보다 재정적 속박에서 훨씬 자유롭다.

정리하자면, 나는 젊은 사람이 나이 든 사람보다 삶을 즐길 기회가 많다는 관점에 강력하게 반대한다. 젊은 사람은 일로부터 자유롭지도 못 하고 재정적으로 안정되지도 못 하기 때문이다.

Actual Test 1

Sample Response

It is not easy to decide whether being satisfied with a job is more important than having a higher pay. However, I basically agree with the position that having a career itself is far more vital than receiving a great financial compensation because it would be easier to concentrate on work and succeed in career in the long run.

Most of all, when people have satisfying jobs, they are able to pay full attention to their given work. As a matter of fact, most people tend to actively carry out their duties when satisfied with their jobs. However, exceedingly expecting high incomes could discourage workers and damage their morale. Accordingly, workers could not only enjoy their work but also contribute to the business by devoting themselves to their career duties. For example, I used to work for an automobile company just because it paid a high salary, but I was so stressed out and eventually tired of the job. Therefore, I ended up quitting the job and later started my own shopping mall, where I could fully devote myself to the online business without being distracted despite the fact that there was not much profit. From this case, I learned that satisfaction from one's work motivates people to put in every effort in their careers.

In addition, there would be more opportunities to succeed if people have such great enthusiasm for their jobs. Generally, focusing on a job guarantees a growing expertise in a certain career field, which is much more valuable than salaries. Moreover, workers can broaden the knowledge relevant to their jobs rather than to waste their time and effort adapting oneself to a new life although getting paid lower. Consequently, such positive attitudes and hard work would be rewarded and lead them to success.

To sum up, I strongly support the perspective that enjoyable jobs are more significant than higher salaries. This is because workers can focus better on their careers and achieve a successful career life by being content with their jobs.

Sample Response Translation

직업에 만족하는 것이 더 많은 급여를 받는 것보다 더 중요한지를 결정하기란 쉽지 않다. 그러나 나는 경력 자체를 유지하는 것이 커다란 재정적 보상을 받는 것보다 훨씬 더 중요하다는 입장에 기본적으로 찬성한다. 경력 자체를 유지하면 일에 집중하고 결국 경력에서 성공하기가 더 쉽기 때문이다.

무엇보다도, 사람들은 만족스러운 직업에 종사할 때 주어진 일에 온전히 관심을 쏟을 수 있다. 실제로 대부분의 사람들은 자신의 직업에 만족할 때 자신의 임무를 적극적으로 수용하는 경향이 있다. 그러나 직원이 높은 수입을 과다하게 기대하면 낙심하고 사기가 떨어질 수 있다. 따라서 직원은 일을 즐길 뿐만 아니라 자신의 임무에 헌신함으로써 직장에 기여할 수 있어야 한다. 예를 들어, 나는 급여가 많다는 이유로 한 자동차 회사에서 일한 적이 있다. 하지만 너무나 스트레스를 받고 결국은 하는 일에 싫증이 났다. 그래서 결국 직장을 그만두고 나중에 쇼핑몰을 시작했다. 비록 수익은 많지 않았지만 딴 데로 눈을 돌리지 않고 온라인 사업에 완전히 전념할 수 있었다. 이런 경우를 통해 나는 일에서 얻는 만족이 사람들에게 동기를 부여해서 경력을 추구할 때 모든 노력을 아끼지 않게 한다는 사실을 배웠다.

더욱이, 직업에 커다란 열정을 쏟는다면 성공할 기회가 더욱 많을 것이다. 일반적으로 한 직업에 집중하면 그 분야의 전문 지식이 증가하는데 이것이 급여보다 훨씬 더 소중하다. 게다가 직원들은 급여를 더 적게 받더라도, 새로운 생활에 적응하는 데 시간과 노력을 소비하기보다는 직업에 필요한 적절한 지식을 넓힐 수 있다. 결과적으로 이런 긍정적인 태도와 열심히 일하는 태도가 보상을 받을 것이고 성공을 가져다 줄 것이다.

정리하자면, 나는 급여를 더 많이 받는 것보다는 즐길 수 있는 직업이 더욱 중요하다는 관점을 강력하게 지지한다. 직원은 직업에 만족함으로써 경력에 더욱 초점을 맞출 수 있고 경력을 성공적으로 달성할 수 있기 때문이다.

Sample Response

In many countries around the world, people often debate whether it is better to develop land for human needs than to save it for endangered animals. However, I personally agree with the position that developing land is better than leaving it undeveloped for wild animals because coping with the lack of energy source and world poverty is a bigger problem.

Most of all, land development would definitely help to cope with the lack of natural energy sources. As a matter of fact, most of the countries in the world have suffered from the increase in the price of oil and natural gas as those fossil fuels are getting gradually depleted. Therefore, concerns regarding the finite amount of natural sources have reinforced the importance of developing alternative energy sources such as sun, wind and water. Accordingly, it is absolutely necessary to develop land and build more plants for renewable alternative energy sources before the complete depletion of fossil fuels. For example, a report stated that renewable resources could produce 25% of the electricity and motor vehicle fuels used in the US by 2025 at little or no additional cost. Furthermore, a study reported that all the natural resources of energy like coals, gas, and oil will have completely depleted by around 2080.

In addition, developing land should be preceded to save the poor in the world. Generally, there are still a number of people around the world who have difficulty making living and even starve to death. Thus, it is inevitable but to concentrate more on human welfares than on wildlife protection to save those indigent people. Accordingly, if the economy is highly industrialized through the land development and better welfare policies are set up, the number of the starving people would drastically decrease.

In conclusion, I strongly support the perspective that developing land is more critical than preserving it for wildlife. This is because it is more crucial to prepare for the lack of natural energy resources and to save impoverished people.

Sample Response Translation

세계 여러 나라 사람들은, 인간의 필요를 위해 땅을 개발하는 것이 멸종 위기에 처한 동물을 구하기 위해 땅을 남겨두는 것보다 더 나은지 여부를 놓고 종종 토론을 벌인다. 그러나 나는 땅을 개발하는 것이 야생 동물을 위해 땅을 개발하지 않은 채 남겨두는 것보다 낫다는 입장에 개인적으로 찬성한다. 에너지 부족과 세계 빈곤에 대처하는 것이 보다 큰 문제이기 때문이다.

무엇보다도, 땅의 개발은 천연 에너지원의 부족 문제에 대처하는 데 확실하게 유용할 것이다. 실제로 세계 대부분의 나라들은 화석 연료의 점차적인 고갈로 인한 원유 가격과 천연 가스 가격의 인상으로 고통을 겪고 있다. 그러므로 천연 자원의 한정된 양에 대한 우려로 인해 태양열, 풍력, 수력과 같은 대체 에너지원을 개발할 중요성이 더욱 부각되고 있다. 따라서 화석 연료가 완전히 고갈되기 전에 재생 가능한 대체 에너지원을 확보하기 위해 땅을 개발하고 더 많은 공장을 짓는 것이 절대적으로 필요하다. 예를 들어, 한 보고서에 따르면 재생 가능한 자원을 사용한다면 추가 비용을 거의 들이지 않거나 전혀 들이지 않고 2025년까지 미국에서 사용되는 전기와 자동차 연료의 25%를 생산할 수 있다고 한다. 더욱이 한 연구 결과를 보면, 석탄, 가스, 석유 등과 같은 모든 천연 에너지 자원은 2080년경에 완전히 고갈될 것이다.

더욱이, 세상에 존재하는 가난한 사람을 구하려면 땅의 개발이 전제되어야 한다. 일반적으로 전 세계 많은 사람들이 생계 유지에 어려움을 겪고 있고 심지어는 기아로 목숨을 잃기까지 한다. 따라서 가난한 사람을 구하려면 야생 동물의 보호보다는 인간 복지에 좀 더 집중하는 것이 절대적으로 필요하다. 따라서 땅의 개발을 통해 경제가 고도로 산업화되고 더욱 바람직한 복지 정책이 수립된다면 굶어 죽는 사람의 숫자는 급격하게 감소할 것이다.

결론적으로, 나는 땅을 개발하는 것이 야생 동물을 위해 땅을 보존하는 것보다 중요하다는 관점을 강력하게 지지한다. 천연 에너지 자원의 부족에 대비하고 가난한 사람을 구하는 것이 더욱 중요하기 때문이다.

Actual Test 3

Sample Response

In modern society, it is controversial whether the influence of classmates on a child's successful school life is greater than that of parents. However, I basically agree with the position that a child's successful life in school is affected more by peers rather than parents because children spend more time with their classmates and understand each other better.

Most of all, children spend more time with their classmates in school. As a matter of fact, most young students usually stay at school almost all day, taking classes and playing with their classmates. Thus, they are likely to share useful information on schoolwork and discuss their interests or concerns while getting along with their peers. Accordingly, children's school lives absolutely depend on classmates as having more opportunities to talk about their studies with school friends rather than with parents. For example, I remember the time I had a hard time working on all my assignments at home although my mother tried to help me out. However, when two of my classmates and I got together to work on our assignments after school, we had no difficulty solving the problems. Therefore, we have saved lots of time and effort but also received better grades. From this experience, I learned that classmates have more influences on a child's successful school life as they often interact.

In addition, children believe classmates sympathize better with their feelings and emotions than parents do. Generally, a peer group naturally has much in common such as personal interests, favorite food and hobbies, and even their mentality. Therefore, young students give comfort to each other whenever faced with problems such as classes or grades. Thus, students' school lives absolutely depend on not their parents but their peers' encouragement.

To sum up, I strongly support the perspective that classmates are more crucial than parents in a child's successful school life. This is because children are more exposed to a peer group and consider each other more.

Sample Response Translation

현대 사회에서는, 아이들의 성공적인 학교 생활에 미치는 학급 친구의 영향이 부모의 영향보다 큰지를 놓고 논란이 일고 있다. 그러나 나는 아이의 성공적인 학교 생활이 부모보다는 친구에 의해 더욱 많은 영향을 받는다는 입장에 기본적으로 동의한다. 아이들은 학급 친구와 더욱 많은 시간을 보내고 서로 더욱 잘 이해하기 때문이다.

무엇보다도, 아이들은 학교에서 학급 친구와 더욱 많은 시간을 보낸다. 실제적으로 대부분의 어린 학생들은 대체로 거의 하루 종일 학교에 머물면서 수업을 듣고 학급 친구들과 놀이를 한다. 아이들은 친구들과 어울리면서 학업에 대해 유용한 정보를 공유하고 자신의 관심사와 걱정거리를 의논한다. 따라서 아이들의 학교 생활은 절대적으로 학급 친구에게 의존된다. 자신의 학업에 대해 부모님보다는 학교 친구와 이야기하는 기회가 더 많기 때문이다. 예를 들어, 나는 어머니가 도와주려고 애를 썼지만 집에서 숙제 때문에 어려움을 겪었던 때가 생각난다. 그러나 방과 후에 학급 친구 두 명과 함께 숙제를 했을 때는 아무 어려움 없이 문제를 해결할 수 있었다. 이런 경험을 통해 나는 아이들은 학급 친구와 자주 대화하기 때문에 성공적인 학교 생활에는 학급 친구가 더욱 큰 영향력을 미친다는 사실을 깨달았다.

게다가, 아이들은 부모보다는 학급 친구가 자신의 감정과 느낌에 더욱 공감한다고 믿는다. 일반적으로 또래 그룹은 개인적인 관심사, 좋아하는 음식과 취미, 심지어는 정신 상태 등 공통점이 많다. 따라서 학생들의 학교 생활은 부모가 아닌 또래의 격려에 절대적으로 좌우된다.

정리해보자면, 나는 아이들의 성공적인 학교 생활에는 부모보다 학급 친구가 더욱 중요하다는 관점을 강력하게 지지한다. 아이들은 또래 집단에 더욱 많이 노출되고 서로를 더욱 많이 배려하기 때문이다.

Actual Test 4

Sample Response

It is controversial whether teachers should have the ability to interact well with students rather the ability to teach well. However, I basically agree with the position that teachers should be better able to relate well to students than able to teach because they need to assist students to socialize and prepare for better future.

Most of all, one of the teacher"s major jobs is to assist students to acquire social skills. As a matter of fact, teachers are basically different from private tutors in that they guide students to form the right way of thinking or keep good human ties to their peers. In addition, even after school, they sometimes perform extra curricular activities such as playing basketball games, hiking or bicycling with students in order to develop their friendship among them. Accordingly, school teachers play a differentiated role in building social skills from instructors who are free from the responsibility for students after class. For example, when some of my classmates argued or fought, my high school English teacher would always listen to them first instead of scolding them. She also had the students reconcile with each other by having them play fun games altogether. From this experience, I realized that a teacher should help students keep good interpersonal relationships with peers.

In addition, a teacher is a good advisor who helps students to prepare for their future. In school, teachers are given the opportunity to get to know their students, and they can learn about their characteristics, interests, and talents by spending much time with them in the classroom. Thus, they advise students what to study and how to develop their aptitudes for their future, while private tutors concentrate only on improving the students' test scores. Therefore, teachers should be better able to guide students in their studies rather than to present good knowledge.

To sum up, I absolutely support the perspective that a teachers' job to socialize students should be stressed more than just teaching. This is because, in school, teachers need to support students to interact with their peers and carry out their future plans.

Sample Response Translation

교사는 잘 가르치는 능력보다 학생들과 잘 상호 작용하는 능력을 가져야 하는지를 놓고 논란이 일고 있다. 그러나 나는 교사가 잘 가르치기 보다는 학생들과 관계를 잘 맺을 수 있어야 한다는 입장에 기본적으로 찬성한다. 교사는 학생들이 더 나은 미래를 위해 준비하고 사회화하는 것을 도와줄 필요가 있기 때문이다.

무엇보다도, 교사가 해야 하는 중요한 일 중의 하나는 사회적 기술을 획득하도록 학생을 돕는 것이다. 실제로 교사는 올바른 사고방식을 형성하거나 친구와 좋은 인간 관계를 유지하도록 학생을 지도한다는 점에서 과외교사와는 근본적으로 다르다. 더욱이 교사는 학생들의 우정을 키워주기 위해 방과 후라 하더라도 가끔씩 농구 경기, 하이킹, 자전거 타기 등의 특별 활동을 학생들과 함께 한다. 따라서 사회적 기술을 구축하는데 있어서, 학교 교사는 수업이 끝나면 학생들에 대해 책임을 지지 않는 과외 교사와는 다른 역할을 담당한다. 예를 들어, 내 학급 친구 몇 명이 말다툼을 벌이거나 싸울 때 고등학교 영어교사는 그들을 꾸짖기보다 항상 그들의 말을 들어주곤 했다. 또한 그녀는 그들이 함께 재미있는 게임을 하게 함으로써 서로 화해하게 만들었다. 나는 이런 경험을 통해 교사는 친구와 좋은 인간관계를 유지할 수 있도록 학생을 도와야 한다는 사실을 깨달았다.

더욱이 교사는 자신의 미래를 준비할 수 있도록 학생을 돕는 훌륭한 조언자이다. 학교에서 교사는 학생들을 알 수 있는 기회를 갖고 학생들과 교실에서 많은 시간을 함께 보내면서 학생들의 특성과 관심사, 재능을 파악할 수 있다. 따라서 학생들에게 미래를 위해 무엇을 공부하고 자신의 적성을 어떻게 발달시킬지에 대해 조언한다. 하지만 과외 교사는 오로지 학생들의 시험 성적을 향상시키는 데만 집중한다. 그러므로 교사는 좋은 지식을 제시하기보다는 학업에서 학생들을 더욱 잘 지도할 수 있어야 한다.

정리하자면, 나는 단지 가르치는 것보다는 학생을 사회화시키는 교사의 역할이 강조되어야 한다는 입장에 절대적으로 찬성한다. 학교에서 교사는 친구와 상호 작용하고 미래의 계획을 수행하도록 학생을 뒷받침할 필요가 있기 때문이다.

Actual Test 5

Sample Response

In modern society, there are pros and cons on the question whether being a head of a group is better than being a member of the group. However, I basically disagree with the position that directing a group is more beneficial than accompanying a group because having the role of a leader brings about too much stress and investment of time.

Most of all, a leader is likely to be stressed out due to many responsibilities. As a matter of fact, a person in charge of a group usually plans projects or programs, arranges meetings, and properly assigns each different job to each member. Thus, a leader of a team is not only supposed to listen to all the members' opinions, problems or concerns but also make sure if their suggestions are reflected in projects or programs. Accordingly, such a responsible position could cause a leader to be stressed out and frustrated, especially when he/she has made a serious mistake. For example, when my brother was a personnel manager, he put more stress on subordinate's opinions and suggestions than on employees' performances. All the employees strove to come up with their ideas and suggestions, but some of the employees severely criticized his way of evaluating employees. As a result, my brother quit his job due to having too much stress and loads of too much work. From this, I learned that being a leader of a group is not attractive because of too many responsibilities.

In addition, it is imperative for a leader to devote lots of time. Generally, a leader is given a lot more work loads to deal with even after office hours. Therefore, supervisors tend to put in every effort and invest most of their time performing their duties at the expense of spending time with their families or friends. As a result, taking a leader position requires them to concentrate on career duties, giving up their time for private lives. For instance, my father, who runs a trade company, spends almost all the weeks in his office due to an excessive number of orders from other countries. Even during the holidays as well as weekends, my family members have never been with my father together. From this case, I found that the time spent on the position of a head does not seem to be a sensible investment.

To sum up, I oppose the perspective that leading a group is more beneficial than being led as a member. This is because a leader of group is often stressed out, and he/she has to invest lots of time into work.

Sample Response Translation

현대 사회에서는 그룹 우두머리가 되는 것이 그룹 구성원이 되는 것보다 더 나은지를 놓고 찬반이 일고 있다. 그러나 나는 그룹을 이끄는 것이 그룹을 따르는 것보다 더 이롭다는 입장에 기본적으로 반대한다. 리더 역할에는 지나치게 많은 스트레스와 시간 투자가 따르기 때문이다.

무엇보다도, 리더는 많은 책임으로 인해 심적 압박감을 받을 가능성이 크다. 실제로 한 그룹을 책임지고 있는 사람은 대개 프로젝트나 프로그램을 계획하고, 회의를 주선하고, 각기 다른 일을 구성원 각자에게 적절하게 배정한다. 따라서 한 팀의 리더는 모든 구성원의 의견이나 문제 또는 관심사에 귀를 기울여야 할 뿐만 아니라 구성원의 제안이 프로젝트나 프로그램에 확실하게 반영되도록 해야 한다. 따라서 이렇듯 책임 있는 자리에 있는 리더는 특히나 심각한 실수를 저질렀을 때 심적 압박감을 느끼고 좌절할 가능성이 있다. 예를 들어, 내 동생은 인사 담당 관리자로 일하면서 직원의 업무 달성보다는 부하직원의 의견과 제안을 더욱 중요하게 생각했다. 모든 직원이 아이디어와 제안을 내놓으려고 노력했지만 일부 직원은 동생의 직원 평가 방식을 심하게 비판했다. 결과적으로 내 동생은 지나친 스트레스와 너무나 많은 업무량 때문에 직장을 그만두었다. 나는 이를 통해서 한 그룹의 리더가 되는 것은 너무나 많은 책임을 져야 하기 때문에 그다지 구미 당기는 일이 아니라는 사실을 깨달았다.

더욱이, 리더가 많은 시간을 헌신해야 하는 것은 피할 수 없는 사실이다. 일반적으로 리더에게는 훨씬 많은 작업량이 주어지기 때문에 근무시간 외에도 처리해야 한다. 그러므로 관리자들은 가족이나 친구와 보내는 시간을 희생해가면서 자신의 의무를 이행하기 위해 모든 노력과 대부분의 시간을 투자하는 경향이 있다. 결과적으로 리더의 직위에 앉으려면 주어진 임무에 집중하고 사생활에 들이는 시간을 포기해야 한다. 예를 들어, 무역 회사를 운영했던 내 아버지는 다른 나라에서 들어오는 과도한 주문량 때문에 거의 일주일 내내 사무실에서 일해야 했다. 내 가족은 주말은 물론이고 명절도 아버지와 함께 지내본 적이 없다. 이런 경험으로 볼 때, 우두머리의 직위에 시간을 보내는 것은 분별있는 투자가 아닌 것 같다.

정리해보자면, 나는 그룹을 이끄는 것이 구성원으로 따라가는 것보다 더 유익하다는 관점에 반대한다. 그룹의 리더는 스트레스를 받는 경우가 잦고 많은 시간을 일에 투자해야 하기 때문이다.

Actual Test 6

Sample Response

In modern society, it has been controversial whether taking students' favorite subjects is more important for students than subjects which can help them prepare for their professions. However, I basically disagree with the position that taking their favorite classes is more conducive than practical subjects because if students adhere to favorite courses, they will waste money on unnecessary educational costs and lose many job opportunities.

Most of all, it would be inevitable to spend further costs for vocational training. As a matter of fact, the primary reason for going to school is to broaden professional expertise as well as academic knowledge. However, students would end up spending additional money being specially trained for careers if focusing only on the subject students like. Accordingly, balanced education through subjects related to a career will help to reduce the students' financial burden. For example, I loved music very much and majored in music in the university. However, by the time I graduated, I had a hard time getting a job due to lack of computer and foreign language skills. As a result, I trained at private institutes to acquire these basic skills, spending lots of time and cost on them. From this experience, I learned that concentrating only on the subjects students prefer causes a large waste of additional expenses after all.

In addition, practical knowledge allows students to have more job opportunities. Generally, most businesses prefer those who are specialized in job related fields to those who maintain better grades. Therefore, students should enhance professional knowledge and skills for their future rather than spare time only on subjects they are interested in. As a result, subjects for profession are essential for a quality career life no matter which fields students want to pursue.

To sum up, I strongly oppose the perspective that studying favorite subjects is more beneficial than taking subjects for a future job. This is because students would have more financial burden and lose job opportunities.

Sample Response Translation

현대 사회에서는 학생의 직업 준비에 도움이 되는 과목보다는 학생이 좋아하는 과목이 학생에게 더 좋은지를 놓고 논란이 일고 있다. 그러나 나는 좋아하는 수업을 듣는 것이 실용적인 과목을 듣는 것보다 유익하다는 입장에 기본적으로 반대한다. 그 이유는 학생이 좋아하는 과목에 치중한다면 교육 비용을 불필요하게 낭비하고 많은 취직 기회를 놓칠 것이기 때문이다.

무엇보다도, 직업 교육에 비용을 더 들이는 것이 불가피해질 것이다. 실제로 학교에 가는 주된 이유는 학문적인 지식뿐만 아니라 직업상의 전문 지식을 넓히는 것이다. 그러나 학생들이 좋아하는 과목에만 집중한다면 직업을 위한 특별 교육을 받기 위해 비용을 추가로 지출하게 될 것이다. 따라서 직업과 관련된 과목 이수를 통한 균형 잡힌 교육이 학생들의 재정적 부담을 더는 데 도움이 될 것이다. 예를 들어, 나는 음악을 매우 좋아해서 대학교에서 음악을 전공했다. 하지만 졸업했을 무렵에는 컴퓨터와 외국어 기술이 부족해서 직장을 구하는데 어려움을 겪었다. 결과적으로 나는 이런 기본적인 기술을 습득하기 위해 사설 학원에서 교육을 받았기 때문에 많은 시간과 비용을 소비했다. 이런 경험을 통해서 나는 학생들이 선호하는 과목에만 집중하면 결국 추가적인 비용을 낭비하게 되리라는 사실을 깨달았다.

더욱이, 실질적인 지식을 습득하면 더욱 많은 취직 기회를 가질 수 있다. 일반적으로 대부분의 사업체는 보다 좋은 성적을 유지한 사람보다는 직업과 관련된 분야에 전문성을 가진 사람을 선호한다. 그러므로 학생들은 자신이 흥미를 느끼는 과목에만 시간을 쓰기 보다 자신의 미래를 위해 전문적인 지식과 기술을 향상시켜야 한다. 결과적으로 직업을 위한 과목은 학생이 어떤 분야를 추구하고 싶어하든 상관없이 양질의 직업에 필수적이다.

정리하자면, 나는 좋아하는 과목을 공부하는 것이 미래의 직업을 준비할 수 있는 과목을 선택하는 것보다 유익하다는 관점에 강력하게 반대한다. 학생들은 더욱 큰 재정적 부담을 지게 되고 취직 기회를 잃을 것이기 때문이다.

Actual Test 7

Sample Response

In modern society, it has been controversial whether having intelligent friends is better than having humorous friends. However, I disagree with the position that intelligent friends are more helpful than friends with a sense of humor because they give a feeling of a great pleasure and improve one's social skills.

Most of all, humorous friends can make others happy and delighted. As a matter of fact, most people consult with friends to take comfort from them whenever faced with difficulties. Also, they expect to feel better by hanging out with friends who tell funny stories and make jokes. Accordingly, friends who give enjoyment with a sense of humor would help people to deal with any worries or concerns. For example, I once considered quitting my job due to my demanding supervisor a couple of years ago. After work, the best friend of mine took me to a cocktail bar and began to crack jokes and tell funny stories about her coworkers and bosses. I felt gradually better thanks to my friend's funny jokes, and this was greatly helpful in making the final decision on my job. From this experience, I learned that friends who can give a pleasure are more valuable to those who are in trouble.

In addition, people are likely to become sociable when hanging out with friends with a sense of humor. Generally, those who are outgoing and humorous are usually sociable as they enjoy talking to others. Therefore, people can learn how to socialize with others and maintain good human relationships with them as spending much time with humorous friends. Thus, having friends with a good sense of humor helps people to live with others in harmony in this society.

To sum up, I absolutely oppose the perspective that intelligence is more important than a sense of humor in making friends. This is because having humorous friends helps others to overcome difficulties and get along well with others.

Sample Response Translation

현대 사회에서는 지적인 친구를 사귀는 것이 유머가 풍부한 친구를 사귀는 것보다 더 나은지를 놓고 논쟁이 일고 있다. 그러나 나는 지적인 친구가 유머 감각을 지닌 친구보다 유익하다는 입장에 반대한다. 유머 감각을 지닌 친구는 커다란 즐거움을 주고 사람의 사교 기술을 향상시키기 때문이다.

무엇보다도, 유머가 풍부한 친구는 다른 사람을 행복하고 기쁘게 해준다. 실제로 대부분의 사람들은 어려움에 부딪쳤을 때 위안을 얻을 수 있는 친구와 의논한다. 또한 사람들은 재미있는 이야기를 하고 농담을 하는 친구와 어울림으로써 기분이 좋아지기를 기대한다. 따라서 유머 감각으로 즐거움을 선사하는 친구는 걱정이나 염려를 해결할 수 있도록 사람들을 도울 것이다. 예를 들어, 나는 2년 전에 지나치게 까다로운 상사 때문에 직장을 그만두려고 생각했었다. 직장이 끝나고 가장 친한 친구가 나를 칵테일 바에 데리고 가서 자기 동료와 상사에 얽힌 재미있는 이야기와 농담을 해줬다. 나는 친구의 재미있는 농담 덕택에 점차 기분이 좋아졌고, 내 직장에 대해 최종적인 결정을 하는데 커다란 도움이 되었다. 나는 이런 경험을 통해 곤경에 처한 사람에게는 기쁨을 줄 수 있는 친구가 더욱 소중하다는 사실을 배웠다.

더욱이, 사람들은 유머 감각을 지닌 친구와 함께 어울릴 때 사교적이 될 가능성이 크다. 일반적으로 외향적이고 유머가 풍부한 사람은 다른 사람에게 말 거는 것을 좋아하기 때문에 대부분 사교적이다. 그러므로, 사람들이 유머가 풍부한 친구와 많은 시간을 함께 보내면 다른 사람과 사귀는 방법과 좋은 인간 관계를 유지하는 방법을 배울 수 있다. 따라서 유머 감각이 좋은 친구는 사회에서 다른 사람과 조화를 이루며 사는 데 유익하다.

정리해 보자면, 나는 친구를 사귀는 데 있어서 지성이 유머 감각보다 중요하다는 관점에 절대적으로 반대한다. 유머가 풍부한 친구는 어려움을 극복하고 다른 사람과 잘 지내도록 사람들을 돕기 때문이다.

Actual Test 8

Sample Response

In modern society, it has been controversial whether so many sources of news and information told by many different people are dependable. However, I basically agree with the position that such a wide variety of news and information is unreliable because mass media often reveal misleading news for their profit, and some Internet users make up news or stories for fun.

Most of all, the mass media tend to seek after profits. As a matter of fact, major mass media like television or newspapers make every effort to catch the public's attention to make as high profits as possible. Thus, they exclusively reveal some stories without the process of proving them to be true. Accordingly, it is unlikely for the general public to trust news or information gained from such profit-centered mass media. For example, in 1997 a broadcasting station exclusively reported that a famous singer in Korea got married to a Japanese millionaire in secret. This news hit the headlines for a couple of months, and the broadcasting station began to catch the TV viewers' attention for the time being, but it eventually turned out to be not true. Therefore, it is hard to find reliable resources due to the fact that the mass media sometimes provide unreliable news and information to make a profit.

In addition, some Internet users post inaccurate news such as rumors or gossips for fun. Recently, the number of Internet users has drastically increased as they consider the Internet a form of entertainment. Thus, as some anonymous users put up countless, groundless stories or information on the web to catch the public's attention, not all the information can be checked over, approved, confirmed or verified in any way. Therefore, most people hardly believe such groundless news or stories appearing on the websites.

To sum up, I strongly support the perspective that information from diverse sources is not always credible. This is because lots of unreliable information is available for the commercial purposes and for entertainment.

Sample Response Translation

현대 사회에서는 서로 다른 다수의 사람들이 전달하는 뉴스와 정보가 믿을 만한지를 놓고 논쟁이 일고 있다. 그러나 나는 이렇게 다양한 뉴스와 정보가 신빙성을 갖추지 못했다는 입장에 기본적으로 동의한다. 대중매체는 종종 자신의 이익을 위해 잘못된 뉴스를 발표하고 일부 인터넷 사용자는 재미로 뉴스나 이야기를 만들어낸다.

무엇보다도, 대중매체는 이익을 좇는 경향이 있다. 실제로 텔레비전이나 신문과 같은 주요 대중매체는 대중의 관심을 끌어서 가능한 한 높은 이익을 획득하기 위해 온갖 노력을 한다. 그래서 대중매체는 진실 여부를 입증하는 과정 없이 일부 이야기를 독점적으로 폭로한다. 따라서 일반 대중은 이렇듯 이익 중심의 대중매체로부터 얻은 뉴스와 정보를 신뢰하지 않을 가능성이 크다. 예를 들어, 1997년에 방송국은 한국의 한 유명한 가수가 일본 백만장자와 비밀리에 결혼했다고 독점적으로 보도했다. 이는 두 달 동안 주요 뉴스가 되었고 방송국은 그 동안 시청자의 관심을 끌었다. 하지만 결국 뉴스는 사실이 아닌 것으로 판명되었다. 그러므로 대중매체가 이익을 창출하기 위해 때때로 신빙성 없는 뉴스와 정보를 제공하기 때문에 신빙성 있는 정보 공급원을 발견하기가 어렵다.

더욱이, 일부 인터넷 사용자들은 소문이나 가십과 같은 부정확한 뉴스를 재미로 게시한다. 최근에 인터넷 사용자의 수가 급격하게 증가하고 있다. 인터넷 사용자가 인터넷을 오락의 한 형태로 생각하기 때문이다. 따라서 일부 익명의 사용자들이 대중의 관심을 끌기 위해 근거없는 이야기나 정보를 웹에 무수히 많이 올려 놓기 때문에 어쨌거나 모든 정보를 검토하거나 승인하거나 확인하거나 입증할 수 없다. 그러므로 대부분의 사람들은 웹 사이트에 올라 있는 이렇듯 근거 없는 뉴스나 이야기를 거의 믿지 않는다.

정리하자면, 나는 다양한 출처에서 비롯된 정보가 항상 신빙성이 있는 것은 아니라는 관점을 강력하게 지지한다. 신빙성 없는 정보가 상업적인 목적이나 오락의 목적으로 많이 돌아다니기 때문이다.

Actual Test 9

Sample Response

In modern society, it has been controversial whether the Internet provides valuable information or creates problems. However, I basically agree with the position that a large amount of information on the Internet is unhelpful to our lives because people are exposed to unnecessary and unreliable information.

Most of all, a variety of information can encourage people's curiosity. As a matter of fact, there is a wide variety of information from commercial advertisements to educational resources on the Internet which a large number of web businesses continuously post. Thus, many Internet users are easily exposed to various intriguing commercial advertisements and curious about them while surfing the web. Consequently, such unnecessary information allures many people and causes them to purchase products on impulse. For example, my mother once searched the Internet to get information on how to decorate our living room. While surfing various websites related to interior designing, she gradually became interested in some of the expensive imported furniture from the pop-up advertisement. As a result, she purchased three thousands dollars worth of the furniture on impulse. From this incident, I learned that information provoking the curiosity leads to bad spending habits.

In addition, the Internet sometimes offers false information and data. In fact, every resource in the academic library or in published work has been evaluated in one way or another before users ever see it. However, none of this applies on the web because information can appear to be fairly anonymous and there is no filter to check it over. Accordingly, many Internet users can be confused with such inaccurate and unverified information, and they are likely to be deceived by some fraudulent information.

To sum up, I strongly support the perspective that information on the Internet is problematic. This is because some of information on the Internet leads to bad spending habits and misunderstandings.

Sample Response Translation

현대 사회에서는 인터넷이 귀중한 정보를 제공하는지 아니면 문제를 만드는지를 놓고 논쟁이 일고 있다. 그러나 나는 인터넷이 제공하는 많은 정보량이 우리 삶에 유용하지 않다는 관점에 기본적으로 동의한다. 사람들이 불필요하고 신빙성 없는 정보에 노출되기 때문이다.

무엇보다도, 다양한 정보는 사람들의 호기심을 자극할 수 있다. 실제로 인터넷에는 상업적인 광고에서부터 교육적인 자원까지 광범위한 종류의 정보가 있고, 많은 수의 웹 사업체들이 이런 정보를 지속적으로 인터넷에 올린다. 따라서 많은 인터넷 사용자들은 호기심을 자아내는 여러 광고에 쉽게 노출되고 웹을 검색하는 동안 이런 광고에 호기심을 갖기 쉽다. 결과적으로 이런 불필요한 정보는 많은 사람들을 현혹시켜서 충동적으로 제품을 사게 만든다. 예를 들어, 내 어머니가 어느 날 인터넷을 검색하다가 거실 장식 방법에 대한 정보를 얻게 되었다. 어머니는 실내 디자인에 관련된 여러 웹 사이트를 검색하는 동안 팝업 광고를 읽고 값비싼 수입 가구에 점차 관심을 쏟게 되었다. 결과적으로 어머니는 3천 달러 상당의 가구를 충동적으로 구매했다. 이런 사건을 통해서 나는 호기심을 자극하는 정보는 나쁜 소비 습관을 조장한다는 사실을 깨달았다.

더욱이, 인터넷은 때때로 잘못된 정보와 자료를 제공한다. 실제로 학술적인 도서관이나 출판물에 포함된 모든 자원은 사용자들이 보기 전에 이런 저런 방식으로 평가를 받는다. 그러나 웹 상에서는 이런 방식이 적용되지 않는다. 정보가 합법적으로 익명으로 제시될 수 있고 이를 점검할 여과 장치가 없기 때문이다. 따라서 많은 인터넷 사용자들은 이렇듯 부정확하고 검증되지 않은 정보로 인해 혼란스러울 수 있고, 사기를 목적으로 하는 일부 정보에 속을 가능성이 크다.

정리하자면, 나는 인터넷 상의 정보에 문제가 많다는 관점을 강력하게 지지한다. 인터넷 상의 일부 정보는 나쁜 소비 습관과 오해를 조장하기 때문이다.

Sample Response

It is not easy to decide whether or not teachers should get paid on the basis of students' academic progress. However, I basically disagree that a teachers' pay should be decided by students' academic grades. This is because teachers can suffer from low morale, and students' academic achievement should depend on students themselves.

Most of all, adjusting teachers' pay to students' academic grades can demotivate teachers. As a matter of fact, teachers would feel demoralized, discouraged or depressed if they received a very low pay. Furthermore, this pay policy would definitely hurt teachers' desire to develop better teaching skills. Accordingly, teachers would be less enthusiastic and make fewer efforts in class. For example, a friend of mine is a part-time tutor at an after-school institution. He once got a pay deduction because all of his students never took part actively in class, and their grades never got improved throughout the year. Thus, he began to lose his desire to teach students better with enthusiasm, and he finally quit his job. From this case, I learned that economic penalties obviously discourage teachers.

In addition, students as well as teachers have part of the responsibility for academic progress. Generally, a group of students in a classroom can vary greatly in interests, aptitudes and intelligence. Thus, just by chance, smarter students can be mostly placed, while slower students who are likely to make less progress can be largely composed in a classroom. Therefore, it would not be fair to criticize teachers just because they happen to have slower students. For instance, when I was a high school student, I had fifty-five classmates in my class. Although one teacher taught many classes with the same class materials and books, some classmates in my class could not catch up with classes. On the contrary, others received good grades on the tests. Accordingly, it is not a good way to decide teachers' pay based upon students' performances.

To sum up, everyone has different opinions on this issue. However, I absolutely oppose the perspective that teachers' pay should be affected by how much students learn for two reasons. Teachers are easily discouraged, and they are not responsible for students' individual intelligence.

Sample Response Translation

교사가 학생의 학업적인 발전을 바탕으로 급료를 받아야 하는지를 결정하기란 쉽지 않다. 그러나 나는 교사의 급료가 학생의 학업 성적에 의해 결정되어야 한다는 입장에 기본적으로 반대한다. 교사는 사기 저하로 고통을 겪을 수 있고 학생의 성적은 학생 자신이 책임져야 하기 때문이다.

무엇보다도, 교사의 급료를 학생의 학업 성적에 따라 조절하는 것은 교사의 사기를 떨어뜨릴 수 있다. 실제로 교사는 낮은 급료를 받을 때 의기소침해지거나, 낙담하거나, 우울해질 것이다. 더욱이 이런 급료 정책은 더 나은 교수 기술을 개발하려는 교사의 욕구를 떨어뜨리게 할 것이 분명하다. 따라서 교사는 수업 시간에 열정이 식을 것이고 노력을 덜 하게 될 것이다. 예를 들어, 내 친구는 방과 후 학원에서 파트타임 교사로 일했다. 그는 학생 전원이 수업 시간에 적극적으로 참여하지 않고 그해에 성적이 향상되지 않았다는 이유로 감봉처분을 받은 적이 있었다. 그래서 그는 학생을 열성적으로 더 잘 가르치겠다는 욕구를 잃기 시작했고 마침내 직장을 그만두었다. 이런 경우로부터 나는 경제적 처벌이 교사의 사기를 분명히 저하시킨다는 사실을 깨달았다.

게다가, 성적 향상에 대한 책임은 교사뿐만 아니라 학생에게도 있다. 일반적으로 한 학급 학생 사이에는 관심, 적성, 지력에서 큰 차이가 날 수 있다. 따라서 학급에 더욱 똑똑한 학생들이 대부분 배정될 수 있는 반면에 성적 향상이 늦을 가능성이 큰 학생이 학급을 대부분 구성할 수 있다. 그러므로 성적 향상이 늦은 학생을 두었다는 이유로 교사를 비난하는 것은 공정하지 않을 것이다. 예를 들어, 고등학교 학생이었을 때 내 학급에는 55명의 학급 친구가 있었다. 교사 한 명이 같은 자료와 책을 가지고 여러 수업을 가르쳤지만 일부 학급 친구는 수업을 따라갈 수가 없었다. 반대로 어떤 학급 친구는 시험에서 좋은 성적을 받았다. 따라서 학생의 성취를 바탕으로 교사의 급료를 결정하는 것은 좋은 방법이 아니다.

정리하자면, 이 문제에 대한 사람들의 의견은 각기 다르다. 나는 두 가지 이유에서 교사의 급료가 학생들의 학습량에 따라 영향을 받아서는 안 된다는 관점에 절대적으로 반대한다. 교사들이 사기를 잃기 쉽고 학생의 개인적인 지력에 대한 책임이 없기 때문이다.

Sample Response

In modern society, it has been controversial whether films and television negatively affect young people's behavior. However, I basically agree with the position that movies and television have harmful impacts on the youth's behavior because television and movie violence can lead young people to become indifferent to their family and behave aggressively.

Most of all, young people tend to have more interest in television or celebrities than their family. As a matter of fact, the majority of young students today usually watch television after returning home from school without conversing with their family. Furthermore, some young people rarely care about their parents and siblings and turn all of their attention to popular entertainers on television or movies. Accordingly, they would avoid discussing one another's interests or concerns and be isolated from their family. For example, a survey shows that 76.2% of the 20s in Korea use up 78.4% of their free time on watching television every weekend. Furthermore, a report stated that only 23.5% of the teenagers in Korea spend more than half of their free time with family. From these data, I found that television or movies cause young people to estrange from their family.

In addition, the violent scenes of television programs and movies encourage aggression in the youth. Generally, people watch countless acts of violence every day while sitting in front of the television. Therefore, young people would get the message that violence is an acceptable way to solve problems as often exposed to a variety of violent acts. As a result, they would unconsciously violate laws and are much more likely to commit crime such as such as rapes, murders and robberies.

To sum up, I strongly support the perspective that the movies or television programs are harmful to the youth's behavior. This is because the youth likely are unconcerned with their family and act violently.

Sample Response Translation

현대 사회에서는 영화와 텔레비전이 젊은이의 행동에 부정적인 영향을 미치는지를 놓고 논란이 일고 있다. 그러나 나는 영화와 텔레비전이 젊은이의 행동에 유해한 영향을 미친다는 입장에 기본적으로 찬성한다. 텔레비전과 영화의 폭력 장면 때문에 젊은이들이 가족에게 무관심해지고 공격적으로 행동할 수 있기 때문이다.

무엇보다도, 젊은이들은 가족보다는 텔레비전이나 유명 인사에 더욱 관심을 갖는 경향이 있다. 실제로 오늘날 대다수의 어린 학생은 학교에서 집으로 돌아오면 가족과 대화를 하지 않고 주로 텔레비전을 본다. 더욱이 일부 젊은이는 부모님이나 형제에 거의 관심을 기울이지 않고 모든 관심을 텔레비전이나 영화에 등장하는 인기 있는 연예인에게 쏟는다. 따라서 그들은 서로의 흥미나 관심에 대해 얘기하는 것을 피하고 가족으로부터 고립될 것이다. 예를 들어, 한 조사 결과에 따르면 한국에 거주하는 20대의 76.2%는 주말 여가 시간의 78.4%를 텔레비전 시청에 사용한다고 한다. 더욱이 한 보고서에 따르면, 한국의 십대 중 23.5%만이 여가 시간의 반 이상을 가족과 함께 보낸다. 이런 자료로 볼 때, 나는 텔레비전이나 영화가 젊은이를 가족에게서 멀어지게 한다는 사실을 깨달았다.

덧붙여서, 텔레비전 프로그램과 영화의 격렬한 장면은 젊은이들에게 공격성을 부추긴다. 일반적으로 사람들은 텔레비전 앞에 앉아 있는 동안 수없이 많은 폭력 장면을 매일 시청한다. 그러므로 젊은이들은 다양한 폭력적 행동에 노출되기 때문에 폭력이 문제 해결을 위해 허용되는 방법이라고 생각하게 될 것이다. 결과적으로 젊은이들은 무의식적으로 법을 어기고 강간, 살인, 강도 등과 같은 범죄를 저지를 가능성이 더욱 높아질 것이다.

정리하자면, 나는 영화나 텔레비전 프로그램이 젊은이의 행동에 유해하다는 관점을 강력하게 지지한다. 젊은이들이 가족에게 무관심해지고 폭력적으로 행동할 가능성이 크기 때문이다.

Actual Test 12

Sample Response

Today, it is difficult to decide whether it is essential to know world events which are unlikely to influence one's life. However, I agree with the position that it is necessary to be aware of world events. This is because such news or information might be a help in financial situations and prevent accidents.

Most of all, many businesses can take advantage of such world events or news for economic purposes. As a matter of fact, most people tend to just listen and do not really care about world news or events happening out of the country since they are not related to those events at all. However, many business owners get more creative and innovative ideas related to their business from such world events in order to increases their revenues. Accordingly, the events which are unlikely to affect people's lives would definitely contribute to economic growth of the business. For example, I have read that one of the small companies supplying daily necessities in Korea once increased revenues by 250% last year. According the article, the company made a great profit by manufacturing and exporting hygienic masks to a couple of major cities in China, as soon as it was reported that nearly a million tons of yellow sand would blow into Beijing. From this news, I learned that world events can be definitely used for economic purposes.

In addition, news helps people to prepare for unexpected accident no matter how important it is to them. Generally, most broadcasting stations always report international news or events such as natural disasters and political attacks. Thus, the idea that some of them might indirectly influence people's daily lives leads many people to stay alert. Therefore, world events and news warn of danger and have people prepared for any chance of those happenings.

In conclusion, I support the perspective that it is critical to know about those current world events that have nothing to do with one's life. This is because unnecessary information could sometimes provide creative ideas for business and for precautions against accidents.

Sample Response Translation

오늘날은 개인의 삶에 영향을 미칠 것 같지 않은 세계적인 사건에 대해 아는 것이 필요한지를 결정하기가 어렵다. 그러나 나는 세계적인 사건에 대해 아는 것이 필요하다는 입장에 찬성한다. 이런 뉴스나 정보는 재정적인 상황에 유익할지도 모르고 사고를 예방할지도 모르기 때문이다.

무엇보다도, 많은 사업체는 경제적인 이유로 이런 세계적인 사건이나 뉴스를 활용할 수 있다. 실제로 대부분의 사람들은 자신이 아무런 관계가 없다는 이유로 나라 밖에서 벌어지는 세계적인 뉴스나 사건에 대해 그냥 들을 뿐 진정한 관심을 기울이지 않는다. 그러나 많은 기업 소유주들은 이런 세계적인 사건으로부터 자신의 사업과 관련 지어 자사의 총수입을 증가시키기 위한 보다 창의적이고 혁신적인 아이디어를 얻는다. 따라서 사람들의 삶에 영향을 미칠 것 같지 않은 사건들이 기업의 경제적인 성장에 기여할 것이 확실하다. 예를 들어, 한국에서 생활 필수품을 공급하는 한 소기업의 총수입이 작년에 250% 증가했다는 글을 읽은 적이 있다. 기사에 따르면 그 회사는 거의 백만 톤의 황사가 베이징으로 불 것이라는 예보를 듣자마자 위생 마스크를 제조해서 중국의 주요 도시 두 군데에 수출함으로써 막대한 이익을 창출했다. 이런 뉴스를 들으면서 나는 세계적인 사건이 경제적인 목적을 위해 사용될 수 있는 것이 확실하다는 사실을 깨달았다.

게다가, 사람들은 뉴스를 들으면서 뉴스가 자신에게 얼마나 중요하든 상관없이 예기치 못한 사건에 대비할 수 있다. 일반적으로 대부분의 방송국은 항상 자연 재해와 정치적 공격과 같은 국제적인 뉴스나 사건을 보도한다. 따라서 그런 뉴스나 사건의 일부가 사람들의 매일의 삶에 간접적으로 영향을 미칠지도 모른다는 생각을 하게 되면 많은 사람들이 주의를 게을리하지 않을 것이다. 그러므로 세계적인 사건과 뉴스는 위험을 경고하고 사람들로 하여금 혹시 그런 사건이 일어날 경우를 대비하게 해준다.

결론적으로, 나는 개인의 삶과 아무런 관련이 없더라도 현재의 세계적인 사건에 대해 아는 것이 중요하다는 관점을 지지한다. 때로는 불필요한 정보가 사고에 대비하는 예방 조치와 사업을 위해 창의적인 생각을 제공할 수 있기 때문이다.

Sample Response

Today, it has been controversial whether cooperation with others is considered to be more significant than the past. However, I basically agree with the position that cooperation should be more stressed now rather than the past. This is because this can lead people to become successful in their career and develop social skills.

Most of all, cooperation is one of the major factors to success in career life. As a matter of fact, today's society prefer those who have general knowledge to those who are specialized in particular fields. By contrast, there are so many different tasks requiring an array of skills that it is difficult for individuals to complete all of them by themselves. Accordingly, in this specialized society, the ability to cooperate is essential to complete the assigned tasks without a waste of time and effort. For example, I have read that 87.4% of the assigned projects at work or graduate schools require people to work in a group. Also, in 2006 it was reported that 78.2% of the business owners said that they prefer employees who are supportive to others to those who have good GPAs. From these reports, I found that a spirit of cooperation is essential when it comes to career.

In addition, it would be easier to maintain good relationships with others through cooperation. Generally, today there are many opportunities to meet new people, and it is considered to be more important to get along well with and support each other in any communities such as in the neighborhood, at work or at school. Furthermore, people in the same community gradually get closer and learn to respect others by exchanging opinions and helping each other for their common goals. Therefore, the idea of being supportive others enables people to maintain good human ties to others.

To sum up, I strongly support the perspective that collaboration plays even more important role in these days than in the past for two reasons. It helps to lead a successful career and create harmonious relationships with others.

Sample Response Translation

오늘날에는 다른 사람과의 협동이 과거보다 더 중요한지를 놓고 논란이 일고 있다. 그러나 나는 과거보다 요사이에 이르러 협동이 더욱 강조되어야 한다는 입장에 기본적으로 찬성한다. 그러면 사람들이 직업에서 성공하고 사회적 기술을 개발할 수 있기 때문이다.

무엇보다도, 협동은 직장 생활에서의 성공을 좌우하는 주요한 요소 중 하나이다. 실제로 오늘날의 사회는 특정 분야의 전문가보다는 일반적인 지식을 소유한 사람을 선호한다. 이와는 대조적으로 일련의 기술을 요구하는 서로 다른 임무가 너무나 많기 때문에 개인이 이런 기술 모두를 혼자서 완성하기는 어렵다. 따라서 전문화된 사회에서 시간과 노력을 낭비하지 않고 주어진 임무를 완성하기 위해서는 협동하는 능력이 필수적이다. 예를 들어, 직장이나 대학원에서 부과하는 프로젝트의 87.4%에는 그룹 활동이 요구된다는 글을 읽은 적이 있다. 또한 2006년 보고에 따르면 사업주 78.2%가 성적이 좋은 사람보다 다른 사람을 돕는 직원을 선호한다. 이런 보고서를 통해서 나는 직업에는 협동 정신이 중요하다는 사실을 깨달았다.

덧붙여서, 협동하면 다른 사람과 좋은 관계를 유지하기가 더 쉬울 것이다. 오늘날에는 일반적으로 새로운 사람을 만날 기회가 많다. 또한 이웃이나 직장이나 학교와 같은 여느 지역 사회에서도 서로 잘 지내고 서로 돕는 것이 더욱 중요한 요소로 생각되고 있다. 더욱이, 같은 지역 사회에 속한 사람은 공동의 목적을 위해 서로 의견을 교환하고 서로 도움으로써 다른 사람과 점차 가까워지고 다른 사람을 존중하는 방법을 배운다. 그러므로 다른 사람을 돕겠다고 생각하면 그들과 좋은 인간적인 유대를 유지할 수 있다.

정리하면, 나는 협동이 과거보다 오늘날 훨씬 더 중요한 역할을 한다는 사실을 두 가지 이유에서 강력하게 지지한다. 협동은 경력의 성공을 가져오고 다른 사람과의 조화로운 관계를 만들어내기 때문이다.

Actual Test 14

Sample Response

In modern society, it has been controversial whether advertising makes products look better. However, I basically agree with the position that advertised products look better because they are advertised by famous entertainers, and advertisements only focus on its positive qualities.

Most of all, advertising companies take advantage of using celebrities to appeal to consumers. As a matter of fact, there are a wide variety of products with similar qualities and characteristics because most companies have common target for consumer groups. Thus, many businesses employ the marketing strategy, giving strong impressions on their products by casting famous entertainers or athletes. Accordingly, many consumers might think products advertised by celebrities are superior and meet their needs. For example, a survey shows that 76.8% of the young children in Korea prefer ice-cream of the two major brands, and 89.4% of the respondents said that those ice-creams looked the best just because they were advertised on television by one of the famous singers in Korea among youth. From these data, I realized that advertising makes their products look better by adding the image of famous entertainers.

In addition, most advertisements show only the positive aspects of the products. Generally, the major objective of the businesses is to earn as much as profits as possible, so it is important to concentrate on not only how to appeal to consumers and but also how to beat rival companies. Therefore, advertising stresses the advantages of the goods and services, and it says advertised products are the best. Consequently, exaggerated advertisements lead consumers to believe those products are even better than others. For instance, my mother bought an imported frying pan after watching an informercial program. This was because the advertising emphasized that the special coating of the pan is designed to prevent food from getting stuck or burned, but it was not true. From this experience, I realize that the negative features of advertised products are hidden to consumers.

To sum up, I absolutely support the perspective that goods appear to be better through advertising. This is because most businesses try to appeal to consumers through celebrities and exaggerated advertisements.

Sample Response Translation

현대 사회에서는 광고가 제품을 더욱 좋아 보이게 만드는지를 놓고 논란이 일고 있다. 그러나 나는 광고를 거친 제품이 더 좋아 보인다는 입장에 기본적으로 동의한다. 광고 제품은 유명한 연예인에 의해 광고되고, 광고는 제품의 긍정적인 특징에만 초점을 맞추기 때문이다.

무엇보다도, 광고 회사는 유명인사를 활용해서 소비자에게 호소한다. 실제로 대부분의 회사가 공통된 소비자 그룹을 타깃으로 하기 때문에 비슷한 자질과 특징을 가진 제품이 많다. 그래서 많은 기업은 마케팅 전략을 세우고 유명한 연예인이나 운동선수를 채용해서 제품에 대해 강한 인상을 주려 한다. 따라서 많은 소비자들은 유명 인사가 광고한 제품이 더욱 우수하고 자신의 필요를 채워주리라 생각할지 모른다. 예를 들어, 한 조사 결과에 따르면 한국 어린 아이의 76.8%는 두 가지 주요 브랜드의 아이스크림을 선호하고, 그 중 89.4%는 그 아이스크림이 한국 젊은이 사이에 인기 있는 가수가 텔레비전에서 광고하기 때문에 최고로 보인다고 대답했다. 이런 자료를 통해 나는 광고가 유명한 연예인의 이미지를 덧붙여서 제품을 더욱 좋아 보이게 만든다는 사실을 깨달았다.

덧붙여서, 대부분의 광고는 제품의 긍정적인 측면만을 보여준다. 일반적으로 기업의 주요 목적은 가능한 한 많은 이익을 창출하는 것이다. 따라서 소비자에게 어떻게 호소하는지 뿐만 아니라 경쟁 회사를 어떻게 물리칠 수 있는지에 집중하는 것이 중요하다. 그러므로, 광고는 제품과 서비스의 장점을 강조하고 광고 제품이 최고라고 말한다. 결과적으로 과장된 광고는 광고 제품이 다른 제품보다 훨씬 좋다고 믿게 만든다. 예를 들어, 내 어머니는 광고 프로그램을 시청하고 나서 수입 프라이팬을 샀다. 광고에서 팬의 특수한 코팅이 음식이 눌러 붙거나 타는 것을 방지하도록 설계되어 있다고 강조했기 때문이다. 그러나 그것은 사실이 아니었다. 이런 경험을 통해서 나는 광고된 제품의 부정적인 속성은 소비자에게 가려져 있다는 사실을 깨달았다.

정리하자면, 나는 제품이 광고를 통해 더 좋은 것처럼 보인다는 관점을 절대적으로 지지한다. 대부분의 기업이 유명인과 과장된 광고를 통해 소비자에게 호소하려 애쓰기 때문이다.

Actual Test 15

Sample Response

In modern society, it has been controversial whether it is more better to leave friends making mistakes than to point out their shortcomings. However, I disagree with the position that neglecting friends' weaknesses is better than correcting them. This is because it helps to strengthen the friendship and easily adapt to the society.

Most of all, objective advice is more likely to develop the relations between friends. As a matter fact, most people do not want to be hurt by being blamed or criticized even though they are aware of their own weaknesses and often make mistakes. On the other hand, they sometimes regret ignoring others' critical remarks and sometimes need someone who is discreet in giving advice. Accordingly, the idea of pointing out friends' mistakes would contribute to better friendship. For example, I once had a friend in college who would often interrupt people's conversations. Thus, he sometimes stopped the professors' lectures by asking many questions in classes, and also rarely listened to others' opinions and adhered only to his ideas. Therefore, I told him that he should develop a good habit of listening to others. As a result, his attitude got much better compared to before. This was the opportunity for us to get closer. From this experience, I learned that giving helpful advice for friends would strengthen the friendship.

In addition, critical remarks would be greatly helpful to one's social life. Generally, it is important to get along well and be cooperative with others in any circumstances, especially in the workplaces. Besides, those who are aware of their own shortcomings and develop themselves are more preferred in society. Therefore, being blamed by friends' critical words would definitely prevent someone from being isolated and help to develop better social skills.

To sum up, I strongly oppose the perspective that letting friends make mistakes is better than pointing out their mistakes. This is because it is conducive to the friendship and a better social life.

Sample Response Translation

현대 사회에서는 친구의 단점을 지적하기보다 친구가 실수를 하도록 내버려두는 것이 더 나은지를 놓고 논란이 일고 있다. 그러나 나는 친구의 약점을 방치하는 것이 이를 고쳐주는 것보다 낫다는 관점에 반대한다. 약점을 고쳐주면 우정을 강화하고 사회에 쉽게 적응하는데 도움이 되기 때문이다.

무엇보다, 객관적인 충고는 친구와의 관계를 발전시킬 가능성이 더 크다. 실제로 대부분의 사람들은 자신의 약점을 알더라도 불평이나 비난을 받아서 마음이 다치는 것을 원하지 않다가 실수를 저지르는 경우가 많다. 다른 한 편으로는 때때로 다른 사람의 비판적인 말을 무시했던 것을 후회하고 분별 있게 충고해주는 사람을 필요로 한다. 따라서 친구의 잘못을 지적해주는 것은 더 나은 우정을 키우는데 기여할 것이다. 예를 들어 내 대학 친구 중의 하나가 사람들의 대화에 자주 끼어들곤 했다. 때때로 교실에서 많은 질문을 해서 교수의 강의를 중단시켰고 다른 사람의 의견을 거의 듣지 않고 오직 자기 의견에만 집착했다. 그래서 나는 그에게 다른 사람의 말을 듣는 좋은 습관을 개발해야 한다고 말했다. 이는 우리가 더욱 가까워질 수 있는 기회가 되었다. 이런 경험을 통해서 나는 친구를 위해 유용한 충고를 해주는 것이 우정을 강화시킨다는 사실을 깨달았다.

덧붙여서, 비판적인 말은 한 개인의 사회 생활에 상당히 도움이 될 것이다. 일반적으로 어떤 상황에서도 특히 직장에서는 다른 사람과 잘 어울리고 협조하는 것이 중요하다. 이 밖에도 사회는 자신의 단점을 알고 자신을 개발하는 사람을 더욱 선호한다. 그러므로 친구로부터 비판적인 말로 조언을 얻는 것은, 소외되지 않고 더욱 바람직한 사회적 기술을 발달시키는데 도움이 될 것이다.

정리하자면, 나는 친구들의 실수를 지적하는 것보다 실수하도록 내버려 두는 것이 더 낫다는 관점에 강력하게 반대한다. 실수를 지적하는 것이 우정과 보다 나은 사회 생활을 위해 유익하기 때문이다.

Sample Response

In modern society, it has been controversial whether well-off people who are free from work are unhappy. However, I basically disagree with the position that wealth rarely brings happiness because those people can be definitely happy by giving donations and developing themselves.

Most of all, people can feel happiness by helping out others in need. As a matter of fact, there are many people who sympathize others who are in trouble but do not willingly help them out. However, there are also many charitable people who pursue happiness by making donations for a nursing home, an orphanage and other non-profit organizations. Accordingly, people can get a great deal of happiness by financing charitable organizations with pleasure. For example, I have read that some retired owners of the major corporations in Korea have donated part of their revenues from the businesses that are operated by their families. According to the article, those donors said that they feel happy by giving financial support to the poor, recollecting their live in poverty. Therefore, I realized that some wealthy people seek after happiness by giving a hand to the poor.

In addition, the stable economic basis provides the chance to develop oneself. Generally, many people feel that there are many restraints on finances and sometimes they give up their dreams although they want to develop their special talents. However, to achieve their individual goals, people with no financial difficulty can do whatever they want to do such as enrolling in prestigious schools or purchasing expensive electronic devices and even a business. Therefore, being wealthy could be the major factor making people happier by enabling them to develop themselves.

To sum up, I absolutely oppose the perspective that wealthy people who do not work are unhappy. This is because I believe that they are satisfied with their lives by making contributions and developing their talents without restraints on finances.

Sample Response Translation

현대 사회에서는 일할 필요가 없는 부유한 사람들이 불행한지를 놓고 논란이 일고 있다. 그러나 나는 부가 행복을 가져다 주는 경우는 거의 없다는 입장에 기본적으로 반대한다. 부유한 사람들은 기부를 하고 자신을 계발함으로써 분명히 행복해질 수 있기 때문이다.

무엇보다도 사람들은 궁핍한 사람을 도움으로써 행복을 느낄 수 있다. 실제로 곤경에 처한 사람을 동정은 하지만 기꺼이 도와주지 않는 사람이 많다. 그러나 양로원과 고아원, 기타 비영리 단체에 기증함으로써 행복을 추구하는 인정 많은 사람도 많다. 따라서 사람들은 기꺼이 자선 단체에 재정적 지원을 함으로써 커다란 행복을 느낄 수 있다. 예를 들어 한국 주요 기업의 은퇴한 기업주 몇몇이 가족이 운영하는 사업체에서 획득한 수입의 일부를 기증하고 있다는 글을 읽은 적이 있다. 기사에 따르면 기증자들은 자신이 가난했던 시절을 회상하면서 가난한 사람에게 재정적 지원을 함으로써 행복감을 느낀다고 말했다. 그러므로 나는 일부 부유한 사람들이 가난한 사람을 도와주는 것으로 행복을 추구한다는 사실을 깨달았다.

덧붙여서, 안정된 경제적 기반은 자신을 계발할 수 있는 기회를 제공한다. 일반적으로 많은 사람들은 재정적 제한이 많다고 느끼고, 자신의 특별한 재능을 개발하고 싶어도 때때로 자신의 꿈을 포기한다. 그러나 재정적인 어려움이 없는 사람들은 개인적인 목적을 달성하기 위해 명망 있는 학교에 등록하거나 값비싼 전자도구를 사거나 심지어는 사업체를 살 수도 있다. 그러므로 부유한 것은 사람들로 하여금 자신을 계발할 수 있게 만들어서 더욱 큰 행복감을 느끼게 하는 주요 요소가 될 수 있다.

정리하자면 나는 일할 필요가 없는 부유한 사람이 불행하다는 관점에 절대적으로 반대한다. 그들이 기여를 하고 재정상의 제약 없이 자신의 재능을 계발함으로써 자신의 삶에 만족한다고 믿기 때문이다.

Actual Test 17

Sample Response

In modern society, it has been controversial whether printed books will be useless to students. I basically agree with the position that students will stop using printed books. This is because electronic documents are much more convenient to use, and they enhance efficiency in learning.

Most of all, traditional books are somewhat inconvenient to use, compared to electronic books. As a matter of fact, most students must carry all the heavy textbooks from home to school, but e-books will lessen such burden by storing a huge amount of necessary information and data. Besides, students can easily get more recent information and resources since e-books are easily published and often updated. Accordingly, students are more likely to prefer electronic books over printed books in order to save lots of time and effort. For example, when I had to turn in a term paper within fifteen days last semester, many of my classmates were spending most of their time collecting information from quite a few related references in the school library. However, I was able to successfully obtain all the necessary research resources from the Internet within just a day at home. As a result, it took only three days for me to finish my paper. From this experience, I found that using electronic documents is much more convenient than using printed books.

In addition, electronic books help students to learn more efficiently as a multipurpose tool. Generally, electronic documents provide viewers with relevant animation, pictures, audio, and video with text as extra information. These extra information helps students to understand the material better. However, printed books are hardly dynamic and do not provide these extra information except for graphics and pictures. Therefore, taking advantage of extra features of electronic books is much more helpful in effective learning.

To sum up, I strongly support the perspective that printed books will become obsolete for two reasons. Students are likely to consider electronic documents more convenient and effective tool in learning.

Sample Response Translation

현대 사회에서는 인쇄된 책이 학생에게 무용한지 여부를 놓고 논란이 일고 있다. 나는 학생들이 인쇄된 책을 더 이상 사용하지 않을 것이라는 입장에 기본적으로 동의한다. 전자문서가 사용하기에 훨씬 편리하고 학습 효율성도 향상시키기 때문이다.

무엇보다도 전통적인 책은 전자 책과 비교할 때 사용하기에 얼마간 불편하다. 실제로 대부분의 학생들은 무거운 교재를 집에서 학교로 가지고 다녀야 하지만 전자 책은 막대한 양의 필요 정보와 자료를 저장함으로써 이런 짐을 덜어줄 것이다. 이 밖에도 전자 책은 쉽게 출판되고 자주 업데이트되기 때문에 좀 더 최근 정보와 자원을 쉽게 얻을 수 있다. 따라서 학생들은 시간과 노력을 절약하기 위해서 인쇄된 책보다는 전자 책을 선호할 가능성이 크다. 예를 들어 마지막 학기에 15일 만에 보고서를 제출해야 했을 때 학급 친구들 중 다수는 학교 도서관에서 많은 관련 참고서적으로부터 정보를 수집하느라 대부분의 시간을 보냈다. 그러나 나는 집에서 인터넷을 통해 단 하루 만에 필요한 연구 자원 모두를 성공적으로 얻을 수 있었다. 결과적으로 보고서를 완성하는 데는 사흘 밖에 걸리지 않았다. 이런 경험을 통해 나는 전자 문서를 사용하는 것이 인쇄된 책을 사용하는 것보다 훨씬 편리하다는 사실을 깨달았다.

덧붙여서 전자 책은 다목적 도구로써 학생들이 더욱 효과적으로 학습하는데 유용하다. 일반적으로 전자 서류는 지문 과 더불어 추가적인 정보로 적절한 애니메이션, 사진, 오디오, 비디오를 제공한다. 이런 추가적인 정보를 통해 학생들은 자료를 더욱 잘 이해할 수 있다. 그러나 인쇄된 책은 거의 동적이지 않기 때문에 그래픽과 사진을 제외하고는 이런 추가적인 정보를 제공하지 않는다. 그러므로 전자 책이 가진 별도의 특징을 활용하면 효과적인 학습에 훨씬 유용하다.

정리하자면 나는 인쇄된 책이 무용지물이 되리라는 관점을 두 가지 이유로 강력하게 지지한다. 학생들은 전자 문서가 학습에 더욱 편리하고 효과적인 도구라고 생각할 가능성이 크기 때문이다.

memo

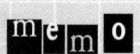

The Best Solution for TOEFL iBT

120
WRITING

- ETS TOEFL *i*BT 문제 유형을 완벽하게 분석하여 최신 경향 반영한 문제 수록

- 독립형 과제와 통합형 과제를 수행하기 위한 효과적인 글쓰기 방법 제시

- 점수 향상을 위해 가장 중요시되는 채점 포인트 요약

- 고득점을 위한 글쓰기 전략 수록

- 충분한 연습이 가능하도록 풍부한 양의 문제 수록

본 책은 『TOEFL iBT Final 120 WRITING』의 개정판입니다.

www.nexusbook.com
MP3 유료 다운로드

성공적인 학습을 위한 단계별 전략

NEXUS TOEFL iBT 시리즈

뉴 토플의 중요한 학습 포커스는 논술의 기초 능력 배양입니다.
정보의 요지 파악, 요약 정리 능력이 논술의 기초이기 때문입니다.

- Global understanding을 강조한 정보 통합, 요약 훈련 강조
- 다양한 테마별·수사학적 지문 구조 분석 강조
- 이휘력 확장, 니선청 반복형 학습 장치 강조
- 실전에 맞춘 단계별 연습문제 제공

Reading	Starter	Level 1	Level 2	Level 3	iBT TOEFL
	Vocab Workbook	Vocab Workbook	Vocab Workbook	Vocab Workbook	실전모의고사 1
Listening	Starter	Level 1	Level 2	Level 3	(LC / RC)
	Vocab Workbook	Vocab Workbook	Vocab Workbook	Vocab Workbook	
Writing		Starter	Level 1	Level 2	
Speaking		Starter	Level 1	Level 2	

※ Listening 카세트테이프 별도 판매

넥서스 영어교육연구소 지음

Reading Starter – 13,500원
Reading Level 1 – 13,800원(CD 1개 포함)
Reading Level 2 – 14,000원
Reading Level 3 – 15,000원

Reading Starter Workbook – 3,500원
Reading Level 1 Workbook – 4,000원
Reading Level 2 Workbook – 4,000원
Reading Level 3 Workbook – 4,000원

Writing Starter – 13,800원(CD 1개 포함)
Writing Level 1 – 14,500원(CD 1개 포함)
Writing Level 2 – 14,500원(CD 1개 포함)

Listening Starter – 13,000원(테이프 별도: 3개 7,000원)
Listening Level 1 – 13,800원(테이프 별도: 4개 9,500원)
Listening Level 2 – 13,500원(테이프 별도: 4개 9,500원)
Listening Level 3 – 13,800원(테이프 별도: 4개 9,500원)

Listening Starter Workbook – 3,000원
Listening Level 1 Workbook – 3,000원
Listening Level 2 Workbook – 3,000원
Listening Level 3 Workbook – 3,000원

Speaking Starter – 13,500원(CD 1개 포함)
Speaking Level 1 – 15,000원(CD 2개 포함)
Speaking Level 2 – 15,000원(CD 2개 포함)

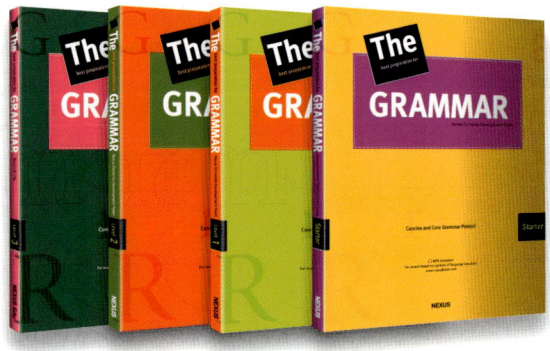